新崔派艺术论
——张宝英舞台艺术研究

岁次己亥 刘新庚 题

安阳市艺术研究所 编

中州古籍出版社
·郑州·

说豫剧新崔派

——杨奇《新崔派艺术论——张宝英舞台艺术研究》序

廖奔

安阳市艺术研究所杨奇先生写了一本《新崔派艺术论》，论述豫剧名旦张宝英的舞台艺术，邀我作序，并希望我谈谈对戏曲流派的见解。豫剧大师崔兰田的崔派艺术我是熟悉的，她的女弟子张宝英在一生实践中继往开来、发扬光大，逐步形成了自己独具特色的表演风格，杨奇称之为"新崔派艺术"。"新崔派艺术"产生在安阳，让我从安阳说起。

安阳是著名的七朝古都，今天以殷墟和甲骨文著称于世，安阳殷墟遗址和中国文字博物馆都是中华早期文明的象征物。但早期安阳和豫剧（河南梆子）却一直没有发生太多的联系。我们知道，早年河南梆子唱腔有祥符调、豫东调、豫西调，是以黄河南岸一线的开封、商丘、洛阳为中心的。处于豫省北部的安阳却和谁都挨不上，以往安阳是唱怀调、大平调为主的。而最早作为"豫西十八兰"之一成名的崔兰田，就是唱豫西调的，前半生多在洛阳、西安等地演出。但1951年发生了一个因缘际遇，崔兰田来安阳巡演，引起轰动，随后安阳市政府挽留住了崔兰田。崔兰田在安阳一扎就是50多年，在这50多年里，崔派艺术炉火纯青。崔兰田培养出一批徒弟，最有成就的就是张宝英。张宝英有幸成为崔兰田的第一个徒弟，也是时代的因缘际遇。"大跃进"时期崔兰田招徒，因出身贫苦收了张宝英。张宝英从此跟定崔兰田，一跟几十年。

张宝英早年多方打基础，闺门旦、刀马旦甚至彩旦都是常演的行当，国庆30年献礼演出《对花枪》时她甚至扮演了带头盔的老旦姜桂枝。1979年香港金马影业公司拍摄电影戏曲片《包青天》，她在竞演者中脱颖而出担纲主角秦香莲，一炮打响，使"河南秦香莲"饮誉了香港和东南亚，她也从此开始集中饰演青衣角色，塑造了众多"青一色"的舞台形象，陈三两、窦氏、柳迎春、赵艳容、尤二姐等，演出了《桃花庵》《卖苗郎》《秦香莲后传》《洪湖赤卫队》《红云岗》等代表性剧目，在崔派传人中博得"第一青衣"之誉，后又在《寻儿记》里把老旦孙淑林演活了。张宝英严遵师训，博采众长，在保持崔派艺术精华的基础上，根据自己的行腔特点，大胆吸收了秦腔、曲剧等姐妹剧种以及歌剧的发声方法，形成独特的演唱风格。她创造出的新腔真假声运用自如，韵味浓郁、声情并茂，既有崔派神韵，又有时代气息。她把"塑造新人物，创立新风格，向观众奉献自己的拿手好戏"作为座右铭，以在舞台上塑造性格鲜活的人物为第一目的，几十年来追求不息，创作了一批主题鲜明、风格独特的代表剧目，培养了一大批追随其演唱特色的传人，逐渐形成一个新型的豫剧流派"新崔派"，产生极大影响。古都安阳，为孕育了豫剧新崔派艺术而骄傲。

崔派艺术的特长是哭戏，发扬光大了豫剧青衣唱腔悲戚激愤的特点。崔兰田早年的艰难生活经历使她同情孺弱，常常在唱腔中宣泄自己对底层民众的一腔同情，也宣泄自己的一世悲愤。崔兰田在舞台上创造出一系列典型意义上的中原式悲剧，通过"以情动人"的手段把这种悲剧化入了真切感人的唱腔，感动了千千万万观众。张宝英继承崔派艺术，首先就要在哭戏上下功夫。但她最初扮演秦香莲时缺乏情感共鸣，导演杨兰春谆谆启发她："'文化大革命'中，你是斗争对象，爱人关进牛棚，你连孩子面都见不到。你就不想孩子？孩子就不想你？"想到秦香莲、自己以及普天下的苦命人，张宝英不禁悲从中来，感情闸门一下子打开，唱出了催人泪下的一腔幽怨和悲愤。经过长期的磨练，作为豫剧崔派艺术的优秀传人，张宝英不但会唱、能哭，更善于融情入理、按情行腔。她的体会是："用真挚的感情、真实的生活感受和传统的表演手法融合在一起，才能抓住人物，通过唱把人物的心情表达出来。每用一个花腔、咬字、喷口、哭泣、换气的部位都要考虑到人物。"能够根据自己的条件进行继承创新，张宝英促进了崔派艺术不断向前发展并使其充满活力。

我向来不认为流派仅仅体现在与大师唱腔的"相似"上，这是世俗的理解，是戏迷对大师留恋与眷顾所形成的特定社会需求，他们通过音声甚至相貌举止的"像"来怀念大师。虽然是人之常情，却有害于艺术的发展。流派指价值观、审美观、美学风格的一致或接近，而不仅仅是指技法的相同度，如单纯以后者为追求目标，就会走入死胡同。齐白石说："学我者生，像我者死。"豫剧大师陈素真也说："传统的优势恰在于她拥有不断自我更新，可经历百代而不衰的深根厚土和历史渊源。"如果早期拜梅兰芳为师的程砚秋跟着乃师亦步亦趋，何来京剧四大名旦和程派！如果早期拜过唱豫东调的陈素真为师、自己唱豫西调的崔兰田也跟着乃师亦步亦趋，又何来豫剧五大名旦和崔派！

其实张宝英学艺崔派初期，也曾刻意模仿崔兰田的演唱技巧和韵味，崔兰田发现后，说出了另外的见解："不要死板硬套地模仿我，在像不像我上瞎下功夫。你和我的嗓音条件不一样，我是大嗓，你是小嗓，你没那道腔。你要用我教你的方法，根据你自己的嗓音条件去演唱。怎么唱得舒服、唱得好听悦耳，你就怎么唱。"这是大师从长期实践中悟出来的深刻艺理。但，不要徒弟像自己、而要根据先天条件去揣摩最适宜的演唱方法，怎样体现流派呢？通过剧目和人物形象体现，通过对特定对象的独特表现力体现，例如崔派的哭戏。大师们都有自己经受考验和淘洗的看家剧目，并且研琢出了对这些剧目最恰当的表现方法。后学者要去精心研琢这些剧目和方法，形成自己的风格。这是对流派的最合适解释。如果把"像不像"作为流

廖奔先生与杨奇先生合影于中央文化干部管理学院（2004年摄于北京）

派的首要也是必要条件，只能让学生邯郸学步、自我为牢，只会模仿不会创造，就压抑了创造性。加上每个人的天然条件不同，外貌、形象、气质、步态以及嗓宽、音高、气息、声量不同，个体差异会影响模仿的成色，影响学生的情绪和成绩。甚至，天然条件优异的学生去孜孜模仿老师通过后天努力纠正先天不足缺陷的方法，就事倍功半、逆水行舟了。

流派亦须追踪时代发展而变化，后来者不能只不越雷池一步地搬演前辈保留剧目，而应根据时代的需求创造自己新的作品和人物形象，有创造就会有突破。张宝英在继承流派和不断创新的过程中，根据自己的先天条件对崔派演唱吐字、发音、行腔技巧实现了扬弃，使之既有鲜明的崔派特色，又有自己的独特风格，她因而既是崔派的忠实继承者，又是崔派的变革发展者，实现了对崔派艺术的"创造性继承，创新性发展"。

张宝英大成了，创立了自己的"新崔派"风格，成为当代豫剧十大名旦之首、"国家级非物质文化遗产项目豫剧代表性传承人"。我们则从中体会到了艺术传承发展的历史辩证法。

还在崔兰田担任安阳豫剧团团长的时候，团里来了一个文字秘书，他叫杨奇。杨奇长期在剧团工作，陪伴在崔兰田和张宝英身边，随时留心记录揣摩她们的剧目、唱腔、人物形象、表演艺术，几十年不间断地为之撰写评介文章，把崔派艺术及其发展演变轨迹摸了个透。担任安阳市艺术研究所所长之后，杨奇开始了对崔派艺术的系统研究，形成一部部成果。《新崔派艺术论》就是这些成果中新出的一部。这些历史际遇，既是崔兰田和张宝英之幸，也是杨奇之幸。我还想说，这难道不是安阳之幸、豫剧之幸？

于是我们就又有了这本谈豫剧新崔派艺术的书。

2019年2月19日（正月十五）于京华紫竹公寓

廖奔 知名戏曲史家和戏剧理论家，文化学者，书法家。在戏曲史研究领域成绩突出，为第三代戏曲史研究的领军人物。其戏剧理论和戏剧评论视野弘阔、见解犀利，能够追踪时代、把握趋势，为当代最具影响力和指引力的批评家。曾任中国文联副主席、中国作家协会副主席、中国戏剧家协会分党组书记。

绪　言

　　豫剧自有史以来，涌现出许多色艺超群的旦角名伶。在女演员出现之前，活跃在豫剧舞台上的旦角都是男扮女装的男性演员。豫东调、豫西调、祥府调、沙河调、豫北老调，豫剧五大声腔流派中众多身怀绝技的男旦艺人为豫剧旦角艺术的发展作出了奠基性的杰出贡献。20世纪30年代初，出现了王润枝、马双枝、陈素真、司凤英、常香玉等优秀女演员，使豫剧旦角艺术发生了显著变化。40年代以来，在河南大饥荒和抗日战争、解放战争的历史背景下，出现了一批在演唱和表演艺术上拥有强烈的个人风格的旦角演员，这些演员的艺术风格得到了观众的认可与推崇，并且在长期的艺术实践中不断强化这种风格，最终形成自己的艺术标识，一种为欣赏者所公认的标识。至1956年首届河南省戏曲观摩大会，开创了豫剧流派形成的新天地。形成了以演员个人演唱风格为标志的常（香玉）、陈（素真）、崔（兰田）、马（金凤）、闫（立品）、桑（振君）等诸多豫剧旦角流派。流派艺术的成熟、兴旺、发达，标志着一个剧种的成熟、兴旺与发达。以演员个人演唱风格为标志的艺术流派的形成，标志着一个演员独具的艺术风格的成熟。20世纪，在河南豫剧流派的形成与发展过程中，有一个传承有序的重要的流派艺术，以两代人的努力，在继承与发展上，留下了清晰可鉴的足迹。这就是崔兰田创造的崔派艺术与张宝英继承发展、创新的"新崔派"艺术。

本书试图通过《崔兰田与崔派艺术的审美特征》《张宝英新崔派艺术的形成与发展》《张宝英新崔派艺术的美学品质》《张宝英的艺术传人》《张宝英唱腔选》《张宝英艺术活动大事记》六个章节的梳理来表述张宝英舞台艺术的传承路径与特色分析以及新崔派艺术的美学范畴、文化内涵。

流派的发展和新流派的诞生，是戏曲艺术发展的重要标志。新的戏曲流派的形成，首先，需要优秀演员自己通过一系列的代表剧目，形成其风格特色；其次，需要有一大批模仿追求其表演和演唱风格的传承者；第三，这种艺术风格特色要得到广大观众的认可和喜欢。流派没有观众的认可与支撑是没有意义的。

目　录

一、崔兰田与崔派艺术的审美特征 ································ 01
　　苦难生活　酿造苦戏 ·· 02
　　擅演悲剧　自成一派 ·· 07
　　含泪笑演《对花枪》 ··· 11
　　崔派艺术　享誉京华 ·· 13
　　演现代戏　饮誉南北 ·· 20
　　十年"文革"　忍辱负重 ·· 23
　　流派汇演　薪火再传 ·· 25
　　德艺双馨　教书育人 ·· 29

二、张宝英新崔派艺术的形成与发展 ································ 35
　　痴迷的追求 ·· 37
　　伯乐与千里马 ··· 41
　　种瓜得瓜　种豆得豆 ·· 45
　　吃一堑　长一智 ·· 53
　　外师造化　中得心源 ·· 54
　　患难夫妻　沧海桑田 ·· 58
　　十年"文革"　一场噩梦 ·· 62
　　屈膝谈话　醍醐灌顶 ·· 67
　　流派汇演　扬帆起航 ·· 74
　　千众屏息听柳娘 ·· 77
　　继往开来　独树一帜 ·· 83

声情激荡　炉火纯青 …………………………………… 93
　　政协委员　参政议政 …………………………………… 99
　　甘醇滋润万人心 ………………………………………… 104
　　中原逐鹿　第一名旦 …………………………………… 116
　　崔派艺术　风靡台湾 …………………………………… 118
　　桑榆晚霞　桃李满园 …………………………………… 137

三、张宝英新崔派艺术的美学品质 …………………………… 147
　　创新性继承　创造性发展 ……………………………… 148
　　以声传情　形神兼备 …………………………………… 151
　　观众口碑　艺术之美 …………………………………… 160

四、张宝英的艺术传人 ………………………………………… 171
　　艺无止境　天外有天 …………………………………… 172
　　立艺先立德　学戏先学做人 …………………………… 177
　　传承发展　任重道远 …………………………………… 180
　　张宝英弟子名录 ………………………………………… 182

五、张宝英唱腔选 ……………………………………………… 185
　　看天下劳苦人民都解放 ………………………………… 187
　　今日里为亲人细熬鸡汤 ………………………………… 202
　　沁园春·安阳颂 ………………………………………… 209

六、张宝英艺术活动大事记 …………………………………… 217

他，站在学术的高度解读了张宝英 …………………………… 235
后　记 …………………………………………………………… 243

一、崔兰田与崔派艺术的审美特征

崔兰田创立的豫剧崔派艺术是 20 世纪中国戏曲舞台上一朵绚丽的奇葩。它孕育于 30 年代末的河南郑州,成长于 40 年代初的河南洛阳,成熟于抗战胜利后的陕西西安,落户于 50 年代初中华人民共和国成立后的河南安阳,并在安阳发扬光大,生根开花。仅在"文化大革命"前,17 年的时间,她就把豫剧"崔派"艺术提升到一个相当的高度,以擅演悲剧,闻名剧坛。四进北京,誉满京华。从黑龙江边的北大荒到海南岛上的天涯海角;从黄浦江畔的夜上海到青藏高原的塔尔寺;长城内外,大江南北,都留下了她的艺术足迹。在黄河中下游地区崔派艺术有着广泛的群众基础,深受老百姓喜爱,坊间俚语说:"三天不吃盐,也要看看崔兰田","看看崔兰田,能活一百年"。

苦难生活　酿造苦戏

崔兰田1926年农历九月二十出生于山东曹县一户贫苦的穷人家庭。五六岁随父母逃荒要饭、颠沛流离到河南郑州。1937年在郑州入周海水创立的太乙班学戏，先学须生，入科3个月即登台演出，在《杀庙》中扮演韩琪，后改旦角。坐科期间，随科班辗转演出于豫西荥阳、汜水、巩县一带的农村高台和庙会，逐渐成为太乙班中"十八兰"的佼佼者。河南梆子在豫西山区演出时常常靠山堆个土台子唱戏，所以人们也称它为"靠山吼"。

1942年，崔兰田在洛阳出科后与豫西调名角张庆官、崔照、狗尾巴、狗头、地牦牛等搭班演戏，受益匪浅。豫西调又称西府调，发源于洛阳，声音低沉，吐字清晰，字字入耳，生旦净丑多用大本嗓。男声苍凉、悲壮，女声低回婉转，擅长表现悲剧风格的剧目。这些豫西调名家的唱腔、表演对崔兰田日后创立以豫西调为特色的崔派艺术奠定了基础。

崔兰田在洛阳期间深受各种地方戏曲、曲艺艺术的影响，她十分迷恋曲剧"卫生丸"（曲剧男旦刘卫生）、"万人迷"（马德山）和冯章禄演出的曲剧《祭塔》《小姑贤》等戏。对乔清秀

崔兰田15岁在《虹桥关》中饰罗章（1941年摄于洛阳）

的河南坠子更是如醉如迷，成天抱着留声机学唱乔清秀的《凤仪亭》："小吕布正在凤仪亭上候啊，爽朗朗朗朗身佩环响来了那个仙姑。"

1943年12月崔兰田为躲避洛阳地痞、流氓、戏霸的欺负，借机逃往西安。后应樊粹庭邀请，在西安新民戏院与常警荻合作大演具有抗战思想的"樊戏"《克敌荣归》、《凌云志》、《义烈风》、《霄壤恨》（邵巧云）、《涤耻血》、《女贞花》等，受到西安民众格外欢迎。为抚慰西安难民的情绪和战后社会期盼团圆的民意，以演义家破人亡、妻离子散、惨遭压迫、屡经苦难为主题的人间悲剧、"苦戏"、"哭戏"为主，备受西安观众拥戴，声望日益崛起。《桃花庵》《秦香莲》《卖苗郎》《秦雪梅吊孝》《天河配》《二度梅》《三上轿》是这个时期常演的代表剧目。

这个时期是崔兰田的悲剧艺术风格逐渐成熟的时期，也是中国历史上最为动乱、中原人苦难最重的时期。历史上有名的"水、旱、荒、汤"灾害，无情地降临在中原大地。14年抗日战争，河南从头至尾全境处在战争之中，日军盘踞黄河以北，南岸国民党40万大军驻扎长达五六年，中原人备受战争之苦。1938年的黄河花园口决堤，吞噬了豫、皖、苏三省81万人的生命，仅河南就死亡有43.3万人，造成了1200万人无家可归的惨剧。日本侵略军的铁蹄残暴地蹂躏具有悠久文明历史的中原大地，中原人经受了国破家亡、流离失所的悲惨遭遇。据民

崔兰田17岁便照（1943年摄于西安）

崔兰田18岁便照（1944年摄于西安）

国35年（1946）《河南统计年鉴》记载，在抗日战争期间，河南直接死亡80多万人，外流西北、西南灾民500多万，自然灾害又夺去了300多万人的生命。在那样的社会时代背景下，崔兰田通过演出悲剧，以倾吐人们心中的怒火，慰藉无数受伤的心灵，鼓舞人们向制造人间悲剧的一切恶势力进行殊死的斗争。

在逃难的灾民中，她亲眼目睹了嗷嗷待哺的婴儿活生生地饿死在骨瘦粼粼的娘怀里；饿的皮包骨头的小姑娘头插稻草要自卖自身。当时社会情景真应了《卖苗郎》里的唱词："旱三年涝三年，一连六年没收田。涝天遍地人希路断，旱天树头着火冒烟。针穿黑豆大街买，河里的水草上称盘。"青少年时代亲身经历的悲惨生活，在崔兰田的心上，落下了深深的烙印。她演唱的悲剧引起了民众的共鸣，她在演唱悲剧中感觉着最快活。她说："我热爱演悲剧，就像热爱我的生命一样。我啥时候演悲剧，啥时候就有眼泪。只要想起我小时候逃荒要饭所经历的苦难，我的眼泪都是现成的。只有唱悲剧，我唱的最舒心，观众也听得最过瘾。"

著名戏剧评论家郭光宇先生指出：崔兰田作为中原人的一份子，幼年的处境、遭遇和

崔兰田与常景获合作演出《虹霓关》《凤仪亭》剧照（1945年摄于西安）

一、崔兰田与崔派艺术的审美特征

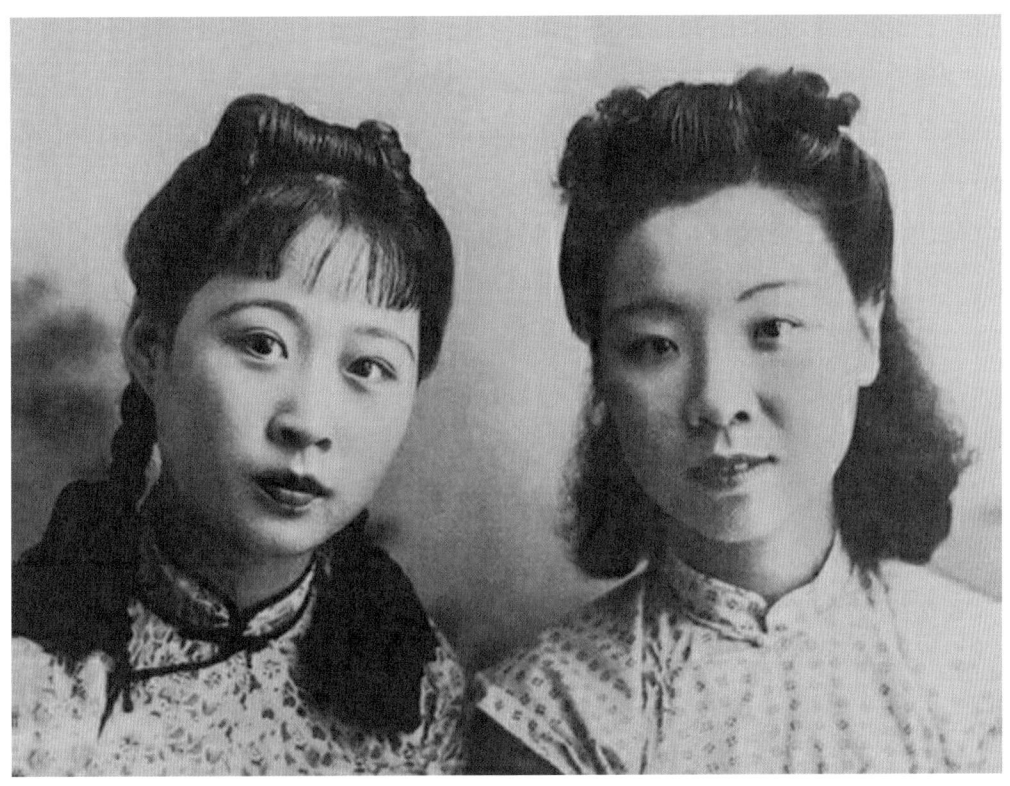
崔兰田与陈素真合影（1945年摄于西安）

崔兰田与常香玉、马金凤合影（1979年摄于郑州）

大家相同，她对中原父老知根知底，感同身受，很容易成为中原父老的知音和代言人，她在悲剧中倾吐着中原父老的真情实感，真诚地和中原父老心灵交换，靠"真"引起共鸣，打动观众。同时她又根据中原父老的伦理道德标准，把那些受苦受难而又苦苦挣扎，体现着善行美德的女子们，作为悲剧的主角和颂扬的对象，尽情地讴歌。这些悲剧主角是中原父老理想的化身，是他们最为崇敬和爱戴的典型。用哲学的观点来说，这正是悲剧中蕴含的"善"。"真"和"善"虽然重要，但要缺少了"美"，就不能成为好的艺术品。在崔兰田的"四大悲剧"中，真、善、美完美地统一在一个整体之中。崔兰田的悲剧艺术合乎中原人的美学观点和欣赏习惯，靠美的艺术征服了中原父老。

　　在西安，崔兰田与常香玉的对台戏是吸引观众的灵丹妙药。在相距不远的两个剧场，两人不约而同地主演同一个剧目，形成"打擂台"的阵势，以招揽观众。《天河配》双双扮演织女"竞度鹊桥"，《秦雪梅吊孝》两个秦雪梅面对面"悲声大放"，《游龟山》中两个胡凤莲怀揣"蝴蝶杯"对簿公堂。在为灾民举办的赈灾义演中，在蒋纬国大婚的戏曲堂会上，她俩又强强联合，双挂头牌。合作演出了《桃花庵》（崔兰田饰陈妙善、常香玉饰窦氏），《凤仪亭》（崔兰田饰吕布、常香玉饰貂蝉），《贩马记》（崔兰田饰赵宠、常香玉饰李桂枝），《拷红》（崔兰田饰张君瑞、常香玉饰红娘），《兰桥会》（崔兰田饰韦朗宝、常香玉饰贾玉珍），《秦雪梅吊孝.闹书馆》（崔兰田饰商林、常香玉饰秦雪梅），《蝴蝶杯》（崔兰田饰田玉川、常香玉饰胡凤莲），艺术上的情投意合，生活中的惺惺相惜，使她们在竞争、交融、合作中结下了深厚的友谊，也给西安观众留下了深刻印象。

一、崔兰田与崔派艺术的审美特征

擅演悲剧 自成一派

崔兰田便照（1956年摄于安阳）

1949年5月20日红旗插遍了西安古城，中国历史上的13朝古都回到了人民的怀抱，人民群众当家作主，欢欣鼓舞，各行各业，百废待兴，大雁塔下的河南梆子更加引人注目。解放初期，很多戏曲艺人闲散在家里，没有进项，生活困难。无家可归的单身艺人住在破败的戏园子里，生活潦倒，吃了上顿没下顿。她们跑来找崔兰田，希望她能挂牌组班。军管会的同志也到家里来动员，做工作讲道理，并让她参加了由习仲勋主持召开的文化工作会议。崔兰田在革命干部的游说下，身心得到了解放，坚定了跟着共产党走社会主义道路的决心，以极大的政治热情投身到新中国社会主义建设的高潮中。她与丈夫周光灿克服种种困难，率先把失业的艺人组织起来，于1950年4月，组建了自己的戏班"兰光剧社"。这时，她本人的艺术才华得到了充分的发挥，她个人的人格魅力发挥了极大作用，吸引了许多志同道合、身怀绝技的同行艺人。兰光剧社人才济济，底包坚实，行当齐全，技术最硬，其他剧社难于匹敌。崔派艺术从这时开始走向成熟鼎盛的时代。

成班伊始，她们就排演了西北军政委员会文化部副部长马健翎在延安创作的《鱼腹山》，给解放后的西安舞台注入了一股清新的气息。

《鱼腹山》是马健翎根据《明史》《李自成传》《刘宗敏传》而创作的一出新编历史剧。讲述的是闯王李自成的部下刘宗敏攻克县城后，沉湎于酒色，使鱼腹山陷于官军重围之中，危在旦夕。李自成怒斥刘宗敏，率军杀出重围，转战鄂豫。

这是马健翎参加党的七届二中全会后，根据毛主席在会上提出的，要求全党在胜利面前要保持清醒头脑，在夺取全国政权后要经受住执政的考验，务必使同志们继续地保持谦

虚、谨慎、不骄、不躁的作风，务必使同志们继续地保持艰苦奋斗的作风而创作的一出新编历史剧。通过大家喜闻乐见的艺术形式，提醒刚进城的干部，要经受住考验。在刚刚解放了的西安，崔兰田和她的兰光剧社上演的《鱼腹山》，是西北军政委员会发扬延安作风，利用戏曲艺术，高台教化，寓教于乐，春雨润物的成功示范，其意味深远，意义重大。

　　1951年，正值麦收时节，兰光剧社巡回演出到河南郑州的爱民舞台。这时候，郑州的机关、学校、工厂、街道到处都在轰轰烈烈地开展镇反运动。为配合镇反运动，崔兰田赶排了根据真人真事创作的现代戏《枪毙尚子干》，这是她艺术生涯中排演的第一出现代戏。

　　1951年夏，崔兰田率领兰光剧社落户安阳。她积极响应党的号召，认真贯彻落实"百花齐放，推陈出新"的文艺方针和"改人、改戏、改制"的政策，在短短几年的时间里，把兰光剧社由私人戏班，改造为民营公助的人民豫剧团，在全省民间职业剧团登记时被确定为省重点辅导剧团。50年代初，各行各业都在热火朝天地进行社会主义革命和建设，农业手工业实现合作化，私营工商业实现公私合营，走社会主义道路。1956年6月民营公助的安阳市人民豫剧团改为国营安阳市豫剧团，崔兰田被安阳市政府文教委员会任命为团长，全体演职员也成了拿工资、端铁饭碗的人。成为国营剧团后，成立了剧团党支部，程三群被任命为第一任安阳市豫剧团党支部书记。党支部对演职员进行教育改造的第一项学习任务，就是阶级教育。这些从旧社会走过来的艺人，能够翻身解放，由受欺凌被人看不起的下九流变为受人尊敬，被人称为"人民宣传员""文艺工作者"，这种身份的变化，社会地位的提升，思想意识的转变，体现在他们的精神面貌上工作状态上，就是：自豪。

　　崔兰田满怀对新社会的热爱，对共产党的真诚，纵情歌唱新生活，塑造新人物，积极排演现代戏，演出了《拥军模范》《罗汉钱》《桃李同春》《小女婿》等现代戏，古城安阳的大街小巷，小广播不停地在传播她演唱的《拥军模范》中的经典唱段："俺大儿干工作就在区上，俺二儿参了军全家荣光。"一出小戏使崔兰田和安阳成千上万的观众心心相连，也使她的流派艺术在古城安阳展现出新的风貌，达到了新的高度。

　　1956年12月18日至1957年元月15日，河南省首届戏曲观摩大会在省会郑州河南人民剧院隆重举行。全省各地市、各专区的各个剧种的名角聚集一堂。参加会演的有17个演出代表团，

崔兰田与丈夫周光灿合影（1952年于西安）

《春风吹到诺敏河》剧照，崔兰田（右）与沈宝爱（左）1954年摄于安阳

1116人，代表着河南全省223个剧团和1.5万多名戏剧工作者。16个省、市和解放军共150多人观摩。文化部艺术局局长、中国戏剧家协会主席田汉亲临指导。这是中华人民共和国成立以来第一次举办最大规模的戏曲汇演，历时28天，参加会演的有豫剧、曲剧、越调、二夹弦、乐腔、大平调、五调腔、怀梆、大弦戏、眉户、百调子、道情、南阳梆子（宛梆）、四平调、卷戏、京梆（河北梆子）、坠剧、花鼓戏、拉呼腔（柳琴戏）、汉剧、蒲剧、京剧、越剧23个剧种，共93个剧目（其中5个现代戏），名老艺人周海水、燕长庚、张子林、高保太等进行了展览演出。参加演出的剧目绝大部分是经过老艺人、演员和戏剧工作者挖掘、整理、改编的优秀传统剧目。崔兰田率安阳市代表团参加演出了《秦香莲》、《三上轿》和一出小戏《下神》。

这次会演中，一些反映民间生活的小喜剧，主题鲜明，故事简单，人物精炼，唱词通俗易懂，饶有风趣和浓厚的生活气息。如：《王金豆借粮》《小二姐做梦》《借髢髢》《假报喜》等小戏的演出，成为会演中的艺术光彩。现代戏《刘胡兰》《草原之歌》《女瓦工》《第一眼井》《赶脚》等剧开创了用地方戏曲形式反映现代人民生活的新局面。特别是曲剧《赶脚》通过优美的舞姿，洗练的动作，纯熟的技巧，刻划了两个鲜明的人物形象，在继承传统表演程式的基础上，经过加工、提炼、创造出了适合表现现代人物生活的表演动作，令人印象深刻。

这次戏曲观摩大会共有286名演员获奖，其中荣誉奖4人：豫剧演员常香玉、陈素真，曲剧演员朱万明、朱六来。

演员一等奖60人，其中豫剧演员33人：马金凤、崔兰田、阎立品、徐凤云、王秀兰、桑振君、赵义庭、王素君、王根保、李斯忠、韦玉庆、吴碧波、张桂花、唐喜成、王敬先、宋桂玲、李兰菊、马兰香、李珍荣、陈慧秋、华翰磊、关灵凤、汤兰香、王在岭、渠永杰、刘九来、谢顺明、王韵生、马普生、赵锡铭、马天德、高兴旺、王二顺；曲剧演员10名：李金波、李玉林、邢金锷、张新芳、蓝辑吾、徐庆生、刘仲杰、王秀玲、耿庚辰、刘卫生；越调演员5名：张秀卿、申凤梅、张桂兰、毛爱莲、李明玉；大平调演员2名：申德高、翟德贵；京剧演员4名；周云昆、吴韵芳、赵虹珠、许振华；二夹弦演员张素云；四平调演员邹爱琴；落腔演员赵文清；越剧演员王惠芳；汉剧演员陈化姣；怀梆演员张树桩。获演员二等奖的 95 人；获演员三等奖的 131 人。

河南省文教部部长张柏园在观摩大会上就有关戏曲艺术的方针政策作报告时，首次提出："以擅演悲剧为特色的崔兰田在豫剧界也可以算作一派。"从此以后，崔兰田的演唱艺术和她率领的安阳市豫剧团被称为"崔派艺术""崔派剧团"，以擅演悲剧为人称道。

1957 年第五期《戏剧报》发表泐泊、南辉撰写的文章《河南省戏曲会演巡礼》称："豫剧著名的悲剧演员崔兰田的《秦香莲》与《三上轿》的演出，均有显明的独到之处。"

在这次观摩大会上，有人反映：旧社会穷苦百姓被三座大山压迫，人生必然是悲剧的结局；现在解放了，是共产党领导的新社会了，我们还需要悲剧吗？

崔兰田与尚小云先生合影（1954 年摄于安阳　尚长荣供稿）

中国戏剧家协会主席田汉在闭幕式上就大家议论纷纷的话题这样说道："这次看了好几个悲剧，如《三上轿》等，都有很好的表演。今天我们为啥还要演悲剧？"他借用苏联剧作家西蒙诺夫 1951 年在访问中国戏剧家协会时说的话回答道："苏联老大哥西蒙诺夫说这是为了使我们认识到今天的幸福来之不易，而要更加珍惜和保卫今天的幸福生活。"

观摩大会业务研究处专门安排生旦净丑各行当的代表演员做表演唱腔报告。崔兰田和中国京剧院的王吟秋应大会安排做旦角报告。她结合自己参加汇演的两出戏，讲了发音吐字和创造设计唱腔方面的技巧和经验。谈到新剧目的创作，她说："我过去比较好演苦戏，这样我的戏路子就窄了，有人说崔兰田一唱就哭，固然演悲剧也是需要的，而且今后我要更加深刻地努力创造悲剧性格的角色，但光唱苦戏太单调了，今后我们要从豫剧传统剧目中深入地挖掘整理出几个戏剧性强的剧目。大会上许多兄弟剧种的优秀剧目，我们也计划学一些，我们长期苦闷的剧本和表演艺术上的问题，在这次大会上解决了不少。"

含泪笑演《对花枪》

《对花枪》是崔兰田从传统剧目中挖掘整理的第一出戏,它根据芦士元口述,由著名剧作家、河南省戏曲改进委员会副主任王镇南执笔整理,刚从华北大学戏剧系分配来的青年编剧高连山和北京北方昆曲剧院河南籍的剧作家时殁也参与研究创作。

1957年5月,崔兰田率领安阳市豫剧团第一次进京演出。首先在全国政协礼堂为首都文艺界、新闻界演出《对花枪》。周恩来总理在百忙之中专程赶来,由夏衍、田汉陪同观看了演出。演出结束后周恩来总理抱着臂膀亲切地与崔兰田交谈:"你唱了多少年戏了?"

"20年了。"

"你祖籍是哪里呀?"

"山东曹县。"

"你是山东人,怎么唱河南梆子啊?"

崔兰田回答总理:小时候随父母逃荒要饭到河南,所以在郑州学的河南梆子。周恩来总理听说她从艺有20多年了,会戏很多而且擅演悲剧,就嘱咐她:"一定要把你的艺术传授给下一代。"

《对花枪》在北京演出后,很受欢迎。特别是在唱腔旋律上没有套用豫东调的老腔老调,而是在豫东调的基础上,自然地融进豫西调的旋律和韵味,重点突出豫西调的典型唱法和音乐风格。戏剧评论家张立云1957年5月27日在《天津日报》撰文《看豫剧<对花枪>》评介道:"看起来像个悲剧,却充满喜剧风格,许多地方不由得不使你心里发笑;说是喜剧,又充满引人心酸的悲苦,有时又令你笑中含泪。"

"她的唱腔圆润清澈,字字打入观众心坎,经久不绝"。

50年代末至60年代初,河南的戏剧团体能够参加中央规划演出的,只有六家省级剧团和六家地市级剧团:常香玉领衔的河南豫剧院一团,吴碧波、唐喜成领衔的河南豫剧院二团,高洁、马琳、魏云、王善朴、柳兰芳等领衔的河南豫剧院三团,张新芳、王秀玲任主演的河南省曲剧团,吴韵芳任主演的河南省京剧团和河南省话剧团;地市级的六家剧团是:马金凤领衔的洛阳市豫剧团,王秀兰、王敬先、王素君为主演的开封市豫剧团,申凤梅领衔的周口地区越调剧团,华汉磊为主演的郑州市豫剧团,桑振君为主演的许昌地区豫剧团和以崔兰田为主演的安阳市豫剧团。

豫剧表演团体最早进京演出的是罗兰梅为主演的新乡市新华豫剧团，之后是常香玉、陈素真、马金凤和崔兰田，还有河北省邯郸戏校的胡小凤、牛淑贤，姚淑芳为主演的邢台豫剧团和河南省豫剧三团的《朝阳沟》、商丘豫剧团的《社长的女儿》。

《对花枪》剧照，崔兰田饰姜桂枝，卢士元饰罗艺（1957年摄于北京）

崔兰田与电影演员田华合影，左一张宝英，左二王秀真，右一沈宝爱（1962年摄于北京）

崔派艺术　享誉京华

1958年春，32岁的崔兰田率领安阳市豫剧团经郑州、许昌、漯河、信阳一站接一站地南下巡回演出。初夏时节，首次跨过长江来到武汉新落成的武汉人民剧院演出《对花枪》和《铡美案》。

这一年由于反右运动严重压抑了艺人们的艺术热情，演出市场当时传统"旧"戏大多不能演不敢演，人民群众又迫切需要戏曲艺术市场的活跃，于是就造成客观"缺戏演"的状态。

1958年3月5日，文化部下发了《关于大力繁荣艺术创作的通知》，其中强调："现在急需创作反映我国当前的和近十年来的伟大变革，歌颂我国伟大社会主义建设者的英雄业绩的艺术作品。"随后，于6月13日至7月14日召开了"戏曲表现现代生活座谈会"，会上大家对戏曲艺术的发展方向进行了热烈的讨论，明确了戏曲艺术工作者要以迅速的和工农群众相一致的步伐，创造社会主义的民族新戏曲。期间还举办了全国现代题材戏曲联合公演，12个剧团参加公演。公演主旨是"戏曲工作者应该为表现现代生活而奋斗"。当时，有人提出："写中心""演中心"的口号，称要"以现代戏为纲"，"争取在三五年内，各种剧团现代剧目达到20%~50%"。针对当时的现状，中央提出"既要演传统戏，也要演现代戏"的方针，主张"两条腿走路"。

崔兰田作为演出现代戏的先进代表应邀参加了座谈会并观摩了全国现代题材戏曲联合公演的12场演出。

1959年4月，崔兰田率领安阳市豫剧团第二次进京演出。首先在吉祥戏院演出根据河南曲剧移植的豫剧古装戏《陈三两爬堂》，陈毅副总理观看演出后，上台接见全体演职员，祝贺崔兰田在北京演出成功.

其次，在北京工人俱乐部为参加第二届全国人民代表大会、第二届全国政治协商会议的代表、委员演出《对花枪》。

随后，在中南海怀仁堂为参加全国省委书记工作会议的代表演出《陈三两爬堂》和小戏《嘉兴府》，李先念副总理观看演出并与大家合影留念。

肖长华、梅兰芳、马连良、于连泉、侯喜瑞等京剧界著名演员在北京长安大戏院观看《对花枪》后纷纷赠送鲜花和花篮，祝贺崔兰田演出成功。

《陈三两爬堂》剧照，崔兰田饰陈三两，王香芳饰李凤鸣（1959年摄于北京，蒋见朝供稿）

1959年4月，崔兰田率领安阳市豫剧团第二次进京演出。梅兰芳、肖长华、马连良、于连泉、侯喜瑞、李桂云等观看《对花枪》后，与崔兰田合影

　　梅兰芳、肖长华、马少波、老舍、荀慧生、马连良、侯喜瑞、姜妙香、张君秋、赵燕侠、李桂云、喜彩莲等首都文艺界著名艺术家与崔兰田举行座谈会，对她的艺术水平、表演和演唱风格大加赞赏。梅兰芳先生委托中国京剧院副院长、著名戏剧理论家马少波专程到剧团驻地转达了他对《对花枪》中姜桂枝的化妆和服装上的建议：

　　"崔兰田在表演上反对'假戏假做'，也反对'真戏真做'的创作形式。前者假里假气，装腔作势，观众看来，枯燥无味，这是形式主义的表演。后者演员完全忘了自己，常常控制不住情感，尽管声嘶力竭，大卖力气，观众却感到厌烦，一点也不感动；这种表演很容易变成自然主义。

"讲究以外形的'静',表现内心激烈的'动',常常能刻划出极有深度和细腻入微的人物心理。

"崔兰田的演唱,既能充分表达情感,又善于控制情感,达到了上乘的艺术境界,这是难能可贵的。

"崔兰田对唱腔音乐的运用,也持有革新的精神,她会的腔调不少,可是她不死守着这些腔调,她强调'因字按腔',反对'以腔套字',这正符合程砚秋同志说的'以腔就字',而不是'以字就腔'的唱腔发展规律。

"崔兰田运用了豫剧的古老腔调,也吸收了其他剧种的腔调或某些旋律。

"观众听到新的腔调,正在'品'这新奇的'滋味'是不是豫剧腔调时,她又把旋律拉回到豫剧的路子上来。让观众感到新鲜悦耳,可又不知出自何处。这也恰恰符合程砚秋

《对花枪》剧照,崔兰田饰姜桂枝(1957年摄)

田汉设家宴招待崔兰田一行。从左至右：曹孟浪、王秀真、卢士元、王香芳、魏进福、田汉、渠永杰、崔兰田、王士杰、崔兰玉、高连山（1957摄于北京）

说的：'腔调要一点一点地变，在观众不知不觉中得到发展。'"（摘自1959年9月中国戏剧出版社出版的《陈三两爬堂》一书）

离京之前，安阳市豫剧团在公安部礼堂举行告别演出，以《对花枪》招待北京市党政机关干部。北京市委书记、全国人大副委员长兼秘书长彭真观看演出。幕间休息时，彭真在休息室亲切接见了崔兰田和剧团党支部书记程三群。当晚，北京市委、市政府在北京饭店设宴欢送安阳市豫剧团全体演职员。

时隔40年后，崔兰田回忆起当年在北京演出《陈三两爬堂》时的情景："我跪在舞台上唱一个多小时，我自己都能感觉到舞台上的台板在震动。"

1959年11月30日至12月4日，中央工作会议在郑州召开，崔兰田在黄河迎宾馆礼堂为大会演出《对花枪·南营》，毛泽东主席观看了演出。

1959年，安阳市豫剧院成立，崔兰田任院长，程三群任院党总支书记。王世杰任安阳市豫剧院一团团长，崔少奎、王秀真、辛玉兰任副团长；张维彬任安阳市豫剧院二团团长，马娟英、崔兰玉任副团长。1960年经过多次严峻考验，崔兰田被批准加入中国共产党，她庄严宣誓：为共产主义奋斗终身。

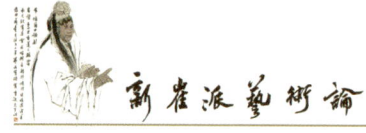

崔兰田以她几十年的艺术经历深深体会到，流派艺术的传承必须早下手，从小抓起。于是，经市政府批准，1955年至1957年安阳市豫剧团先后招收了22名学员组成学生队随团学艺。1955年，15岁的张宝英考入学生队。1956年10岁的郭惠兰考入学生队。1959年崔兰田正式收张宝英、郭惠兰为徒弟。1962年收浚县豫剧团19岁的吴廷珠为徒弟；1963年收汤阴县豫剧团13岁的苏玉凤为徒弟。她根据自己学艺的切身体会，主张"跟我学，不要单纯追求像不像我。要根据自己的条件运用老师教导的方法去创造新人物、新唱腔"。师傅领进门，修行在个人。为了达到这个目标，她鼓励学生博采众长，广取百家。亲自把学生送到其他名家门下，让学生广采博取，融会贯通，厚积薄发。青出于蓝而胜于蓝。收徒伊始，崔兰田为张宝英排演了豫剧现代戏《洪湖赤卫队》并在上海为她灌制了第一张唱片；为郭惠兰排演了豫剧古装戏《陈三两爬堂》参加安阳地区青年演员汇演荣获一等奖。

1962年国庆节前夕，崔兰田率安阳市豫剧院一团第三次进京演出。国务院副总理、总参谋长罗瑞卿和夫人郝治平观看了王秀真、渠永杰主演的《花打朝》和崔兰田、张宝英师徒主演的《桃花庵》。

粟裕、田汉在北京首都医院小礼堂观看《对花枪·南营》《三哭殿·金殿》后与崔兰田合影，前排左起第四人为张宝英（1962年10月摄）

一、崔兰田与崔派艺术的审美特征

中国人民解放军总参谋长粟裕、中国戏剧家协会主席田汉在北京首都医院小礼堂观看崔兰田主演的《对花枪·南营》《三哭殿.金殿》后上台接见演员（1962年10月摄）

粟裕、田汉抱病在首都医院小礼堂观看了《三哭殿·哭殿》和《对花枪·南营》两折戏。并于1962年11月7日在《人民日报》撰文评价："最近，看了崔兰田同志领导的安阳市豫剧院一团在北京演出的《三哭殿》和《对花枪》，得到极大的艺术享受！""《对花枪》是豫剧的传统节目，表现了河南本地风光，也是崔兰田同志的拿手戏。她那雍容而豪迈的风度，清亮而婉约的唱腔，有深刻印象。""我也听过好一些女演员唱过这个戏，虽则她们各有千秋，但仍以兰田同志唱得最为丰满。"

"《三哭殿》一名《金水桥》，青衣、花旦、老生、老旦、小生都有动人的唱腔。这出戏主要是该院青年队演的，阵容颇为整齐，特别是演银瓶公主的张宝英，表现了优秀的才能。表演得颇为生动真实。"

演现代戏 饮誉南北

1964年春节前夕，安阳市豫剧院一团在崔兰田率领下由海南岛来到广州，在广东省委礼堂演出赶排的豫剧现代戏《李双双》。国务院副总理贺龙、罗瑞卿，中南局第一书记陶铸观看演出。

著名作家、小说《李双双》的作者李準在接受《羊城晚报》记者采访时说："安阳市豫剧团是河南省很有水平的一个豫剧团，该团的主要演员崔兰田（饰李双双）是豫剧界很有影响的一位艺术家。在豫剧中自成一派，她的表演浑朴自然，含蓄细腻，唱腔也很优美，抒情味很浓，很有感染力。崔少奎的喜旺也演得很好，没有'流'。他很好地刻画出喜旺那种劳动人民的浑厚气质，又不失天真，演得很朴实，人物思想感情的转变也演得很有层次，令人信服，其他人物也都演得不错，可以看出演员是下了一番功夫的。"

1965年7月1日至8月15日，中南五省（河南、湖北、湖南、广东、广西）和武汉部队、广州部队在广州举办戏剧观摩演出大会。会演主题是："促进革命现代戏的发展，

《李双双》剧照，崔兰田饰李双双（1964年摄于广州）

反映我们伟大的时代。"有3000多名戏剧工作者,全中南区所有大的剧种都有剧目参加,44个话剧、歌剧和戏曲表演团体,豫剧、汉剧、楚剧、湘剧、桂剧、粤剧、广东汉剧、琼剧、曲剧、越调、花鼓戏、祁剧、采茶戏、彩调、湘昆、花朝戏共19个剧种,51个剧目,分七轮在广州市四个剧场轮番进行。演出剧目全部是现代戏。这是"文化大革命"前最后一届大规模现代戏盛会。河南省专门组成河南代表团参加汇演:常香玉、任宏恩演出了豫剧现代戏《人欢马叫》;崔兰田与唐喜成合作演出了一出现代小戏《一棵树苗》;马金凤、张宝英、单绍莲合作演出了现代戏《打牌坊》。

《羊城晚报》发表《以小见大》的评论:"在现代小戏《一棵树苗》中扮演青山嫂的崔兰田同志表演朴实、稳重、不借重任何噱头,而是从内心去刻画人物。她的身段、台步,处处都表现出了劳动妇女的气质。尤为突出的是她比较准确地掌握了这个人物的分寸。"

崔兰田与唐喜成合作演出的这出现代题材的小戏曲,让人感受到它的风格之新、旋律之美、以及两位艺术家精湛的艺术碰撞,更为惊叹的是,以擅演悲剧著称,将"下五音"的豫西调演绎得登峰造极的崔兰田,竟然还能将祥符调在这出戏中运用得得心应手、技艺高超。

《一棵树苗》剧照,崔兰田饰青山嫂,唐喜成饰青山

豫西调行腔善用"下五音",低徊婉转、苍凉深厚,具有鲜明地域风格特色,强烈的辨识度和穿透力。一直以来,人们约定俗成地把低沉苍凉当成了豫西调的"标配"。崔兰田更是以不断的艺术探索将豫西调这一声腔艺术体系发挥到了淋漓尽致的境地。她所开创

《冬去春来》剧照,崔兰田饰桂莲奶奶(1964年摄)

的豫西调声腔局面，成为一座后人难以逾越的高峰。

剧中"春季里造林大开展"一段欢快的花式慢板，那欢呼跳跃的小音符在唇齿间跳动、飞翔，犹如惊鸿掠影，在沉静的湖面扬起晶莹剔透的水光涟漪。她把两种声腔结合演绎出了别具一格的味道。无论旋律、音域在祥符调的"高地"多么驰骋纵横，那余音袅袅的味道里，仍然是韵味醇厚的豫西调的后味儿，崔派的纯味儿。

中共中央中南局书记处书记吴芝圃在开幕式上讲话："演好革命现代戏，这不仅仅是个创作和表演的技巧问题，更重要的是作家、艺术家的世界观问题，也就是思想作风革命化的问题。这是一个根本问题，绝不能有丝毫忽视。"

在中南戏剧观摩演出大会闭幕式上，中共中央中南局第一书记陶铸发表《革命现代戏要迅速地全部的占领舞台》的讲话，他说："这是一次对中南地区革命现代戏力量的很好检阅，为革命现代戏迅速地全部的占领舞台奠定了良好的基础。"

在广州期间，她们还演出了现代戏《朝阳沟》《洪湖赤卫队》，新排演了现代戏《社长的女儿》。在毛主席关于文艺的两个批示下达后，全国的戏曲表演团体都被要求转向演现代戏，尤其是1964年以后，以帝王将相、才子佳人为主要表演对象的古装戏被全部叫停。安阳剧团紧跟形势，突击排演了革命现代戏《芦荡火种》和《红灯记》。就是带着《朝阳沟》《芦荡火种》和《红灯记》这三出现代戏，她们从广州经郑州、洛阳、赴西安、宝鸡、天水、兰州、银川、石嘴山、呼和浩特、包头、大同、宣化、张家口、太原、阳泉等地一站接一站地一路接力向前巡回演出。在太原度过了1966年的春节，在祖国的大西北整整巡回演出10个月。

60年代初，短短几年的时间，崔兰田率领的安阳市豫剧院一团，在全国20多个省市自治区都留下来她们的艺术足迹。1960年她们先后在南京、上海、镇江、芜湖、合肥、淮南、蚌埠、徐州等江浙一带巡回演出；1962年她们在天津、沈阳、鞍山、长春、哈尔滨、佳木斯、北大荒、营口、旅大、山海关、秦皇岛、北戴河、唐山等东北、河北一带巡回演出；1963年她们经武汉、长沙、衡阳、桂林、柳州、南宁、湛江、海南岛来到广州演遍了中南五个省区。她们用自己辛勤的汗水和无私的奉献，为崔派艺术的发扬广大，为豫剧在全国的影响，写下了光辉灿烂的一页。

一、崔兰田与崔派艺术的审美特征

十年"文革" 忍辱负重

"文化大革命"中，安阳群众在南关体育场集会（1968年摄）

1966年"文化大革命"开始后，由安阳市豫剧一团、二团、四股弦剧团、说唱团和戏校的"造反派"组成安阳市文化系统文化大革命委员会，迅速掀起了造反高潮。古装戏被彻底禁止，服装、道具、剧本、曲谱被付之一炬。崔兰田被作为"走资本主义道路的当权派""三名三高的修正主义分子""反动学术权威""大戏霸""牛鬼蛇神"关进牛棚，接受斗批改。

十年"文化大革命"就像演了一场闹剧，在这场闹剧中许多人像着魔一般，失去了灵魂，带着各种面具，扮演着不同的角色，有唱红脸的，有唱白脸的，有唱黑脸的，还有唱小丑的。崔兰田在这十年中，身心都受到极大地摧残。她在一遍又一遍地写检查，挨批斗，遭毒打，受辱骂中紧咬牙关，忍辱负重，期盼着黎明。

1973年3月，春寒乍暖。在敬爱的周恩来总理的关怀下，崔兰田得到了"解放"，她终于可以重新站在舞台上为人民演唱了。"十七年风雨狂，怕谈以往，怕的是你年幼小志不钢，几次要谈我口难张！"《红灯记》中李奶奶的几句清唱，她唱的热血沸腾，老泪纵横。

1976年10月，党中央一举粉碎了"四人帮"。人民艺术家常香玉满怀激情地代表重获新生的艺术家们引吭高歌郭沫若的诗句："大快人心事，揪出'四人帮'！"

"文化大革命"期间,安阳北关广场大字报宣传栏(1967年摄)

1978年7月,安阳市革命委员会正式宣布:恢复崔兰田的政治名誉,恢复她担任的安阳市豫剧一团团长职务。翻身解放,大权重掌。崔兰田没有"秋后算账",也没有给任何人"穿小鞋",反而做出一个让很多亲友不能理解的决定。对"文化大革命"运动中,跟她动刀动枪,动手动脚,辱骂欺凌的"造反派"既往不咎,一切人和事,宽大处理。她要求大家,摒弃前嫌,抱成一团,赶快排戏演戏,把十年"文化大革命"耽误的时间给抢回来。她说:"我个人受点委屈事小,咱们的戏剧事业受损失事大啊。咱们在豫剧界、在全国是有名的剧团,这个荣誉来之不易,希望大家要珍惜这个荣誉,不要再纠缠在派性中了!我最大的心愿就是希望你们年轻人更快地成长起来,接住我们的班!"人心齐,泰山移。崔兰田以自己高尚的人格魅力和道德品德,赢得了两派群众的信任,化解了凝固在演职员心中长达十年的矛盾恩怨,在很短的时间里就把一盘散沙的剧团各类人马,团结在她的周围,逐渐领导大家走上了正常的运行轨道,恢复重排了《秦香莲》《穆桂英挂帅》《三哭殿》,新排了《逼上梁山》《红楼梦》《宝莲灯》等戏,使安阳市豫剧团以新的面貌重新展露在戏曲舞台上。

流派汇演　薪火再传

1979年冬，河南省演出公司与香港金马影业公司合拍戏曲电影《包青天》，特邀崔兰田担任艺术顾问，由张宝英担任剧中女主角秦香莲，崔少奎出演王延龄。在导演杨兰春、音乐设计王基笑的再三邀约下，崔兰田冒着严寒，赶到开封相国寺电影拍摄现场，亲自给张宝英说戏，指导她的唱腔、表演。在拍摄间隙，王基笑与崔兰田进行了深入细致地谈话，虚心诚恳地向崔兰田请教，崔兰田也推心置腹地讲了许多有关秦香莲这个人物的身段表演和唱腔唱法的经验与体会，对杨兰春、王基笑的创作、改编大加赞赏："既不失传统风味，又有新意。"

1980年3月27日至4月13日，河南省豫剧流派汇报演出大会在郑州隆重举行，4家剧院同时演出10个流派的8台好戏，不同风格的优秀剧目竞芳斗妍，各显风采。

《秦香莲》剧照，崔兰田饰秦香莲（1980年摄）

参加汇报演出的旦角老演员有陈素真、常香玉、崔兰田、马金凤、阎立品。演出剧目有陈素真主演的《焚王宫》、常香玉主演的《断桥》、崔兰田主演的《桃花庵》、马金凤主演的《穆桂英挂帅》、阎立品主演的《秦雪梅》。另外，陈素真的徒弟吴碧波主演的《宇宙锋》、常香玉的徒弟许玉华主演的《断桥》、常香玉的女儿常小玉主演的《拷红》和崔兰田的徒弟张宝英、郭惠兰主演的《桃花庵》也在大会上进行了汇报演出。

生角老演员唐喜成演出了《辕门斩子》、赵义庭在常香玉主演的《断桥》中扮演许仙、沙河调老演员刘法印演出了《黄鹤楼》、青年生角演员刘忠河学习豫东调红脸王唐玉成的演唱风格主演了《打金枝》、青年生角演员金德义演出黄（儒秀）派名剧《南阳关》。净角老演员李斯忠演出了《打銮驾》。河南省豫剧三团演出了豫剧现代戏清唱晚会，高洁、马琳、柳兰芳、王善朴、魏云、陈新理等演唱了《朝阳沟》《小二黑结婚》《刘胡兰》《冬

《三上轿》剧照，崔兰田饰崔金定（1980年摄）

去春来》等现代戏的精彩唱段。

　　这次流派汇演是"文化大革命"结束后进行拨乱反正的第一次大聚会，大家士气高涨，群情振奋。可是环顾台上台下，均已白发苍苍，心有余而力不足，大有"夕阳无限好只是近黄昏"的感慨。旦角演员中陈素真年纪最大62岁，崔兰田年纪最小54岁。说起来正是人生好年华，可是，经历了十年浩劫，她们元气大伤。陈素真嗓音已经失润，这次演出《焚王宫》，她将叶含嫣的唱词压缩到只有九句，极尽全力地展现她那细致隽美的表演和体态轻盈、婀娜多姿的身段。崔兰田由于血压高，已不能持久的在台上演出，嗓子也远不如以前，高音上不去，只好把弦降低半个音。

　　大会评论组对崔兰田和她的流派艺术给予了中肯的评价："大家一致认为，崔兰田同志造诣很高，是豫西调唱腔的代表人物；她擅演端庄贤淑、善良坚贞而又命运悲苦的妇女。在发音吐字上，功力很厚，尤以鼻音见长，余味无穷，声情并茂，朴实无华，典型地体现了我国民族戏曲音乐的'美'。"

　　赵锡铭认为："兰田同志的演唱是继承了传统发音和演唱方法的科学部分，她依字行腔，以腔传情，发音准确，曲甜字美。"

　　马紫晨把崔兰田的唱法总结为："气不爆，声不粗，音不撞，字不逼，形不露，缠绵悱恻，打动人心，行腔纯净，丝丝入扣，充分体现了艺术上真、善、美的高度统一。"

　　马飞说："兰田的表演完全从生活出发，不过不露，留有余地。在艺术风格上，堪称豫剧的程砚秋。"

　　袁文娜评介："兰田同志体验角色，是符合"从自我出发"原则的，工笔细雕式地刻划人物，很符合中国人民的欣赏习惯。"

　　关于《桃花庵》一剧的整理改编，专家们一致认为："剧本改得不错，线条清晰，结构严谨，唱词写的也干净。既改写了唱词，加强了剧本的思想性和文学性，又保留了原来的唱腔和表演上的精华，称得起上乘之作。"

　　中国艺术研究院戏曲研究所副所长何为从社会发展史的角度，深刻地分析了《桃花庵》

一、崔兰田与崔派艺术的审美特征

《打金枝》剧照，崔兰田饰国母（1986年摄于洛阳）

《桃花庵》剧照，崔兰田饰窦氏，崔兰玉饰陈妙善（1980年摄）

豫剧五大名旦合影。从左至右：阎立品、崔兰田、常香玉、陈素真、马金凤（1980年摄于郑州）

豫剧流派汇演期间，崔兰田、申凤梅、张新芳、吴韵芳观看张宝英、郭惠兰主演的《桃花庵》后合影，王香芳饰苏宝玉，沈宝爱饰王桑氏（1980年摄于郑州）

一剧的思想意义。认为，由于丈夫对爱情的不忠而造成的家庭悲剧，对于今天来说，仍有其现实意义。他赋诗赞道："曹州奇卉有兰田，姊妹师徒《桃花庵》；一出《盘姑》声与泪，余音未罢心已酸。"

这次流派汇演，广大观众和戏曲界专家、新闻媒体大张旗鼓，敲鸣亮响地宣称崔兰田和她的流派艺术为"崔派艺术，以擅演悲剧见长"。公认张宝英、郭惠兰为崔派艺术的优秀传人。

一、崔兰田与崔派艺术的审美特征

德艺双馨　教书育人

80年代的第一个春天，举国上下贯彻执行国民经济"调整、改革、整顿、提高"的方针，国家政治经济形势发生了较大的变化。文学艺术创作也呈现出中华人民共和国成立以来从未有过的繁荣局面。河南豫剧流派汇演刚刚结束，崔兰田就马不停蹄的率团挥师北上，于"五一"国际劳动节前夕，来到首都北京演出。这是粉碎"四人帮"之后，第一个进京演出的地方戏剧团。她们先后在长安戏院、吉祥戏院、广和剧场、圆恩寺剧场、物质部礼堂、中山公园音乐堂和怀柔县剧院演出两个多月，上演了《桃花庵》《对花枪》《三哭殿》《陈三两爬堂》四出大戏和《断桥》《投衙》两个折子戏。

中国戏剧家协会副主席张庚祝贺崔兰田进京演出圆满成功

《桃花庵》剧照，崔兰田饰窦氏，崔兰玉饰陈妙善

6月21日新华社报道称："近两个月来，首都城区和郊区的数万名观众，兴致盎然地欣赏了豫剧著名演员崔兰田和她率领的安阳市豫剧一团演出的传统剧目《三哭殿》《桃花庵》《对花枪》和《陈三两爬堂》等。行家们高兴地说："豫剧名家流派争艳竞芳，是戏曲艺术兴旺发达的一种兆头。"

崔兰田舞台生活五十周年庆祝大会，在主席台就坐的有：河南省文联主席南丁（右四）、中国戏剧家协会副主席、河南省文联副主席杨兰春（右二）、河南省文化厅副厅长李国经（左三）、中共安阳市委书记孟祥锡（左四）、中共安阳市副书记杨宏信（左二）、中共安阳市委常委、宣传部部长于晋民（左一）、安阳市政协副主席崔子云（右一）、安阳市政协副主席、著名豫剧大师崔兰田（右三）

　　崔兰田师承豫西调前辈艺人的技艺精华，又有创新和发展，形成自己独具的崔派艺术风格，是豫剧旦角艺术中的主要流派之一。在豫西、关中、冀南、鲁西南等地拥有很多观众。在豫西，群众中有"三天不吃盐，也要看看崔兰田"的说法。

　　"崔兰田擅长演悲剧，唱腔哀怨深沉，感人肺腑。"

　　"崔兰田同台演出的有主要演员崔兰玉、崔少奎、王香芳，以及崔派后起之秀张宝英、魏玉枝等。这说明这个剧团阵容整齐，崔派艺术后继有人。"

　　这次进京演出，是崔兰田第四次率团进京演出，也是她艺术生涯中最后一次在首都的戏曲舞台上亮相。虽然仍是她挂头牌，但是，她的学生张宝英在舞台上独当一面给首都观众留下了很深的印象，很多文艺界朋友赞扬她培养了一个好徒弟，崔派艺术有了接班人。

　　1980年7月北京演出结束后，崔兰田就离开剧团，名副其实地到安阳市戏校教学生了。虽然她还担任着剧团团长的职务，但是不再参加演出也不多过问剧团的事务，而是将全部精力投入到戏校教学工作上。当年就招收100多名学生，给学生排演了《白蛇传》《桃花庵》《秦香莲》《对花枪》《陈三两爬堂》《水帘洞》《花蝴蝶》《白水滩》《三岔口》《挡马》《王佐断臂》《盘肠战》《打神告庙》《拾玉镯》《秋江》《柜中缘》《火焰山》《三关点帅》

一、崔兰田与崔派艺术的审美特征

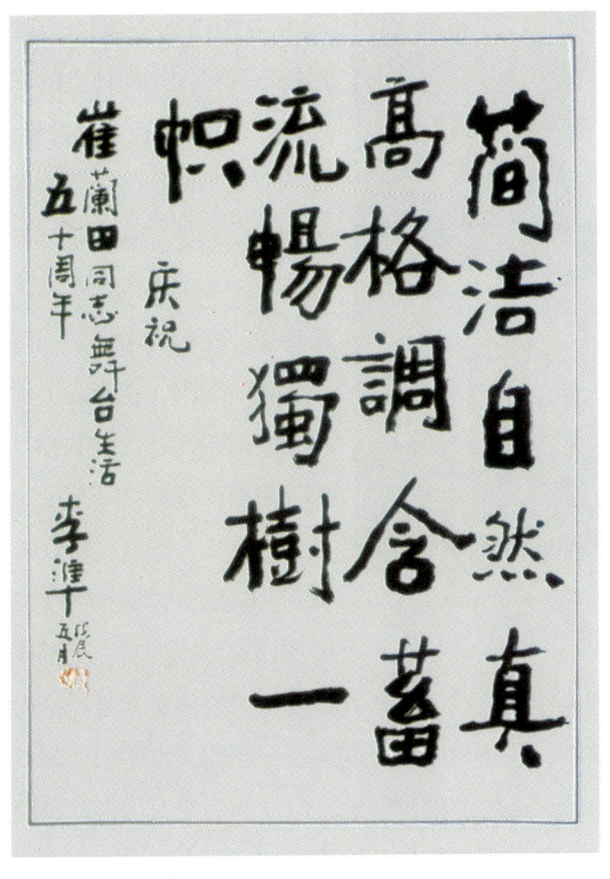

李凖题词：简洁自然真高格调 含蓄流畅独树一帜

《卖水》《宇宙锋》《卖苗郎》等戏。培养了赵娟、霍萍、徐艳琴、王艳玲等一批新生代青年演员。

1988年5月，河南省文化厅、河南省文学艺术界联合会、河南省戏剧家协会、安阳市政协、安阳市文化局、安阳市文学艺术界联合会在安阳举办"庆祝崔兰田舞台生活五十年"纪念活动。文化部和河南省、市领导、河南文艺界名流出席庆祝会和座谈会。崔少奎领导的安阳市豫剧一团和张宝英领导的安阳市豫剧团分别举办了两场"崔派剧目展览演出"。崔派传人张宝英、郭惠兰、崔小田等主演了《桃花庵》《包青天》《三上轿》《卖苗郎》《秦香莲后传》等戏。著名豫剧演员吴碧波、高洁、孙兰香和崔派再传弟子、张宝英的徒弟丁清香清唱了精彩的豫剧选段。

1994年在中国豫剧十大名旦颁奖大会上，中共河南省委宣传部、中国艺术研究院、河南省文化厅授予崔兰田中国豫剧功勋杯奖。

崔兰田和她的崔派艺术之所以被社会承认，就是因为她有高超的艺术水平，独特的艺术风格，盛演不衰的代表剧目，默契的合作集体，忠实而优秀的传人。所以，大家称赞她为"悲剧美的创造者""豫剧悲剧大师"。

豫剧以唱为主，崔派以"哭"见长。这个哭字高度概括了崔派艺术的个性、特色，鲜明地表达了广大观众对崔派悲剧的喜爱和高度评价。正如戏剧理论家张庚在《中国话剧运动史稿》中说的："中国戏剧中许多剧目实质上统统是悲剧，但中国人民对于悲剧往往赋予浪漫的乐观的结尾，而这结尾决不是说谎，因之也决没有减低了思想性，反而给未来寄予无限希望，这比起西洋的悲剧来，在思想上还更高些。"崔兰田对豫剧艺术发展的最大贡献，就在于她为豫剧表现悲剧人物、塑造古代和现代命运凄苦的妇女形象开辟了一条道路，积累了丰富的经验，创造了一系列生动传神的经典的舞台艺术形象，发展和提高了豫剧旦角的演唱和表演艺术，形成了一个具有独特风格的艺术流派，世称"崔派"。

杨兰春与崔兰田在《卖苗郎》排练现场（1983年摄于安阳）

中国古代妇女的苦难最能体现中国封建社会的本质。崔兰田通过塑造秦香莲、窦氏、秦雪梅、陈杏元、崔金定、柳迎春、陈三两、姜桂枝等一系列古代妇女的艺术形象，在表现中华民族传统美德的同时，也表达了平民百姓对封建社会的呐喊，因而具有广泛的民众意识，受到了最广大的人民群众的喜爱。与西方古典悲剧比较，中国古典悲剧现实主义精神的最重要的表现是一开始就以社会中普通人作为悲剧的主角。崔派艺术的代表剧目充分表现了对这种精神的继承。在西方戏剧美学中，悲剧与崇高是联系在一起的。古希腊悲剧的主角是奥林匹斯山上的众神，他们虽然有着"人"的种种特征，但是他们身上体现的是资产阶级民族的意愿，他们是作为其民族的形象出现在雅典圆形剧场的舞台上的。文艺复兴时期的悲剧主角是公爵大臣，英雄好汉，他们生活在欧洲的城堡内，气质高贵，不同凡响，他们是作为民主资产阶级的形象出现在莎士比亚的作品之中的。而崔兰田塑造的悲剧人物是生活在黄河中下游地区，喝黄河水，吃五谷杂粮，信奉孔孟之道的中国人，她表达的是黄河边上的中国人的思想感情、精神寄托，即使是年代久远的古代女性，我们也毫无隔世之感，被陈世美抛弃的秦香莲，面对亡夫撕肝裂肺哭啕的窦氏女，在现代社会还绰约可见。这些悲剧人物所表现的是普通百姓的情感意识，她们的不幸遭遇使我们相信这些人物就生活在我们身边，能够引起我们的共鸣。因为这些剧目具有深刻的中国传统文化内涵和现代艺术感染力，因此，至今仍然是豫剧舞台上常演的优秀剧目。

著名剧作家、导演艺术家、原中国戏剧家协会副主席杨兰春生前在《崔兰田传》的序言中写道："崔兰田是真正的一位德育双馨的艺术家。她的人品，她的流派艺术是经得起时间考验的。崔派四大悲剧《秦香莲》《桃花庵》《三上轿》《卖苗郎》，她演了一辈子到现在还在流传。她的特点就是堂堂正正做人，认认真真演戏。艺品如人品。兰田对待朋友、同志总是那么亲切真诚，对后辈学生是那么关怀爱护，她是一位令人尊敬的表演艺术家。"

原中国文联副主席、中国作家协会副主席、中国戏剧家协会分党组书记廖奔先生评价：

"崔兰田本性质朴纯真,待人真诚宽厚,我了解到她这方面的几个事迹后,为之深受感动。一是她为自己的科班师傅贾锁养老送终。中华人民共和国成立时,贾锁年已七十,无儿无女,无力自供生活,崔兰田就把他接到身边,像父亲一样奉养他,使他安度了晚年。1963年去世,崔兰田又为他送终,以女儿的身份为之披麻戴孝、挑幡摔盆。二是她对待失路的艺术家能够平易同情。1957年崔兰田到郑州演出,碰到被打成右派的曲艺老演员赵铮,赵痛苦地躲开。崔兰田于是买了一条鱼,提着去家里看她。赵铮说:'叫我感动的呀,几十年都忘不了。'杨兰春1959年以右派身份下放到林县体验生活,路过安阳时,许多人不敢接近他,崔兰田去看他,还把他接到家里亲手为他做了一碗热面条。杨兰春说:'这一碗面条在我心里搁了二十多年。'陈素真被打成右派、污为国民党特务,崔兰田却认定她不是坏人,她的演技对国家有用,1961年曾让徒弟张宝英提着两条鱼去看她,向她学戏,到演出时又在海报上特意写上'陈素真亲授'几个字。路遥知马力,人在患难之中见真情。崔兰田冒着被连累的危险,真诚对待身处逆境的艺术家,体现出她的端正人品。她还关心民众,热爱乡亲,1947年就与常香玉一道在西安义演,为河南灾民募捐筹集救济粮。认认真真演戏,堂堂正正做人,是崔兰田一生信奉的宗旨。

"豫剧五大名旦,在20世纪里虽然各有不同的遭际,但她们共同酿造了豫剧的辉煌,把这个原来的中原土戏推广繁衍到今天这样的繁盛程度,使之成为京剧之外的第一大剧种。历史会记住她们每一个人,也同样会记住崔兰田。"

崔兰田与安阳文化艺术学校戏曲班学生合影(1998年摄于安阳)

崔兰田与杨奇合影（1982年摄）

崔兰田在家中与杨奇交谈（1992年摄）

崔兰田与《崔兰田回忆录》作者毕定良、杨奇合影（1999年摄）

二、张宝英新崔派艺术的形成与发展

20世纪50年代以后,豫剧界的张宝英、单绍莲、曾广兰、王清芬、虎美玲、胡小凤、牛淑贤等旦角演员和以演现代戏著称的高洁、马琳、柳兰芳、魏云等,师承不同流派,同时博来众长、潜心钻研,形成了自各独特的艺术风格,在观众中享有很高声誉,使豫剧旦角艺术发展到一个新的水平。

1994年,张宝英在"93今日中国豫剧十大名旦选拔赛"中一举夺得"金奖第一名",从而成为当今豫剧舞台上一位里程碑式的旦角演员。2007年,河南省委宣传部、河南省文联、河南省戏剧家协会授予她第三届黄河戏剧奖"特殊贡献奖"。2009年,文化部批准张宝英为"国家级非物质文化遗产项目《豫剧》代表性传承人"。张宝英在她60余年的艺术生涯中,继往开来,独树一帜。以创造性的艺术实践,推动了豫剧旦角声腔艺术的发展,用不断的艺术创造继承并发展了崔派艺术,赋予前辈经典艺术和自己保留作品独特的个性风采,创造了显明的个人演唱风格、创作积累了一批主题鲜明、风格独特的代表剧目、培养扶植了一大批追随学习其演唱特色的传人,逐渐形成了当代豫剧界一个新型的艺术流派"新崔派"。使崔派艺术与当代文化相适应,与现代社会相协调,在当今的新时代实现了"创造性转换,创新性发展",赋予了"新崔派"鲜活的艺术魅力。

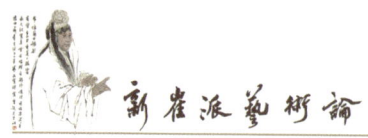

《卖苗郎》剧照,张宝英饰柳迎春(1987年摄)

二、张宝英新崔派艺术的形成与发展

痴迷的追求

著名的法国美术教授苏佛尔皮说："艺术是一种疯狂的感情事业。"痴迷是追求的开始。百折不回的痴情，使张宝英与崔派艺术结下了不解之缘。

1940年11月3日，张宝英出生在河南方城县。她的祖籍在河南长葛县城关镇，这里是传说中与神农氏、伏羲氏齐名的葛天氏的故里。伏羲氏发明捕鱼狩猎，神农氏发明种植五谷，有巢氏发明建造庐舍，燧人氏发明钻木取火，葛天氏不仅发明了乐舞，而且发明了织布和穿衣服，正是葛天氏部落首领利用葛这种植物纤维造福部落民众，后人才称之为"葛天氏"。横贯长葛全境的双洎河还有一个美丽的传说，黄帝把玄嚣葫芦流出来的那段河叫溱水，把昌意葫芦流出来的那段河叫洧水，两河汇流后，流经新郑南关和长葛官亭段的河水叫"双洎河"。有2000多年的航运史，畅航于淮河各支流，直达无锡、常州、上海各大城市。早在秦朝时长葛就设为颍川郡。彪炳史册的楷书鼻祖钟繇，著名的文学批评家、中国第一部论诗专著《诗品》的作者钟嵘都诞生于长葛。1905年平汉铁路通车后，长葛地处中原，交通便利，东船西车，水陆两便，四通八达。解放初期，长葛县城南城墙上长有一棵好大的葛藤有二三十丈宽，覆盖了好大一片城墙，每当春季枝叶茂盛，夏秋之季，米黄色的小花，香气浸人。这里的刷绒、卷烟、印刷、酿酒、榨菜等手工作坊很多，工艺水平也很有特色。张宝英的父亲张文玉、母亲黄玉珍就是靠手工印制木版门神年画为生的农民。他们生有五个子女：长子张宝恒、长女张宝英、次子张宝亭、三子张宝山、次女张宝妹。

1945年日本侵略军投降后，张宝英随父母回到长葛县城关镇，随即迷上了看戏。当时长葛县城的城隍庙里经常有曲剧、越调、河南坠子、二夹弦、豫剧等戏曲班社或搭台或撂地摊唱戏。只要听见锣鼓丝弦响，她就要挤到跟前看个究竟。有时钻到舞台台板底下，隔着木板缝隙往上看，粉墨男女，花红柳绿，感到十分有趣。碰到武生亮相，抬腿跺脚，或是双方交战，剧烈的震动使台板下尘土飞落，弄得挤在台板下看戏的孩子们灰头土脸，一哄而出。

有次看戏看到晚上，黑灯瞎火地回到家也不敢声张，悄悄钻进被窝蒙住头就想睡觉。突然，听见划火柴的声响。摇曳的油灯下，只见父亲举着菜刀，怒气冲冲地嚷嚷着："死妮子，看我今天不剁掉你的腿，看看你以后还敢跑出去看戏。"母亲百般劝阻，父亲还是不依不饶，摇晃着菜刀，非要砍断宝英一条腿。直到宝英跪在炕上保证以后再也不去城隍庙看戏了。

父亲才在母亲的劝说下吹灭了油灯允许宝英睡觉。父亲如此吓唬她,就是不想让她着迷一样地去看戏。可是,已经入了迷的张宝英始终听不得戏班的锣鼓响。正在门口捻线呢,听见锣鼓声,撂下线穗子,拔腿就往城隍庙跑。害怕父亲追赶,不敢走大路,就抄近路,从城墙下的狗洞里钻了过去。等回来时钻错了狗洞,卡在出口处退不回去也出不来,憋得满头大汗,急的鼻涕一把泪一把的嚎哭起来,随行的小伙伴吓唬她,在后面大喊:你爹拿菜刀来了!她吓得一哆嗦,钻挤出狗洞,疯一样地跑回了家。

张宝英11岁便照(1951年摄)

到了上学的年纪,母亲熬着油灯给她缝制了一个小书包,又用印门神的角边纸给她订制了一个小小的写字本,希望她能好好读书识字,将来能成为一个有文化的人。可是,在学校的小板凳上还没有坐稳,小宝英就被父亲揪回家了。父亲呵责道:"小妮子家上啥学啊!有这功夫还不如去割点草把那两只羊喂饱。"说着就一把夺过小书包扬手扔到了房坡上。吓得小宝英抹着眼泪,乖乖地背起柳条筐就去割草了。

1948年6月7日,中国人民解放军经过长达半年的"拉锯"战,终于彻底解放许昌,10月长葛第二次解放。1949年2月许昌专区成立,长葛县隶属于许昌专区。解放后的长葛县,社会稳定,民风淳朴,路不拾遗,夜不闭户。各种手工业作坊陆续开张,私营企业,恢复生产,正常经营。

1951年,11岁的张宝英成了长葛县私营三象卷烟厂的童工。每天天不亮,就跟着街坊大婶来到烟厂装纸烟。大人们一把就能装满一纸筒,正好50支烟。而小宝英需要抓两三次才能装满一纸筒香烟。浓烈的烟草味儿,长时间的枯燥劳作,婶子大娘、嫂子大姐都把听宝英唱戏当成了最大的乐趣。烟厂工会主席王丑听说小宝英能歌善舞,就鼓励她参加厂里的宣传队,每天利用业余时间给大家表演秧歌舞,演出活报剧《高小林回家》,扮演剧种的小男孩高小林。进行抗美援朝、保家卫国的爱国思想宣传,工厂的姐妹们非常喜欢看她演出。

那时候,家里生活艰难,一家人每天只能吃两顿红薯。要攒够几个鸡蛋,才能换点盐吃。大哥张宝恒那年才14岁,听说参军当兵能吃饱饭,就报名参军要去朝鲜抗美援朝。原本报名参军的是本家一个侄子,他媳妇不让他去,大哥就成了第一个报名参军的人。大哥胸前戴着大红花,骑在枣红马上,个头还没有那匹枣红马高,被乡亲们敲锣打鼓地簇拥着,送到了县里。县里招待军属家人吃白馍，妹妹弟弟像过年一样高兴。可是，母亲只要一拿起白馍就簌簌掉泪。她说："这是在吃恁娘的心啊！"

大哥参军走后，每到夜深人静的时候，宝英就看见油灯下的母亲一边纳鞋底一边掉眼泪，她知道那是母亲在想念战场上的儿子。也就是在那些个不眠之夜，那盏飘忽的油灯，母亲那腮边的泪花，给她的心灵落下了烙印，她下定决心，今生今世要孝敬母亲一辈子，做一个孝顺的女儿。

一天，宝英跟父亲正在地里干活，听见父亲和一个路过的乡邻说要给她订一门亲事。她撂下锄头就跑回家，把听见的话跟母亲说了，气得母亲颠着小脚跑到田头找父亲理论："我9岁到恁家当童养媳，14岁圆房，在恁张家受了一辈子的罪。说啥我也不能再让闺女走这条路了。"随后，母亲就把11岁的张宝英送到长葛县三象卷烟厂当了封烟工。

1953年，长葛县开始对私营工商业进行社会主义改造并进行反行贿受贿、反偷税漏税、反盗窃国家资财、反偷工减料、反盗窃国家经济情报的"五反"运动。三象烟厂经营不善，最后关闭停业。烟厂倒闭后，一块做工的姐妹都回家了，厂工会主席王丑看张宝英很有表演天赋，又喜欢唱歌跳舞，就介绍她参加了长葛县大众豫剧团。剧团旁边就是

张宝英（右）与好朋友杜秀花合影
（1953年摄于长葛）

《朝阳沟》剧照，张宝英饰银环
（1964年摄于广州）

清漶河，河水清清，溪流综综，河面上有一座石拱桥，距今已经有400多年了。据说是明朝嘉靖四十三年（1564）由长葛知县蔡绍先创建的，因有和尚募化，故而得名和尚桥。年仅十三四岁的张宝英经常在早晨太阳还没有出来时，站在河边上喊嗓子练声。

街坊邻居听说宝英参加剧团学唱戏了，议论纷纷。几个亲近的叔叔大伯婶子大娘就劝说宝英母亲："可不能让孩子去学唱戏啊，将来都不能入老坟。""干啥不中啊，咋能叫孩子去学唱戏呢，再穷也不能当戏子啊！"母亲淡淡地答道："我们家已经揭不开锅了，连半瓢面都没有了，总不能叫孩子饿死吧。她想干啥，就随她的愿吧！反正是女孩子家，唱不唱戏，将来都是入人家的祖坟的。"

1955年，张宝英听在一块做工的小大姐王凤英说，崔兰田领导的安阳剧团在郑州招学生呢。张宝英怀揣着父亲卖了20多斤粮食换来的几块钱盘缠，踏上了她梦寐以求的学戏道路。在村口临别时，母亲语重心长地对张宝英说："你一定要争口气，不学成个人样来，就别回来见我！"张宝英眼含着热泪将母亲的教导铭记在心底，依依不舍地转身告别了母亲，离开了养育了她15年的家乡。

《花打朝》剧照，张宝英饰罗夫人（1962年摄）

《刘三姐》剧照，张宝英饰刘三姐、沈宝爱饰媒婆（1961年摄）

二、张宝英新崔派艺术的形成与发展

伯乐与千里马

在郑州北大街的老河南剧院，经过三五位老师的考核、面试，她终于站在了主考官崔兰田的面前。崔兰田当时还不到30岁，体态端庄，待人和蔼可亲。她仔细打量了一下张宝英，问从哪里来的，家里有几口人，为啥要学戏。张宝英腼腆地回答了老师的问话。简短的几句对

崔兰田给张宝英、郭惠兰上课（1959年摄）

话，几次眼神的交流，崔兰田对张宝英已经有了一个初步的印象：与其他几个同时考进来的学员相比，这个孩子的嗓音条件虽不算是上乘佳音，但是她的身上具有一种一般城市孩子所缺乏的精神，那就是朴实、勤奋、能吃苦。独具慧眼的崔兰田特别喜欢张宝英身上这种农村孩子的朴实精神和对学戏的痴迷劲头，她认定这样的学生正是她要找的"好苗子"。她以一位艺术家的眼光坚信，只要精心培育这棵艺术幼苗，日后定会成为豫剧艺苑中的一株奇葩。

于是，1955年3月1日，张宝英成了安阳市豫剧团学生队中的一名学员，试用期三个月，管吃管住还管穿，基本的生活不用发愁了。在学生队，张宝英一天到晚都是穿着那身学生队发的练功衣和灯笼裤，那是她最喜欢的一身衣服，也是她唯一一身像点样的衣服。每天早晨五六点钟起床喊嗓子，回来喝点淡盐水，就开始压腿；上午十点吃早饭，然后学文化。一天三遍功，有专门的老师辅导练功，学文化。下午四点吃饭。晚上开戏前，每个学生都得把腿靠到墙上。开戏后学生们开始踢腿，等戏结束了，学生队的晚功课也就结束了。仅踢腿就要练三个月，腿功练好了，跑圆场才能跑好。两年后，学生队就开始上兵，宝英都是站第二名，第一名出场后要往左走，第二名要往右走。然后训练当尖兵，还要学会报一

张宝英在《对花枪》中饰儿媳（1960年摄）

句话："禀大王，吴将军来了！"

在学生队里，张宝英连一床被子都没有，冬天都是与同学黄爱花睡一个被窝。每天除了练功，看老师们演出，她从不上街，不买零食，不多说话，不翻嘴递舌，不张扬，不惹事，走路都是靠着墙根走，每天就是练功，练私功。由于腰属于"回笼腰"，每天练习下腰，都能听见腰关节咔嚓咔嚓的声响。正因为基础差，所以要比别人下更多的功夫。身上的练功衣从来都是汗津津、湿溜溜的。两年后，学员每人每月发8块钱生活费，老师让她们讲卫生，每人每天要刷牙洗脸。宝英省吃俭用，连她最爱吃的烧红薯都不舍得买，每月还要给母亲寄五块钱。三年后，老师们看她能吃苦，不拍累，就下功夫培养她，让她当上了学生队队长。

排《岳家庄》让她扮演岳夫人，只有两句唱。她虽然能唱，却是个大嗓门，俗称"月白腔"，效果不能让人满意。老师就让她演一些小角色，安排她演那些能翻能打的刀马旦活儿。如《白莲花》中的白莲仙子、《穆桂英下山》中的穆桂英、《白蛇传》中白素贞在"水漫金山"中的开打，《大战十一国》（又名《金盆记》）中的钟离春等。

此后，学生队排演了一出工业题材的大型现代戏《突破》，反映科研生产上跃进与保守的矛盾冲突。由张志英导演，崔兰玉、何永安、魏进福等老师主演，张宝英、刘海水等学生队的学员参加了演出。"大跃进"年代提倡干部上舞台，到一线参加劳动，剧团党支部书记程三群在剧中扮演了一名普通群众。

1958年5月19日河南豫剧院三团在郑州首演豫剧现代戏《朝阳沟》，全剧共八场戏，描写高中毕业生银环到未婚夫栓保的家乡朝阳沟参加农业生产，遇到了一连串的困难，思想上发生动摇。在老支书和群众的帮助下，银环认识到农村也是知识青年贡献力量的广阔天地，终于在农村扎下了根。优美的旋律，生动的情节，精湛的表演，使这出豫剧现代戏迅速风靡中原大地。很多剧团学习、搬演这出豫剧现代戏。安阳市豫剧团和学生队因为崔兰田与杨兰春的私交关系非常要好，以最快的速度要来了剧本、曲谱，完全按照三团的路子，照搬照抄了这部现代戏。由于张宝英在学生队扮演的女主角银环，很受欢迎，大家对张宝英的扮相、身材、演唱都很满意。于是，崔兰田就把张宝英从学生队调到了自己身边，陪她演出《朝阳沟》。由崔兰田扮演栓宝娘、崔少奎扮演栓宝、渠永杰扮演栓保爹，卢士元扮演老支书、张宝英扮演银环。在此之前，与崔兰田配戏扮演闺门旦角色的都是她们那一代演员，年龄相差不大，演古装戏不成问题；演现代戏，从扮相、身材到表演、唱腔，就有所不适应了。因此，崔兰田大胆起用年轻人，第一次与张宝英这样的青年演员同台合演现代戏。张宝英很珍惜调到崔兰田身边演出的机会，经常"打破砂锅问到底"地问这问那。崔兰田看到这个农村来的姑娘表面上看着有点"笨"，其实大智若愚，骨子里透露着勤奋刻苦，

《朝阳沟》剧照，崔兰田饰栓保娘、张宝英饰银环、沈宝爱饰银环妈、周彦君饰二大娘、王香芳饰巧珍（1964年摄）

《打牌坊》剧照，马金凤（左）、李杰（中）、张宝英（右）（1965年摄于广州）

便有意地开始培养她。

今天，我们可以毫不夸张地说，没有崔兰田这位"伯乐"和导师，就没有张宝英这匹"千里马"。同时，如果没有张宝英对崔派艺术百折不回的痴情，也可能就不会有辉煌的今天。张宝英懂得要将老师的艺术真正学到手，聆听老师的教诲很重要，跟老师一块演出更重要。因为戏曲艺术的很多真功夫真本领都是在身怀绝技的艺术家身上，这些高超的技艺，仅从书本上，课堂上学是不够的，必须在舞台实践中才能看得清学得细。在旧社会很多有心人为了学得名家的绝技跑到台下看戏偷记偷学，或借着给名家穿龙套上彩女的机会细心观摩学习就是这个道理。张宝英十分珍惜跟老师在一起演戏这一得天独厚的学习机会，而不是急于当主演求名利，更不是像有的演员那样急于成名，较早地离开老师到小剧团沦为二三流的主演。

一个演员不怕没有机遇，就怕没有本事。有些条件较好的演员，不是没有机遇，而是因为不拼搏，不奋斗，失去了机遇，最终昙花一现，难成大器。在张宝英陪崔兰田演出《朝阳沟》的岁月里，她始终贯穿着勤奋苦练、谦虚好学的精神。就像相声演员郭德纲说的："三分能耐，六分运气，一分贵人扶持。没有机遇，才华就等于狗屎。"

种瓜得瓜 种豆得豆

1959年一个春光明媚的时节,在当时"大跃进"精神的感召下,河南戏曲界提出"一年超过常香玉,三年赶上梅兰芳"的口号。崔兰田在剧团党支部的热情鼓励下,也提出了要搞艺术"试验田"的设想。她在学生队筛了一遍,出身贫农的就张宝英一个。她计划用传统的拜师收徒的方式搞试验田,培养文艺新人。于是就找张宝英谈话:"领导叫我带学生呢,我想带你,不知道你有没有信心。只要你有信心,我保证带好你。"一听说崔兰田要教她学戏,张宝英激动得恨不得趴在地上磕三个响头。在拜师收徒大会上,崔兰田郑重地与弟子约法三章:一要做又红又专的接班人;二要尊重所有的老师,不要以为只有我一个人才是你们的老师;三要青出于蓝而胜于蓝,希望徒弟要超过老师。从此,又加派了李玉楼、贾聚尧、张振武、何永安、柯新光专门负责给她练功,给她排练刀马旦戏《刺巴杰》。

拜师以后,贾琐老师傅负责每天早晨叫张宝英起床。同时教授她学习《王宝钏》。贾老爷子15岁出科,开始演红脸,在中牟一带很有名气,后又演小生、小旦、老生、老旦。早年是太乙班的师傅头,崔兰田称他"奶师"。常香玉、崔兰田和豫剧"十八兰"均经过他的调教。那时候,贾琐老师已经80多岁了,他教戏非常耐心,嘴里念着家伙点,拍着板一句一句地教唱台词。由于他老人家没有牙,说话跑风,他教的四句唱词:"大姐姐许配了苏元帅,二姐姐许配了魏虎参,唯独有女儿我命运太苦,彩球打中了平贵男。"张宝英听不清楚,也不懂唱词内容,唱得疙疙瘩瘩,几天都没有学会。贾锁老师就慢条斯理地说:"你师父年轻时我教她四句戏,几天学不会,急得我把茶壶都摔了。吐字不清,如同钝刀子杀人,那是叫人活受罪啊!"

《游龟山·投衙》是崔兰田传授张宝英的第一出唱工戏,她知道宝英唱腔不过关,就一字一句地教了又教,比了又比,如何吐字、行腔,如何发声、用气,如何举手抬足,直到宝英心领神会,完全掌握为止。崔老师就是要通过这出戏的学习、实践,为她学习崔派演唱艺术打下坚实的基础。

扎跪在二堂上泪流满面,
尊老爷和太太细听我言;
俺父女在江边织渔求饭,
卢公子仗官势欺压与俺。

老师教的这四句唱腔,张宝英对自己要求更严,为念正一个字,唱准一个音,做好一

崔兰田辅导张宝英演戏（1960年摄于上海）

个身段,她勤学苦练,不分昼夜。无论是三九天,还是三伏天,她都是"拳不离手曲不离口"。突然,有一天,在安阳人民剧院,管业务的老师写出"水牌"要宝英在崔兰田演出的《三上轿》前加演这一折戏。同学、老师都围在上场门观看。等演出结束后,崔兰田的母亲坐在兰田的化妆桌前跟张宝英摆手示意:"妮啊,过来。我跟你说,今天唱的不错!恁田姑可高兴了,以后就这样好好学,好好唱,恁田姑肯定高兴。"老太太亲自指挥宝英给师傅端水,帮助卸妆。每天晚上陪老师回家,第二天下午再去老师家陪她来剧场化妆。就是在繁忙的演出空隙,崔兰田向张宝英传授了《藏舟》《五堂会审》。又教会了她演《桃花庵》中的陈妙善,一招一式地教她上场的身段、台步,缨帚的拿法和陈妙善度日如年的心情:

《红梅记》剧照,张宝英饰李慧娘(1960年摄)

念真经拜佛祖一日三遍,
守庵堂伴青灯月月年年。
思往事如浮云漂流过眼,
陈妙善愁长闷多孤守尼庵。

同年她随师进京演出,在崔兰田主演的《陈三两爬堂》前加演《游龟山·投衙》这折戏。主演这样不到一个小时的折子戏,对于一个已经学戏四五年的青年演员来说好像不足为奇。但是,当时的安阳市豫剧

《蝴蝶杯》剧照,张宝英饰胡凤莲、王秀真饰夫人、渠永杰饰江夏县(1959年摄)

团阵容十分整齐,与崔兰田同台的艺术伙伴都是具有相当水平的"好好"。在崔兰田的前面唱一出垫戏,在当时就意味着一定的水平和身价。尤其是在首都的长安大剧院,面对听惯了高水平京戏看遍各地方戏名角的观众和惯于挑剔的戏剧界专家,它就显得更加意味深长。这样的机遇,对一位初涉舞台的青年演员来说十分难得、可贵。在名师跟前学得真本事的"胡凤莲"扎跪在公婆面前,沉着自然地吟唱"扎跪在二堂上泪流满面",一句豫西"慢板"张宝英唱得字正腔圆,大方动情。团内老师赞扬她唱得有崔派韵味,没有辜负老师的栽培

和期望，熟悉豫剧的首都专家和观众对她留下了深刻的印象。张宝英初露锋芒，以自己的刻苦与勤奋改写了自己的人生命运，在这个"嫉人有，笑人无"的梨园行站稳了脚跟。

这个时期，张宝英在演唱方面一直刻意地学习崔兰田的演唱技巧模仿她的演唱特点和韵味。崔兰田发现后就教导她说："妮啊，不要这样死搬硬套地学我、模仿我。你和我的嗓音条件不一样，我是大嗓，你是小嗓，你没那道腔。你要用我教你的方法，根据你自己的嗓音条件去演唱。怎么唱得舒服，怎么唱得好听悦耳，你就怎么唱，不要在像不像我这方面瞎下功夫！"

《三哭殿》剧照，张宝英饰银屏公主、王香芳饰秦英（1962年摄）

崔兰田曾经敲明亮响地给张宝英说："我培养你，就是希望你将来能超过我，在艺术上成大器。"为了达到这个远大目标，她让张宝英广投名师，博采众长，融会贯通。她以艺术家的深远目光，教育家的博大胸怀，送宝英到西安西北戏曲研究院，跟秦腔名家马蓝鱼学习《游西湖》。这出戏是马蓝鱼的代表作，以精彩的身段表演闻名戏剧界。

马蓝鱼是著名秦腔表演艺术家，被誉为中国戏曲"吐火"第一人，人称"火凤凰"。20世纪50年代，段林菊、李应贞、马蓝鱼、李瑞芳被誉为秦腔舞台的"四大名旦"。

1949年，随着西北戏曲研究院的成立，使西安的戏剧舞台发生了一次大革命，无论是剧本改编、导演方式、舞台净化、音乐创新，还是演员化妆与表演等都出现了根本的变化。这种变化集

《三哭殿》剧照，张宝英饰银屏公主、崔少奎饰唐王、沈宝爱饰国母、王秀真饰詹妃（1962年摄）

中表现在由马蓝鱼主演的新编古典剧《游西湖》中。在传统《游西湖》中，李慧娘的鬼魂化妆是脸色煞白，形象可怖。在新编《游西湖》的"鬼怨·杀生"这折戏中，马蓝鱼在塑造李慧娘鬼魂形象时，匠心独具，把面部化妆改成红润的脸色，一身缟素，长纱飘飘，鬓角一朵红梅，脚下一双红缨，除一绺松散的鬼发外，通体皆白，殷红数点，形神兼备，色艺俱佳。一个有怨气、有怒气又美丽动人的全新鬼魂形象诞生了。为了把"鬼怨"中的云步、鬼步学好，马蓝鱼曾向秦腔艺术教育家封至摸学习踩跷。练好以后卸掉跷，再走起云步、鬼步来就能够轻盈飘忽。她先后向秦腔老艺人何振中、董化清、王德元学习"吹火"技巧，在训练时两次烧伤了脸部。经过苦练，舞台上烈焰飞腾，火光闪闪。在吹火的同时，为加强舞蹈身段，她把芭蕾舞中的慢步加以戏曲化，揉进原有的青衣慢步之中，加强了飘忽的感觉。同时学习借鉴了尚小云的左右两云手动作和川剧中的托扇动作来增加舞台效果——身披白纱的慧娘为救心爱的裴生，与刺客廖寅进行着勇猛的搏斗，幽影飘荡，舞姿翩翩，如游龙，若惊鸿，给观众以极大的艺术享受。

马蓝鱼的唱腔别具一格，高低起伏，曲直舒展，声情并茂。但是马蓝鱼却说，其实她的嗓子原来并不好，最早排《鱼腹山》时，曾因嗓子不够调，合不上板胡，急得直哭。后来经过以唱功见长的前辈名家杨金声和李正敏的悉心教授，又学习程砚秋的练嗓方法，坚持和琴师合作练唱，终于使嗓子得到了很大的改进。正是凭借得天独厚的优越条件和自己坚持不懈的努力，马蓝鱼成功地塑造了李慧娘这个柔情似水、激情如火、坚毅倔强、泼辣勇敢、卓尔不群、美丽动人的艺术形象。

1953年，随着《游西湖》的一炮打响，17岁的马蓝鱼一鸣惊人。1958年10月，"三大秦班"进京，演出团到中南海怀仁堂给中央领导汇报演出，《游西湖》选场是晚会的压轴戏。演出结束以后，周总理把梅兰芳请上台，指

《阳告行路》剧照，张宝英饰敫桂英、段玉峰饰判官、刘海水饰小鬼（1960年摄）

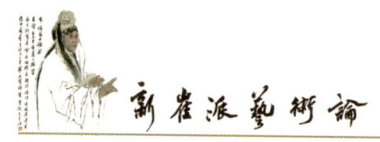

着马蓝鱼给梅先生说:"这是咱陕北边区的娃娃。"

1959年国庆10周年时,马蓝鱼的《游西湖》再度进京演出,得到中外观众的赞赏。梅兰芳在《人民日报》撰文称赞马蓝鱼:"把慧娘的形象提到了英勇高洁的峰巅,慧娘这个复仇的女鬼,真是壮丽极了,也勇敢极了!"

《游西湖》在江南十三省巡回演出,好评如潮,马蓝鱼塑造的李慧娘舞台形象被人们誉为"飞天美神""火中凤凰"。

在马蓝鱼的悉心传授下,张宝英抓住这个难得的学习良机,废寝忘食地勤学苦练,学会了卧鱼、水袖等优美的身段表演,掌握了托举、喷火等特技,为了准确地将全剧的表演艺术学到手,她下功夫将秦腔学唱得惟妙惟肖。回到河南后,崔兰田亲自给她设计唱腔进行排练,易名《红梅记》,并安排名净渠永杰配演贾士道,王香芳配演裴生。渠永杰扮演的贾士道在"逼妾"中对着慧娘有一个凶狠极恶的拨剑亮相,这一动作,工架稳健严谨,洒脱大方,节奏鲜明,随着这一动作慧娘一声惊叫,眼望利剑惊魄失魂地"卧鱼"倒地,这个难度很大的舞姿,宝英表演得干净利落,师徒两个配合得珠联璧合,精彩绝妙的画面给人留下了经久难忘的印象,每演至此常常博得满堂喝彩。宝英为了能与这位老师配合默契,私下里不知流了多少汗水,苦练了多少个夜晚。

通过这出戏的排练和演出,她在表演上长足大进,同时在崔兰田的指导下,在唱腔上学会了将崔派唱腔运用到新戏新腔上的"搬家"本领。《红梅记》的演出成功,使她在观众中开始有一定声誉,确立了她在安阳豫剧团中的主要青年演员的地位。1960年在上海中国唱片社为她灌制了从艺以来的第一张唱片,此时,她年仅20岁。

为了培养张宝英,崔兰田付出了很多心血。她让张宝英从现代戏《红色的种子》序幕开始,一场一场地学,一场一场地接演。等学会演全剧了,崔兰田就对她说:"这个戏归你了,以后你就演吧。"那时候,张宝英梳个辫子,每次化妆时都是崔兰田老师亲自给她卷头发、梳辫子,宝英怕老师麻烦,就把头发剪了。第二天,老师撸起袖子要给她卷头发,发现她把辫子剪掉了,就惋惜地说:"小妮家剪了头发干啥,留个辫子多好啊!"那年春节前,老师特意给宝英买了一块花布,让她做一件新衣服。当时学生队都是统一的制服,宝英也不舍得再花钱做新衣服。要过年了,老师问她,那块花布你咋不做衣服啊?宝英回答说:"我不舍得做。"崔兰田了解宝英的心思就安慰她说:"都快20岁的大姑娘了,你就做一件新衣服吧。只要好好唱戏,家里的兄弟姊妹都会有新衣服穿的。"

拜名师学艺,历来是戏曲演员成才成名的一条途径。学习方式有两种,一种是踏踏实实,一步一个脚印地学,真正领会和掌握流派艺术的真髓;另一种是走捷径图虚名,学会一两出流派代表剧目便大吹特吹,标榜自己是某派传人,某人的高足,嫡传弟子,关门徒弟,

二、张宝英新崔派艺术的形成与发展

《洪湖赤卫队》剧照，张宝英饰韩英（1960年摄）

其实所学技艺非常肤浅。张宝英向崔兰田拜师后，前20年内没有主演过《秦香莲》《桃花庵》《对花枪》等崔派代表戏，崔兰田也没有急于求成地让她"当主演"。张宝英那些年常演的戏，多为闺门旦、花旦戏，大多是练功夫，打基础的戏，更多的是陪老师的配戏。崔兰田不是只让学生学她的几出戏，踩着她的脚印走。她认为：演配角，打基础；演新戏，锻炼人。

《洪湖赤卫队》是张宝英青年时代的成名作，她塑造的"韩英"，在河南有口皆碑。1959年，在张宝英演出《红梅记》初露头角的时候，崔兰田"趁热打铁"，在她肩上再压重担，让她主演大型现代戏《洪湖赤卫队》。当时年仅34岁的崔兰田，想到的不是自己的名利得失，而是豫剧事业的兴衰，后辈的成长。她要趁自己风华正茂的时候大展艺术才能，更要趁自己精力旺盛之时抓紧培养青年演员。为了更好地扶持徒弟，也为了使演出叫座，她甘心情愿地为学生配戏，

《洪湖赤卫队》剧照，张宝英饰韩英、崔兰田饰韩母（1960年摄）

扮演配角韩母。张宝英深深领会老师的一片苦心，排演场上认真地听取导演和老师的指教，排演场下一遍又一遍地下私功夫苦练。

俗话说："种瓜得瓜，种豆得豆。"1960年秋，《洪湖赤卫队》在郑州连演20场，大获成功，场场客满，轰动省会。它充分说明张宝英的演唱不仅得到了老师同行的认可也受到了观众的欢迎。从此，张宝英在河南戏剧界和广大观众心目中也成了"有名"的演员。

1962年张宝英再次随师晋京演出时，已是名列崔兰田之后的青年主演。《香囊记》中的"疯闺女"，《三哭殿》中的"银屏公主"，《桃花庵》中的"陈妙善"，均展示了这位崔派大弟子的艺术光彩。田汉看了她的演出后，给予了很高的评价。

《香囊记》是一出唱做并重，地方特色很浓的豫剧传统戏。崔兰田在青年时代常演这出戏。50年代，她演出的多为悲剧色彩浓厚的青衣戏，不再演这出戏。为了让张宝英全面掌握旦角表演技艺，1962年，崔兰田向她传授了这出戏。戏中女主角周凤莲是个不拘封建礼教、心直口快、性格直爽、善良活泼的"疯闺女"。很多演员刻划这一人物时，多在"疯"字上作文章，宋桂玲、吴碧波等著名演员在这出戏中都有出色的表演。崔派的"疯闺女"着重刻划她助人为乐，聪明好动的人物个性，不似其他流派那么夸张，但内心刻划却十分细腻含蓄。张宝英带着这出戏，从北京、天津演到武汉、广州和海南岛，为她日后创造与发展打下了坚实的基础。是她青年时代的"代表作"之一。

到北京后，崔兰田亲自请田汉先生看戏。在首都医院礼堂，田汉老抱病邀粟裕大将一起观看了《三哭殿》。张宝英扮演女主角银屏公主，崔兰田扮演配角长孙后。田汉老看了张宝英的演唱，为崔派艺术又有新人而感到高兴。他在病榻上连夜写剧评，在《人民日报》上称赞张宝英"表演颇为生动"，"表现了优秀的才能"。为张宝英在艺术上的腾飞击鼓助威。

《山乡风云》剧照，张宝英饰柳琴（1965年摄）

二、张宝英新崔派艺术的形成与发展

吃一堑 长一智

　　一位戏曲演员的成功和进步，可以说是汗水和教训铸就的。任何一位成功的表演艺术家，在舞台上都曾经出现过失手的糗事，张宝英也不例外。也许就是这些发生在一瞬间的失手、"事故"、教训，让她终生难忘。同时，也使她从此养成了凡事早做准备，仔细检查再检查的习惯。无论在哪里演出，那怕是再熟悉的戏，她都要早早地化好妆，穿好箱，找一个僻静的地方，静心默戏，准备上场。

　　那是在武汉演出《宇宙锋》，她扮演赵艳容。开演前，她听说湖北汉剧院的许多同行就坐在台下，心里不免紧张起来。她知道汉剧名家陈伯华演出的《宇宙锋》闻名全国，在武汉演出豫剧《宇宙锋》犹如在关公面前耍大刀。心生杂念，舞台上难免分心。在表演"装疯"一节时，她不小心把椅子撞倒了。幸亏演哑奴的同伴反应快，继续演戏。舞台上虽然出现了失误，好歹补救过来了，由此引发的教训，让她铭记了一辈子。

　　还有一次教训是发生在演《洪湖赤卫队》的时候。赤卫队长韩英发现叛徒王金标正在逃跑，一个箭步跃上台阶，挥枪击毙了叛徒。就在她从腰间掏出驳壳枪的同时，她的腰带开了，缠着绑腿的裤子滑落在膝盖上，裤子缠住脚步，让她差点一头栽倒在台阶上。俗话说："吃一堑，长一智。"艺术家就是在不断地失败，不断地吸取教训，不断地总结经验中成长起来的。

《见皇姑》剧照，张宝英饰皇姑、渠永杰饰包拯、沈宝爱饰国太（1962年摄）

外师造化 中得心源

"外师造化，中得心源"，就是要善于吸收，把学来的众家之长融化在自己身上，丰富、补充自己的不足，逐步形成自己的东西，"欲穷千里目，更上一层楼"。

1962年，张宝英带着老师的嘱托，来到了陈素真的面前。这位被划为"右派"的豫剧皇后，在河北邯郸剧团一间阴暗潮湿的小屋前，望着"田妹"的大徒弟，眼眶中盈满了热泪。自从被打成"右派"

《宇宙锋》剧照，张宝英饰赵艳容、渠永杰饰赵高、潘雪枝饰哑奴（1962年摄）

后，门庭落燕，无人问津，既使让她上台演出，也不许写她的名字。很多过去的朋友同事看见她都视若陌人，唯恐躲避不及。张宝英却在这时候出现在她面前，专门来跟她学习《宇宙锋》，这叫她怎不热泪盈眶。她拉起宝英转身进屋，把门窗关得严严实实，就在那间小屋里手把手地比起戏来，舞动的水袖扇得墙上的宣传画"哗哗"作响，那幽燕凄婉的陈腔，震撼着宝英的心灵。

陈素真教身段表演累了，就坐在床边沿给宝英说戏："《修本》与《金殿》两场都要装疯，但这两次装疯并不是表演上的重复，而是在感情上不同的发展，表演上要做不同的处理。《修本》一场的装疯，显得扭捏作态，这种疯态是表现女性的娇嗔，整个节奏比较缓慢；而金殿上的装疯，则以昂视阔步、旁若无人的姿态出现，借疯态度展现她在强权面前也无所畏惧的气势，

《宇宙锋》剧照，张宝英饰赵艳容、渠永杰饰赵高、潘雪枝饰哑奴（1962年摄）

节奏要十分强烈。正是基于对人物复杂的内心状态的刻划，一个有血有肉的、具有'威武不能屈'的美好品德的人物，才能在舞台上令人信服地树立起来。如果只是为了突出赵艳容这个人物的反抗性，而忽略人物内心的种种复杂矛盾的表现，则形象地刻画也就难免陷于简单化和刻板化，缺乏应有的深度，不能感人。

"抓花容，脱秀鞋，撕破了衣衫，在表演时不能像生活中的疯人那样疯狂的动作，而是把提鞋、揪头发、撕衣服这些动作化为极其优美的舞蹈身段，使人们在美的享受中看到人物精神世界，从而对人物的悲剧命运产生怜爱与同情。"

张宝英与陈素真合影（1982年摄于郑州）

最后，陈素真嘱咐张宝英："你要学点《唐诗》《宋词》，因为赵艳容是个读书达理的人，有文化。腹有诗书芳自华。"

50多年来，每当张宝英看到《宇宙锋》三个字，她脑海里就情不自禁地会浮现出陈素真给她说戏的音容笑貌，她的眼神中就会自然而然地流露出虔诚的崇敬与怀念。陈素真教给她的不仅仅是一出戏的表演，一个流派的特色，而是一种流派的精神，一个艺术家的敬业精神，一位剧坛巨匠身处逆境时的奋斗精神，一个戏曲名家转化吸纳，为我所用的精神，这种精神深刻地激励着她，已"化"成为她个人精神中的一部分。

在崔兰田老师的谆谆教导和支持下张宝英得崔派艺术真传,同时广泛吸取其他姐妹艺术的营养。秦腔的《游西湖》、陈派的《宇宙锋》、上海越剧院的《阳告行路》。不同剧种的表演艺术对她的熏陶,不同流派、名家对她的指教,使她在唱、做、念、舞等各方面都练就了过硬的本领,在保证对崔派艺术本真地、整体地继承的同时,也在不断地发掘表演手段,学习其他艺术的长处,借鉴相关艺术的表演语汇,使自己的演唱即有崔派艺术的神韵,又有新的发挥,更具有个人的特点。

60年代,她随老师巡演于北京、天津、上海、武汉、哈尔滨、沈阳、广州、银川、海南岛等中南、东北、西北十几个省、市、自治区。京剧、评剧、越剧、歌剧、粤剧、二人转,丰富的地方戏曲艺术开阔了她的视野,对她的艺术素养起到了潜移默化的提高,使她逐渐成长为崔派艺术第二代中出类拔萃的"台柱子"。此后,她还主演了现代戏《芦荡火种》中的阿庆嫂、《红灯记》中的李铁梅、《山乡风云》中的刘琴、《刘三姐》中的刘三姐、《李双双》中的李双双、《红珊瑚》中的珊瑚、《社长的女儿》中的大秀、《红云岗》中的红嫂;通过塑造这一系列性格不同身份各异的现代人物和大量的舞台实践,张宝英在舞台上的表演和演唱艺术,无论是古装戏还是现代戏都达到了成熟的地步。1965年,她作为豫剧优秀青年演员随河南省代表团赴广州参加中南地区现代戏会演,与马金凤合作演出《打牌坊》,从而成为河南戏曲舞台上一颗耀眼的新星。

《宇宙锋》剧照,张宝英饰赵艳容、渠永杰饰赵高(1962年摄)

二、张宝英新崔派艺术的形成与发展

《宇宙锋》剧照,张宝英饰赵艳容(1987年摄)

患难夫妻 沧海桑田

星移斗转,时光荏苒。张宝英已经是在舞台上能主演几出大戏的"角儿"了。19岁的她身材苗条,眉清目秀,一双大眼,炯炯有神,齐耳的短发,在旁边分束出一小绺头发,煞是好看。这时,一个清癯、高大的身影走进了她的视野。这位年轻人叫王士杰,是剧团的副团长,经常和团里的几位领导来崔兰田的房间开会、商量工作。说话带有明显的白壁口音,在全团演职员大会上讲时事政治,有条有理,头头是道。给人的印象是严肃、干练,不拘言笑。张宝英和团里的青年演员一样,从心里很惧怕这个留着分头,表情严厉的年轻团长,同时也很敬佩他政治觉悟高,有知识,有文化,有魄力。

张宝英与丈夫王士杰合影于北京人民大会堂前
（1962年摄）

王士杰出生在安阳县白璧镇一个大地主家庭,少年时代就离家出走,到安阳城里的大公中学读书,受进步师生的影响,一心向往革命。在学校就是学生会干部,是领导学生上街游行反饥饿、反压迫的骨干。1951年从安阳师范学校毕业后,直接分配到安阳市人民委员会文教科工作。他积极要求进步,曾经五次向党组织提出入党申请,经过党组织近五年的政治考验,1956年他被批准加入了中国共产党。为搞好安阳市豫剧团改为国营单位后的政治思想教育工作,市人委决定由解放安阳的战斗英雄程三群担任剧团党支部书记、王士杰任剧团党支部委员兼副团长。来到剧团后,他深入实际,深入群众,与大家同吃、同住、同劳动,很快就熟悉了剧团的各项工作,在指导剧团开展业务建设方面,很有主见。团长崔兰田、支部书记程三群都敬重他三分,对他的意见一般都是言听计从。他经常坐在小板凳上,把地图铺展在膝盖上,用红蓝铅笔标记剧团准备参加中央演出规划的路线,夏天去北大荒,冬天去海南岛,计划用三年的时间,让崔兰田领导的安阳市豫剧团走遍大江南北,长城内外。就是这样的一个一心扑在工作上的青年干部,常年累月跟着剧团在外边跑,顾不上考虑个人问题,都快30岁了还没有找到对象。

作为学生队队长,张宝英有时也会找王团长汇报学生队的工作和政治思想情况。有一天,张宝英收到一封戏迷观众的来信,因为她识字不多,就把这封信交给了王团长。她不知道这是一封观众向她求爱的信,还问王团长,观众来信写的啥意思。张宝英从他看她的眼神里感觉到一种异样的目光,羞得她满脸通红。从此,看见王士杰就躲。有时候他来兰田房间开会,宝英看见他进屋,扭脸就走。崔兰田发现这种情况后,感觉事由蹊跷,就先问王士杰咋回事,王士杰就一五一十地说出了事情的原委和对宝英的爱慕之心。崔兰田了解了王士杰的心思后,就开导张宝英:谈不谈恋爱,是双方自愿的。俗话说的好"强扭的瓜不甜","百年修得同船渡,千年修得共枕眠"。这要看你俩有没有缘分。但是,人家是个领导,你又是学生队队长,你动不动就给人家办个长脸。要注意影响啊!要说,王士杰是干部,为人可靠,又没啥负担。在经济上他还可以帮助你,在学习上,他也能指导你。老师的一番话,在张宝英心中激起了层层涟漪,不过,她一时还接受不了。过了一段时间,她通过观察、思考,觉得老师的话有道理,思想上就有所变化了。她试探地跟王士杰说:"你年龄比我大,也不会等我。咱团有那么多女同志,你可以去找她们。"

王士杰表示:"非你不娶!"

张宝英回答:"你非要找我,就等到我22岁以后吧。"

王士杰满心欢喜地说:"我也没有要求你马上结婚哪!"

在上海演出时,崔兰田劝张宝英,上海是大城市,有很多好玩儿的地方,黄浦江外滩、南京路都非常热闹,你跟士杰去街上逛逛吧。张宝英倔强地扭着头坚持不去,怕人看见

张宝英与丈夫王士杰在北京十三陵水库(1962摄)

不好意思。王士杰就一人上街特意给宝英买了一件绿色的毛衣外套。

在太原,他俩相约来到了迎泽公园,公园里湖水荡漾,绿树成荫。树荫下,到处是成双成对的恋人。王士杰拿出在上海给她卖的毛衣外套,亲自给宝英穿在了身上。然后她们携手走进了一家照相馆,留下了一张情定终身的合影。

恰在这个时候,张宝英家里来信说,三弟弟在家点蜡烛,不小心把火星掉在地上的麦秸草上,麦秸和旁边堆着的木柴很快被大火吞噬,把仅有的两间草坯房都烧塌了,两只羊也活活被烧死了,一家人的生活陷入了极度困难的境地。崔兰田得知情况后,就与几位领导商量让宝英回家一趟,并决定派王士杰同志代表剧团党支部陪她一同回老家一趟。王士杰用自己的工资在县城买了5床新棉花套,连同全团同志捐助的十几块钱一同交给了宝英的母亲。夜晚,在隔着房梁就能看见星星的土炕上,还是那盏老油灯下,母亲满意地对宝英说:"虽说比你大几岁,但我看这个人,不错。中!"

母亲的一席话,把张宝英推进了婚姻的殿堂。1962年,王士杰与张宝英在大家的祝福

安阳市豫剧一团抵山西太原建筑工人俱乐部后合影(前排左起)高连山、王秀真、王士杰、剧场经理、崔兰田、剧场副经理、辛玉兰、第二排右五为张宝英(1961年摄于太原)

二、张宝英新崔派艺术的形成与发展

全家福：王士杰、张宝英怀抱孙子王培智、长子王岩、长媳戴珍、次子王磊（1995年摄于安阳）

声中，结下了秦晋之好。王士杰拿出50块钱，交给伙房置办酒席。市委书记刘东升、市长安华、宣传部长魏民、统战部长丁润川都来到剧团祝贺王士杰、张宝英新婚大喜。一年之后，他们有了爱情的结晶。王士杰的父亲母亲专程从白壁农村赶来照看大孙子，由于年岁已高，腿脚都不利索了。宝英想给公公婆婆做顿饭，又不会做饭，结果把一锅面汤做成了一锅浆糊。为了照顾孩子，他们专门把孩子的姥姥从长葛接到了安阳。常年在外巡回演出，四海为家。此时，由于孩子的诞生，母亲的到来，他俩总算在安阳有了一个温暖的家。没有花前月下的浪漫，没有海枯石烂的誓言，就在这艰难的生活中，经过岁月的磨练，夫妻两人，相濡以沫，胆肝相照，情感日久弥坚，沧海变桑田。

十年"文革" 一场噩梦

好景不长。一场长达十年的"文化大革命"把一个好端端的家庭弄得七零八落,把一个前途似锦的青年演员转眼间打入了十八层地狱。老师被打成"反动学术权威",丈夫被打成"走资本主义道路的当权派",造反派把他们当作"牛鬼蛇神"关进了"牛棚"。而她自己也被扣上了"修正主义的苗子""反动权威的学生""走资派的老婆"三顶大帽子,被勒令不许乱说乱动。造反派还逼迫她要与丈夫划清界限,立即离婚,重新做人。

一天,趁看守不严。王士杰悄悄把宝英叫到一旁,说:"这是党内最大的一次路线斗争,运动可能还要升级。"说着从怀里掏出200块钱递给张宝英:"我身上只有这200块钱了,他们经常以你和孩子的名义写信跟我要生活费,如果不给就毒打我一顿。这些钱就交给咱妈,留着养家吧。"

老太太目不识丁,拿着这200块钱去银行存钱,结果人家给写了一个100元的存款折。第二年去取钱,银行照单只给100元,气的老太太当场就昏倒在银行的柜台前。

样板戏舞台彩车《红灯记》造型(1969年摄)

有一段时间,剧团演职员被集中在市委党校学习,与关押王士杰的"牛棚"同在一个大院里。早上吃过饭后,张宝英就把儿子送到甬道上,让他自己走到"牛棚"门口去找爸爸。然后由王士杰领着儿子去田地里劳动改造,到晌午吃饭时,他再把孩子送回来。有一天,孩子浑身湿溜溜地回来了,腿上还磕破了皮。问了半天才知道,跟着爸爸下地劳动时,不小心滑倒掉进了渠上的分水沟里,幸亏被剧团的一位年轻人看到,飞跑过来一把把他提溜上来了。

样板戏舞台彩车《白毛女》造型(1969年摄)

二、张宝英新崔派艺术的形成与发展

十年,在历史的年轮中它只是一瞬间,可是,在人的一生当中,它又是多么漫长啊,人生能有几个十年!

"文化大革命"十年,正是张宝英向"而立之年"迈进的关键时刻,对于一个从事表演艺术的有为青年来说,这十年是何等珍贵啊!抓住这十年大好时光便可走向成熟、走向辉煌,荒废这十年宝贵岁月,将会前功尽弃,毁于一旦。顺水行舟有机遇,逆水行舟也会有机遇。能不能抓住机遇,全看你能不能把握自己,是否具有顶风破浪永往直前的拼搏精神。

十年浩劫中,作为一名演员灵与肉都经历了难以忍受的煎熬。张宝英曾经想放弃这种当演员的生活,远离这种派性斗争,回老家去种地,相夫教子,日出而作,日落而息,踏踏实实,平平安安。可是,剧团里的造反派不放过她啊。除了无休止的逼迫她与丈夫与老师划清界限,反戈一击,检举揭发,还要逼迫她每天参加演出各种各样的宣传演出。由于她在社会上有名气,群众看不到她演出不答应,甚至会引起冲突,发生武斗。就在这种情况下,她在《红灯记》中扮演李铁梅、《沙家浜》中扮演阿庆嫂、《智取威虎山》中扮演小常宝、《杜鹃山》中扮演柯湘,《白毛女》中扮演喜儿,《龙江颂》中扮演江水英。她还被勒令三天学会演唱京剧《沙家浜》,用京腔京韵演唱阿庆嫂。

这十年的舞台生活和"文化大革命"前十年相比,境遇截然不同。以前是在领导和老师的培养下,作为一个重点培养的青年演员,被人"捧着"生活的,心情是愉快的。十年浩劫中,她是被掌权者视为可以改造好的团结对象和利用其"一技之长"而控制使用的演员。尽管在台上她仍然是主演,但心情却十分沉重和紧张,稍有不慎,便会遭来灭顶之灾。对于一个演员来说,医治痛苦的最好良药莫过于演戏。一到前台,她全神贯注地投入戏中,什么烦恼和痛苦她都能抛到九霄云外。演戏,成了她逃避现实的一种解脱办法。

驻守在河南的解放军某部在开封召开军党代会,来自河南各地区的剧团齐集开封献演革命样板戏《沙家浜》,无形之中,成了河南《沙家浜》大汇演。与会代表和前来参加献礼演出的剧团同行异口同声地称赞安阳剧团演出的《沙家浜》最棒,张宝英饰演的阿庆嫂从形象到演唱是个样板!

当时的省革命委员会副主任纪登奎到安阳视察工作,晚上在安阳剧院观看张宝英演出的革命样板戏《沙家浜》,那架势空前绝后。剧场的大门口,舞台两侧都架着重机枪,参加"支左"的解放军代表头戴钢盔,戒备森严,严阵以待。当时的造反派组织"二七公社""红色造反师""炮打司令部委员会"等组织的观众也都是荷枪实弹,全副武装地"联合"陪同观看。

如果说张宝英在"文化大革命"十年中演出了几出"革命现代样板戏",是在逆境中得到了一种机遇的话。那么,在轰轰烈烈的"文化大革命"中漫天飘洒的"号外""战报",

《沙家浜》剧照，张宝英饰阿庆嫂（1970年摄）

惊天动地的高音喇叭，无形中使她成为"文化大革命"时期安阳文艺舞台上演出实践机会最多的演员，不知不觉地成了剧团名副其实的台柱子，成了在社会上真正具有影响力的知名演员。

一个寒风萧瑟的冬天，已经被"打倒"的崔兰田，正在剧场的大院里扫地，接受群众监督和劳动改造。刺刺啦啦的扫帚声像猫爪一样划拉在崔兰田与张宝英的心上。趁院内无人，待宝英走近身边，崔兰田佯装抽烟悄悄地对宝英说："宝英啊！我这一辈子可是不中了，你可要咬着牙坚持下去啊！成天这么胡喊乱唱，你可要注意保护嗓子啊！"师徒俩相处十年了,老师曾经无数次地讲过如何发声,如何保护嗓子。但是,哪一次都没有这一回这短短的几句话,让张宝英刻骨铭心,患难时刻见真情啊。

当历史的航船驱散了乌云,劈波逐浪,迎来满目春光的时候,张宝英抖落了一身的创伤,准备展开歌喉,扑向春天。可是,她遇到了一个演员最难逾越的"坎儿"。由于过度劳累,超强度的喊唱和精神上的极度压抑,她的嗓子患了声带小结、喉肌弱症,昔日曾使成千上万的观众为之倾倒的歌喉,竟发不出声音。命运又一次把她抛到了低谷之中,使她面临着

《红灯记》剧照,崔兰田饰李奶奶、崔少奎饰李玉和、张宝英饰李铁梅(1964年摄)

人生又一次重大挑战。

她躲在舞台的角落里,用泪水洗刷着失润的嗓子。她五内俱焚,再度想回老家去当农民,或改行去当一名普通的女工,做一个普通的贤妻良母。为了医治嗓疾,她孑身一人来到北京,住在一家小旅馆里,每天孤零零地一个人到医院去看大夫,抱回来一摞一摞的中草药,自己蹲在楼道的煤炉前煎服着一副又一副苦涩的汤药。她心中暗暗琢磨着以前崔老师教她的发声方法,这时,她十分留意收音机中播放的民族唱法的歌曲,她在借鉴民歌的发声方法,寻找自己的发音位置。像抽丝一样,经过无数个日日夜夜的磨练,她的嗓子出现了一缕一缕的亮音。

在古城西安,她走街串巷地去拜访喉科名医。在省会郑州,她趁开会的间隙,到省戏校去找声乐老师于立芳请教发声方法。终于,她摸索出一套自己的发声方法,经过理疗、服药和练声,她的嗓音像百灵鸟一样音高不炸,音低不压,似行空流云,又如溪流涓涓。

《山乡风云》剧照,张宝英饰柳琴(1965年摄)

二、张宝英新崔派艺术的形成与发展

屈膝谈话　醍醐灌顶

　　1978年，这是中国历史进程中的一个重要拐点。5月11日《光明日报》头版发表《实践是检验真理的唯一标准》的重要文章，犹如一声炸雷，引发了"真理标准问题"的激烈讨论，邓小平看后号召"打破精神枷锁，使我们思想来一个大解放"，这标志着新时期思想解放运动的真正深入。1980年以后，文艺界开始大规模平反，包括崔兰田、王士杰在内的大批冤假错案，为一大批在"文化大革命"中被判为毒草的剧目恢复名誉。《花木兰》《秦香莲》《穆桂英挂帅》等一大批古装戏恢复上演，文艺界开始出现生机勃勃的局面。1979年10月30日至11月16日召开的第四次全国文艺工作者代表大会，标志着文艺界的全面"解冻"。邓小平代表中共中央提出了一系列有关文艺的新观念。对新时期文学艺术在恢复期里走向繁荣起到了积极的推动作用。邓小平同志在全国第四次文代会上指出："粉碎'四人帮'以后，在党中央的领导下，文艺界已经和正在落实党的知识分子政策，过去受到人民欢迎的一大批文艺作品重新和人民见面。文艺工作者心情舒畅，创作热情高涨。短短几年里，

戏曲电影《包青天》宣传海报（1980年摄）

通过清算林彪、'四人帮'的极左路线，已经出现了许多优秀的小说、诗歌、戏剧、电影、曲艺、报告文学以及音乐、舞蹈、摄影、美术等作品。这些作品，对于打破林彪、'四人帮'的精神枷锁，肃清他们的流毒和影响，对于解放思想，振奋精神，鼓舞人民同心同德，向四个现代化进军，起了积极的作用。

"同心同德地实现四个现代化，是今后一个相当长的时期内，全国人民压倒一切的中心任务，是决定祖国命运的千秋大业。各条战线上的群众和干部，都要做解放思想的促进派，安定团结的促进派，维护祖国统一的促进派，实现四个现代化的促进派。对实现四个现代化是有利还是有害，应当成为衡量一切工作的最根本的是非标准。"

崔兰田在拍摄现场给张宝英说戏（1979年摄于开封）

当中国十年冰冻的体制、停滞的生产力受到外来信息的吹拂时，一切守旧的思想开始在改革开放的春风中慢慢融化。责任制、承包、下海、商品经济等，这些新概念先是如幽灵般地在人们身边徘徊，最后聚成了一个时代大潮。

河南戏曲界趁着改革开放的强劲东风，利用丰富的戏曲资源，在合拍彩色戏曲电影方面首开闭关锁国的先河，率先与香港金马影业公司合作拍摄电影戏曲片《包青天》。消息传开后，来自省直、开封、许昌、商丘、安阳等地的著名豫剧演员都瞄准了剧中女主角秦香莲，纷纷以各自擅长的优势向省文化局毛遂自荐或展开激烈的游说活动。就是在以演《秦香莲》著称的安阳剧团，几位"大青衣"也都翘首以待。

由省内的专家和香港金马影业公司的老板、导演组成的选拔小组，把目光集中在九位候选者身上。这九人中有经验丰富的老演员，有如日中天的中年演员，也有锐气凌人的青年演员，她们都是演青衣戏的行家里手。唯有张宝英是才接演青衣戏不到三个月的"新手"。在此之前，她从没有演过青衣，一直是闺门旦应工。但是"功夫不负有心人"。对于老师演秦香莲的路数，她早已烂熟于心。凡是老师演出的剧目，她在日常的演出中，早已留心观摩，从主角到配角都能"抱本"。所以她那地道的崔派豫西调唱腔，那颇具神韵的表演，令人刮目相看。由香港电影导演李铁、河南戏曲导演杨兰春等主创专家组成的导演组把所有参加角逐的演员都面试了一遍，最后把目光聚焦在张宝英身上，杨兰春认为唱得好的还数张宝英，建议由张宝英出任剧中的秦香莲。可是投资方香港的金老板不同意，他认为电影中秦香莲的形象应该很漂亮。杨兰春凭借自己的艺术眼光，坚持要让张宝英演秦香莲，他据理力争："你讲的有道理，电影要求形象美。可是戏曲百分之八十靠唱，其他几个演员都唱不过张宝英。这个问题会直接影响到电影的质量，会影响到将来在老百姓心中的份量。"金老板知道杨兰春是一位德高望重的老干部，又是全国知名的剧作家、导演艺术家，具有丰富的创作经验，又熟悉戏曲观众的审美习惯。最终同意了杨兰春的意见，决定由张宝英主演女主角秦香莲。所以说"机会是留给有准备的演员的"。

戏曲电影《包青天》由杨兰春担任编剧兼戏曲导演、王基笑担任唱腔音乐设计、崔兰田任艺术指导。他们在原豫剧传统戏《秦香莲》的基础上，从剧本到唱腔音乐、舞台调度、身段表演都进行了大幅度的修改、删减和创造。原来剧本中秦香莲见皇姑时的唱词是："她好比凤凰我好比鸡。"杨兰春妙笔生花，把唱词改成："她好比三春牡丹鲜又艳，我好比雪里梅花耐霜寒。"用牡丹和梅花来比喻皇姑和秦香莲，用词贴切、生动，不卑不亢，给

王基笑在拍摄现场给张宝英说戏（1979年摄于开封）

人以美的联想。

王基笑对原剧的音乐唱腔做了大胆的革新。如包拯唱的:"三百两纹银交给你,回均州路上做盘缠。送你儿女把书念,光念书不要再做官。"就在唱腔中吸取了豫西调下五音的旋律,在音乐伴奏中增添了古筝以烘托悲剧的气氛,使全剧音乐唱腔有了新的韵味。

在拍摄现场崔兰田亲自辅导张宝英,现场给她说戏。一再鼓励她不要有顾虑,要大胆去演,去表现,把这么多年积累的东西消化在秦香莲这个角色身上。不要担心唱腔音乐变了,不是原来的了,加了很多新东西进来。崔老师说:"就是现在要我演,我也要改,要变,要创新。我也不会原封不动的!"老师的现场指导,使张宝英扮演的秦香莲拍摄得很顺利。

第一次拍电影,没有经验,不知道顾及自己在镜头前的形象就是将来放大十几倍呈现在观众面前的银幕形象。唱到动情之处,常常随心所欲地不注意口型。杨兰春导演就要求她回到房间,面对镜子反复练习口型,一定要注意银幕形象的美观。在拍摄现场为提醒她注意口形,杨导演就站在摄影机前,用手指着自己的牙齿,提醒她演唱时注意口型,注意镜头前的银幕形象。

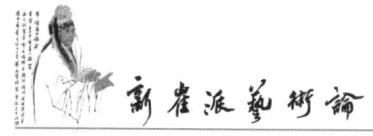

戏曲电影《包青天》"抱琵琶":张宝英饰秦香莲、崔少奎饰王延龄、阮静饰陈世美
(1979年摄于开封)

戏曲电影既要保持戏曲艺术的写意性、程式化表演，又要秉持电影的真实性和真情实感。在拍摄《闯宫》一场戏时，陈世美要一脚把秦香莲踢倒在宫门旁，然后是秦香莲跌倒在宫门旁的特写："一阵迷来一阵昏，不知身在何处存。"经过几次排练、走台，灯光、音响、摄像、剧务都准备好了。张宝英和扮演陈世美的阮静也认为准备好了，没有问题。可是，实拍时杨导演发现张宝英没有进入角色，悲剧情绪不够。有人建议给她点眼药水，这样做虽然在拍电影的过程中是完全允许的，但杨导演认为点眼药水毕竟不如自然落泪的情绪真切。他知道还运用启发演员那一套说扯孩子拉闺女、一路逃荒要饭、千里寻夫到汴梁、多么不容易，陈世美昧心不认结发之妻、如何可恨，已经无济于事了。他一边要求阮静来真的，要真正踢到张宝英身上，把她踢倒在地。另一边他贴近张宝英的耳朵低声说："在'文化大革命'中，你爱人被关进了牛棚，你也是被斗争的对象。你当时连看孩子的自由都没有，难道你就不想你的孩子？你的孩子就不想你？现在秦香莲不是和你当时的情况一样吗？"没等杨导演说完，张宝英就由热泪凝眶发展到珠泪泉涌，直到镜头拍完，她也没有流完难以控制的眼泪。

那时候刚刚改革开放，万物苏醒，肆意生长，录音机中飘出邓丽君的"靡靡之音"，仿佛个体自由的我在"呢喃"，弥漫着一种无坚不摧的颠覆渴望和哲性魅惑。社会的众生相是：喇叭裤子像裙飘，花格衬衫扎外腰，蛤蟆镜上贴商标，头发烫得像羊羔。尽管河南地处内陆，民风淳朴，但改革开放的春风已经掠过了中原大地。意识形态也正在发生冲撞、变化。拍电影期间，港方制片单位觉得河南的戏曲演员都很敬业，很能吃苦，从不讲究食宿条件，想犒劳一下剧组的演员，就给每位演职员送了一件尼龙衫、蛤蟆镜之类的小礼品。河南省文化局的领导知道后，马上召集参加拍摄的豫方演职员开会，要求大家提高政治觉悟，防止资产阶级诱惑，把尼龙衫、蛤蟆镜给他退回去，决不能在资产阶级物质利益面前丧失阶级立场。现在就这样明目张胆地收人家的礼物，将来怎么办啊！口子一开，肆无忌惮地收受礼物，那还不得一个个都变成修正主义、资产阶级啊！

现在讲起来觉得很好笑，在当时这就是意识形态中一件很严肃的政治问题。也真是被这位领导说中了，40年后的今天，你看现在的社会，啥东西不敢收，啥东西不敢要啊！

在拍摄期间，一场景拍完，要用三天时间置换场景，演员在这个空档休息。这时，张宝英与戏曲音乐家王基笑的一次屈膝畅谈，犹如醍醐灌顶，使张宝英在继承与发展方面开了窍，有了主心骨。

王基笑问张宝英："你对继承老师的艺术有啥想法？"

"我想好好学，继承好，唱的像老师。"

"你这样你老师也不一定高兴吧。光是追求像崔兰田，观众和你老师都不一定答应吧！"

王基笑发至肺腑地说:"我到河南 30 多年来,接触了河南戏曲界很多演员,老一代的,年轻一代的,也看了各个地区、各个剧种的很多戏。发现兰田老师的演唱很独特,很大气,很细腻抒情,很能代表河南戏曲的审美品质。你作为她的学生,在继承崔派艺术这条路上走的很正,方法也非常得当。你有你的特点,嗓音高,高音区能真假声结合运用,有爆发力。很符合中国戏曲学派的审美要求。经过这么多年的历练,你已经是一位很成熟的演员了。现在摆在你面前的有两条路,一条是跟在老师的身后,亦步亦趋的模仿下去;一条是在继承前辈的基础上,跟上时代的步伐,发展流派,创新流派。在学习继承中发挥自己的特点。我们犹如在进行一场接力赛,接过了前人的接力棒后,应奋勇往前跑,不能停在那里不动,更不能往回跑。"

戏曲艺术要在继承前人的基础上,不断地吸收时代的新气息,才能有所发展,有所创新。流派的传承必须有新剧目作为实验和支撑,同时要有新认识、新观念、新元素、新特点的融入,才有新境界的开拓,否则必然不利于流派的与时俱进。如果一个流派不能生存在新创作的剧目中,那么随着时代的发展,式微则是必然的。流派之所以能成为流派,就是因为流派

戏曲电影《包青天》"闯宫":张宝英饰秦香莲、阮静饰陈世美(1979 年摄于开封)

二、张宝英新崔派艺术的形成与发展

创始者的表演唱腔具有鲜明的个性特征。个性特征是"我"之所以为"我"的显性风格标识，与他人迥然有别。

俄国文学家列夫·尼古拉耶维奇·托尔斯泰说："正确的道路是这样，吸取你的前辈所做的一切，然后再往前走。"

这些赋有艺术哲理的话语，像一剂剂催生素活跃了蕴藏在张宝英身上的艺术细胞，激发了她的创新热情。使她的艺术创作理念发生了重要变化，她开始按照新的审美标准审视自己的唱腔、表演，注重使传统的演唱在新时代里更加富有魅力，以展现自己与众不同的艺术个性。在继承的基础上，开始注重创新与发展。

1981年8月27日，中国戏剧家协会在北京为豫剧艺术片《包青天》召开座谈会，与会专家评价说："看了戏曲艺术片《包青天》后很受感动，特别是《杀庙》那场戏，十分感人，不少人都流了眼泪，这样熟悉的戏，还能如此抓人，一抓到底，是不容易的。""饰秦香莲的演员，在镜头面前很松弛是感情的真实流露，不是单纯的在表演情绪，而是体现了人物的气质。"座谈会上发言的同志还赞扬了演员选择的准确，特别是张宝英饰演的秦香莲，叫人可信，觉得秦香莲就该是这个样子，朴实、坚强、端庄、不丑，外形美和心灵美比较统一，不是单纯唯美选择，而是根据角色特定的要求选择的。

电影《包青天》在全国各地和港台地区及东南亚各国上映后，很受欢迎。为区别张君秋的京剧《铡美案》，小白玉霜的评剧《秦香莲》，观众称主演豫剧《包青天》的张宝英为"河南秦香莲"。张宝英根据电影剧本，很快将这出戏搬上舞台，使这出崔派名剧成为她在舞台上久演不衰最受欢迎的看家戏。

流派汇演 扬帆起航

河南省豫剧流派会演，是豫剧发展史上一次具有重大意义的盛会。经过十年浩劫，豫剧各流派的代表人物硕果仅存，能参加流派汇演的艺术家和剧团勉强凑够十家，很多有成就的流派代表性艺术家由于身体状况、底包团队、学生传人等各种原因，都无法参加汇演。常香玉、陈素真、崔兰田、马金凤、阎立品、唐喜成、赵义庭、刘法印、李斯忠以及陈素真的徒弟吴

《桃花庵》剧照，崔兰田饰窦氏、张宝英饰陈妙善（1962年摄）

碧波、常香玉的徒弟许玉华、女儿常小玉、唐玉成的徒弟刘忠河、黄儒秀的徒弟金德义、崔兰田的徒弟张宝英和河南省豫剧三团的高洁、马琳、柳兰芳、王善朴、魏云、陈新理等十家流派剧团在郑州四家剧院同时演出八台好戏。评论界再次公开确认并大肆宣传各流派的艺术风格，常香玉、陈素真、崔兰田、马金凤、阎立品代表的五大旦角流派被新闻媒体大张旗鼓地宣传报道，于是豫剧五大名旦顺势而出，蔚然成风。崔兰田演出三场后，由于身体原因，让徒弟张宝英、郭惠兰上阵主演《桃花庵》，与另外九派的优秀剧目形成"擂台赛"。《河南日报》一连数日以显著的版面将张宝英、郭惠兰的名字与常香玉、陈素真、马金凤、阎立品等诸位前辈并列刊登在戏剧广告栏内，在当时新闻媒介尚不发达的条件下，

二、张宝英新崔派艺术的形成与发展

《桃花庵》剧照，张宝英饰窦氏、郭惠兰饰陈妙善（1980年摄）

报纸上火柴盒那么大的一块演出广告，已经相当令人刮目相看了。

在与会各代表团参加的经验交流大会上，张宝英应大会的安排，专题介绍了她继承与创新的体会《用心唱戏 学会搬家》："崔老师收我这个徒弟，不是单纯地向我传授技艺。而是首先从思想上，生活上严格要求我，教育我要做一个好演员，首先要做一个好人。要严格要求自己，不许胡来，生活上要艰苦朴素，不要和别人比吃比喝比穿戴，要比思想比学习比工作比艺术。

"在下面学习要虚心，要刻苦认真，但到台上演出则要大胆，要敢闯，才能得到锻炼和提高。'心里要有戏'，而不是光仰着脸，张着嘴傻唱，要唱出人物性格，唱出'情'。

"老师要求我要下功夫把吐字、换气、运气、掌握感情等演唱方法、技巧学到手，并根据自己的嗓子条件灵活运用，而不要单纯去追求完全像她。她经常结合排戏，教育我要学会'搬家'。因为有些戏是崔老师演过的戏，可以按照她的唱腔去模仿、学习。而有些戏是移植兄弟剧种的或新排的，特别是现代戏，这些戏的唱腔大多是音乐设计邢宝俊老师设计的，从崔老师演出的剧目中，很难找到现成的唱腔去套用。要把崔老师科学的演唱方法运用到这些唱腔中，这就要求要会'搬家'。

"从我学戏那一天起，十几年来，老师经常这样教育我：'工作上一定要好好干，这是党的事业，不是给哪个人干的，不能调皮捣蛋。'"

流派汇演之后，安阳剧团马不停蹄地再度进京演出。这次进京演出与以往几次进京有着很大的不同。没有像前几次来北京演出那样，都有中央或国务院的领导来看戏或接见演员。

每天来看戏捧场的大都是文艺界的老干部、老专家，有徐迈进、赵启扬、吴雪、马彦祥、赵寻、张庚、郭汉城、赵鼎新、张国础、谢添，罗瑞卿的夫人郝治平等，观众依然非常踊跃。对外宣传的海报上仍然是崔兰田挂帅、领衔主演，但在舞台上实际担纲主演的是张宝英、魏玉枝这样的一代青年演员。此时，电视转播已经在首都和省会城市普及，人们在家里看电视直播，已经成为一种文化娱乐生活方式。它以最大的辐射传播能量，迅速扩大了戏曲现场演出的覆盖范围和受众量。通过电视播出，张宝英主演的《陈三两爬堂》《桃花庵》《对花枪》《三哭殿》迅速走红，名声鹊起。

北京曲剧表演艺术家魏喜奎在《北京晚报》撰文评论："张宝英同志全面地继承了崔派艺术，在观众中有较深的影响。"北京昆曲剧院剧作家时殳在文章中评价："青年演员张宝英在崔兰田的长期指导下，已吸收了崔派的精华，成为令人瞩目的一位好演员。"

此时，安阳市豫剧一团对外宣传的海报，由主演：崔兰田、崔兰玉、崔少奎、王香芳、张宝英；改成了主演：张宝英、崔少奎。

《桃花庵》剧照，张宝英饰窦氏（1987年摄）

《桃花庵》剧照，张宝英饰窦氏（2018年摄）

二、张宝英新崔派艺术的形成与发展

千众屏息听柳娘

《卖苗郎》在省内外引起的轰动,标志着张宝英在继承、发展、创新的艺术道路上又迈上了一个新台阶。

《卖苗郎》又叫《背公公》《孝妇泪》。讲述的是柳迎春之夫周文选进京赶考,多年不归。太康县天旱绝收,婆母饿死,公爹重病,柳迎春忍痛卖子苗郎以奉养公爹周云太。老人不见孙儿,杖责迎春,迎春哭诉原委,周甚感动,从此,翁媳相依为命。期间,周文选得中,招赘相府。其新岳父温丞相明里差人赴太康报信,暗中命人截杀柳氏。柳氏背负公爹逃命,万般无奈之际,恰逢苗郎得官出巡,拦道喊冤。苗郎认亲,带二老回京,并请周文选过府。父、妻痛斥文选,苗郎代父求情,全家和睦团聚。

八十年代初,社会上许多剧团风行"拉班""组团""走穴"。安阳市豫剧一团也面临着艺术表演团体体制改革的严峻形势。改革的目的是为了消除繁荣发展艺术的障碍,为了艺术质量的提高,为了出人、出戏。此时,已经离开剧团到戏校工作的崔兰田与已经担任市文化局副局长的王士杰商量:抓紧抓好新剧目的排练就是重要的艺术改革。她准备把《卖苗郎》这出戏再拾起来,虽然她不能演了,让学生、让宝英搬到舞台上也算给后人又留下一出戏啊!

这出戏她在科班就经常演出,出科后作为看家戏演到哪里能让观众哭到哪里。这出戏也是她的师傅周海水与赵锡铭、师姐毛兰花、汤

《卖苗郎》剧照,张宝英饰柳迎春、崔少奎饰周云太(1983年摄)

兰香的代表剧目。剧中《摔碗》《背公公》《训子》三折最为精彩。周海水师傅在"摔碗"一折中表演的"气死功"绝技，声名远播。柳迎春纯朴、贤惠、善良的心灵和坚韧的性格，为了老人的存活、安危只身承担了难以胜任的重担，忍受了难以忍受的痛苦和折磨，是中华民族尊敬、赡养老人的典范，对今天的人们仍然有深刻的教育意义。只可惜此剧的个别情节内容较陈旧，甚至还有一些封建糟粕，距离今天观众的审美要求相差较远了。

王士杰当即表示："我亲自去郑州请杨兰春、王基笑来改编剧本、设计唱腔。"

于是，王基笑和梁思辉就住在了安阳市文化局赵振刚副局长的办公室里，跟崔兰田和剧团的音乐设计邢宝俊开始研究唱腔，商量方案。他们先认真地听了崔兰田原汁原味的唱腔，并且做了详细的记录：

《卖苗郎》排练现场，杨兰春给张宝英说戏

崔兰田、王基笑、张宝英研究《卖苗郎》唱腔

老公爹再莫要怒生嗔，
听儿媳劝一劝你的心。
大比年你的儿前去会进，
一去数载未回家门。
遭不幸咱这里年景衰，
老天爷大旱饿死黎民。
常言道是福不双降，
又道是祸不单临。
婆母娘饿死在草堂上，
病魔又缠你的身。

《卖苗郎》排练现场，崔兰田辅导张宝英演唱（1982年摄）

二、张宝英新崔派艺术的形成与发展

儿有心请名医与你调治，

真可叹儿手中无有分文。

王基笑、梁思辉、邢宝俊听完崔兰田一腔一板的豫西调唱腔，感觉悲剧韵味浓厚，光是听唱就能把人听得潸然泪下。他们一致认为，等杨兰春把剧本改好后，要重新设计音乐、唱腔，要特别注意保留崔兰田的韵味，还要注意具有时代气息，同时要适合张宝英演唱。

杨兰春从陕西赶到安阳来了。因为他与崔兰田的关系很铁、很哥们，张宝英就称呼他"杨大爷"。他经常说："崔兰田是豫剧十八兰，我是第十九兰。"杨大爷还是提着他走到哪里提到哪里的小竹篮，里边搁着干面条、酒精炉和油盐酱醋，这是他近几年随身携带的一件"宝贝"。因为他常常熬夜写剧本，深更半夜肚子咕咕叫了，他又不愿意惊动别人就自己动手煮点面条充饥。他还是老习惯，脱了布鞋盘腿坐在沙发上跟兰田谈剧本的改编构思，谈故事情节的变动，谈人物性格的发展逻辑。谈到激动处他抱着两肘蹲在沙发前，一声不吭地猛抽烟，一番深思熟虑后，他一拍脑袋转身就趴在桌前奋笔疾书。

原来剧中有些唱词很水，艺术性不强，人物单薄，故事松散：

他是我的亲生子，

我是他的老娘亲。

你是他的老祖父，

《卖苗郎》首演成功，杨兰春、王基笑与张宝英（饰柳迎春）、崔少奎（饰周云太）、李经中（饰周文选）、谢会章（饰苗郎）（1984年摄）

他是你的小孙孙。

一拃没有四指近，

我的公爹呀，

你没想想，

卖娇儿难道说我不疼心。

杨兰春对剧本进行了大胆、创造性的改编整理，场次结构，故事情节，人物矛盾，角色语言和唱词，经过重写后，带有强烈的杨氏语言风格，赋予剧本一种新的生命：

一碗泪换来了一碗饭，

为的是老公爹长寿百年。

先敬婆，我的老婆婆，

后敬爹。

苗郎不见哪，

柳迎春我苦熬苦等苦苦地支撑。

卖苗郎为的是救你性命，

换来了斗米斗面十两纹银。

和面好似割儿的肉，

烧柴好似抽儿的筋。

那苗郎本是我亲生养，

难道说你痛你爱儿就不亲！

《卖苗郎》剧照，张宝英饰柳迎春（1987年摄）

《卖苗郎》的唱腔音乐谱写出来后，王基笑与崔兰田一起一个音符、一小节一小节地教张宝英学唱腔。两位老师一再提醒她，演唱时音位该到胸腔部分时，不能把它提到嗓子上。不能轻飘，要有厚实的感觉。

"背公公"是《卖苗郎》中的精华情节之一，老一代演员像周海水与毛兰花，赵锡铭与汤兰香，曹子道与崔兰田都有精彩的表演。在排这场戏时，杨兰春提出了他的独到见解："柳迎春此时是饥饿难忍，体力不支，后面又有强人追杀，逃命都来不及，哪有理由再背上公公故作'猎奇'地表演呢？"于是，他要求扮演公爹的崔少奎往柳迎春身后一站，两手扶住儿媳双肩，柳迎春双臂大幅度往后一挽，一个正面亮相，然后踉跄地挪动脚步，男女声伴唱："一步迈不出半砖地，两步迈不出一块砖；盘古至今从头论，当儿媳背公公今古奇观。"徐徐下场。这样的舞台处理，崔兰田认为符合剧情要求，也适合张宝英与崔少奎表演。

《卖苗郎》排出来后，在安阳、开封、洛阳、新乡、焦作等地巡回演出，观众反响很强烈，都认为这是讴歌中华民族传统美德的一出好戏。戏迷们评价说："唱腔有新意，既有崔兰田的味儿，又有张宝英的特色。"也有观众说："改的太多了，步子迈的太大了，都不像崔兰田的戏了。"

崔兰田面对沸沸扬扬的议论，要求戏校的学生不能走样地照杨兰春排戏的路子去演，照王基笑设计的唱腔一个音符不变的去唱。她对张宝英说："我觉得这出戏改的很成功！就是我现在演这出戏，也不可能按照原来的老腔老调老词去演了，我也要改革，要创新！想当年，陈素真大姐怀着身孕给我写下了《三上轿》的剧本，我就没有按照她原来的祥符调去唱，反而把它改成了豫西调，结果这出戏不仅是陈大姐的留客戏，也成了我的代表戏。所以说，演戏也要跟上时代。"

1984年10月，参加全国现代戏年会的代表在郑州陇海剧院观看《卖苗郎》。张宝英觉得这么多名家来看演出，为了郑重起见，就在自己扮演的柳迎春头上戴了几颗宝石花。专程赶到郑州的崔兰田坐在侧幕旁为徒弟"把场"，她看到即将上场的张宝英头上戴的宝石花，就幽默地说："你这个柳迎春快成了'万元户'了，家里还有宝石花戴。"张宝英明白这是老师在提醒她：服装、头饰要符合人物身份和性格，"宁穿破，不穿错"。她马上摘掉了头上的装饰。

当中国艺术研究院副院长郭汉城、中国艺术研究院戏曲研究所所长何为、中国评剧院院长胡沙、中国歌舞剧院院长晏甬、上海沪剧院院长丁是娥、山东吕剧院院长郎咸芬在杨兰春、王基笑的陪同下走上舞台祝贺演出成功时，崔兰田对大家说："这出戏能够受到大家的喜爱，首先归功于帮助我们排戏的杨兰春、王基笑、梁思辉三位专家。"杨兰春紧接着对大家说："我们和她一样，

《卖苗郎》剧照，张宝英饰柳迎春、杨少龙饰周云太（1987年摄）

《卖苗郎》剧照，张宝英饰柳迎春（2018年摄）

都是来当人梯的，好让她的学生踩着我们这些人梯攀登上去。"

《卖苗郎》在河南、河北、山东、山西、陕西、安徽、深圳、北京等地演出后，风靡一时，被各地、市戏校视为青衣戏的教学典范，许多戏迷也把剧中的核心唱段当做学习张宝英唱腔的样板。更有许多张宝英的弟子把是否主演过《卖苗郎》视为衡量弟子是否合格的标准。

著名戏剧家朱丹楠观看《卖苗郎》后赋诗赞道：

崔派豫剧放异香，

悲歌一曲《卖苗郎》。

情真意切声韵好，

千众屏息听柳娘。

中国戏曲音乐学会的专家们评价说："张宝英在《卖苗郎》中的演唱有新意又不落俗套，即是纯豫剧，又有新的生发，从中能给人以感染和启迪。""她发挥了我们民族戏曲的乡土特色，有中国气派"。

《北京日报》发表文章评价道："张宝英通过她创造性的艺术实践，推动了豫剧声腔艺术的发展。"

继往开来　独树一帜

1978年12月，中国共产党召开了十一届三中全会，实现了中华人民共和国成立以来我们党历史上具有深远意义的伟大转折，进入改革开放和社会主义现代化建设的历史新时期，党的工作重心从阶级斗争转移到经济建设上来。伴随着经济体制改革，政治、文化和社会事业改革也不断向前推进。在经济、文化、社会改革的大背景下，艺术表演团体的体制改革也在如火如荼地进行着。1983年元旦，时任文化部部长的朱穆之提出："农业改革的基本精神与原则一般也适用于文化艺术事业，就是要实行责任制，联产承包。"

1984年10月，党的十二届三中全会召开，会议决议《中共中央关于经济体制改革的决定》的发表，确立了建设有计划商品经济的改革目

张宝英便照（1985年摄）

标，这是中国社会历史发展进程中一次里程碑式的转折。改革重点从农村转向城市，涉及到各行各业。艺术表演团体的进一步改革就是在商品经济的背景下进行的。

1985年4月，中共中央办公厅、国务院办公厅转发文化部《关于艺术表演团体的改革意见》，明确指出：艺术表演团体存在五个方面急需改革的问题：布局不够合理；人浮于事，机构臃肿；领导体制和管理体制不适应艺术生产的需要；分配上的平均主义、大锅饭；鼓励、推动艺术创作、评论、研究的制度、措施不得力、不健全。因此，在宏观方面，改革的目标是调整艺术表演团体的布局和品种结构，改革不根据群众需要和实际情况，按行政区层层设立政府主办的艺术表演团体的状况；在微观方面，则是要增强艺术表演团体自身的生机与活力。

这个文件为全国艺术表演团体的改革提供了一个蓝图，在"双轨制"的指导下，社会主办的民营剧团如雨后春笋，倒逼着国营艺术表演团体体制改革势在必行。运行数十年举步维艰的国营表演艺术团体，在改革的浪潮中，纷纷扬起了"承包经营"的风帆，弄潮渡海，

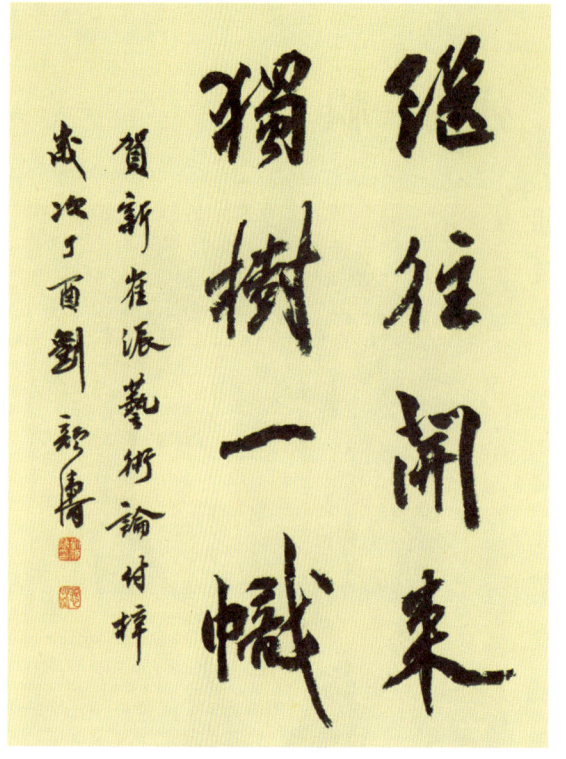

以显身手。经安阳市委宣传部批准：崔少奎任团长承包经营安阳市豫剧一团；张宝英任团长承包经营新组建的安阳市豫剧团。每团每年必须完成12万元演出收入，自主经营，自负盈亏。要出人出戏。

自此，被业内称为"崔家班"的安阳市豫剧一团历经35年的艰苦创业，在崔兰田离开剧团五年后，在"承包经营"的社会大潮冲击下，分离成两班。一班是崔兰田的胞弟崔少奎领导的安阳市豫剧一团；一班是崔兰田的徒弟张宝英领导的安阳市豫剧团。他们都继承了崔兰田的衣钵，高举着崔派艺术的大旗，决心要继承和弘扬崔派艺术。

"要做难，办剧团。"只有办过剧团的人，才能体味其中的酸甜苦辣。才能熟识舞台小天地，天地大舞台中的生旦净丑，狮子老虎狗。

新成立的安阳市豫剧团是由原安阳市豫剧一团和二团的演职员自由选择，自主结合组建起来的。家底单薄，设备陈旧，灯光匮乏，服装破烂不堪。连一间办公室都没有，更别提排练厅了。剧团全体集合开会，无论冬夏，只能站在院子里。公章印鉴、演出证书、各种账表都在会计的黑提兜里，走到哪里提溜到哪里。尽管困难重重，创业艰难，好在他们有一个坚强、团结、内行的领导班子。人心齐，泰山移。

副团长毕定良，原是安阳纱厂小学校长，21岁调到安阳市豫剧团任秘书兼团支部书记。笔杆子，写得一手好字，能写善画。有文化，有修养，懂业务，工作能力强，兢兢业业，任劳任怨。一直是崔兰田、王士杰的得力助手，有关崔兰田、张宝英的评论文章、宣传报道，剧团演出放映的唱词字幕大都出自其手。具有丰富的剧团管理经验。

邢宝俊，18岁任安阳市豫剧团学生队音乐教师兼学生队管理员。率先在安阳市豫剧团乐队统一实行按曲谱演奏，解决了剧团乐队自古以来形成的不识谱"十字路口等齐"的演奏陋习，教会了老一代演奏员识谱、用谱，为剧团乐队的改革与进步付出了心血。对崔派音乐唱腔烂熟于心，记录整理了很多崔兰田的唱腔音乐曲谱。20多岁就创作了豫剧现代戏《洪湖赤卫队》和豫剧《红楼梦》的唱腔音乐。是一位内行的副团长、党支部副书记。

副团长刘自政、导演荣祖民、音乐设计邋同海、舞美设计孔德龙、业务外交焦连、司鼓王治孝、琴师李双印,老演员魏玉枝、李泽云、李凤英、朱宝英、孙学斌、张晓霞等支撑起了舞台上的四梁八柱。王秀梅、李平生、索文彬、张建平、梁建国等一批青年演员都是张宝英在1970年招收到文工团豫剧队的学生,还有省戏校毕业分配来的王学峰、常芙英;从师承关系到业务能力,他们都是剧团的中坚力量。加上兰田老师培养出来的一批戏校毕业生:徐艳琴、王桂琴、魏小远、原娜、柯保民、杨思斌、周小红、张英妹、王艳艳,等等。

为招揽人才,她们千方百计,竭尽所能,设身处地的为演职员着想,不拘一格要留住人才。女黑头演员崔云娣、须生演员杨少龙、青年司鼓张晓东都是"特招"进来的业务骨干。从农转非户口、人员编制到艺术职称、生活住房,一件件手续、一桩桩指标,都是张宝英亲自找市委书记、找市长"跑"来的。有位青年演员,个人条件很好,在剧团也是一位顶梁的演员,由于受人蛊惑,加之农转非户口长期解决不了,这位演员眼看着就要被别人"挖"走了。当时剧团正在外地演出,剧团领导苦口婆心地再三劝导,无济于事。张宝英亲自与他谈话,让他暂等三天。当晚剧团领导班子连夜开会研究剧团出现的此类问题,会议一直开到第二天清晨,大家一致认为这是"船到江心要买路钱",可是不给又过不去,而且有连锁反应。张宝英意识到"人才是关键",于是,马不停蹄地赶回安阳找到有关领导,说明缘由,请求尽快解决燃眉之急。市有关领导为张宝英急公好义的热情所感动,大笔一挥:"特殊人才,特事特办。"第三天,就把户口手续交到了这个演员的手里,而且亲自出面介绍他拜名家学艺,又为他连升三级工资。就这样,一颗好苗苗才得以在剧团成长到今天。

剧团成立后,年轻人居多,大家对剧团多年形成的优良传统,演出规矩,熟视无睹。男孩子的头发比女同志还长。化妆、穿箱吊儿郎当,甚至在舞台上演出不认真,敷衍了事。看到这种状况,张宝英就会劈头盖脸的数落一番。她说:"过去剧团穿衣、吃饭、化妆、演出都有一套规矩。就说在后台休息,苍头坐头盔箱,丑角坐把子箱,旦角坐大衣箱,生与红脸行坐二衣箱。谁该坐哪儿就坐那儿,是有规矩的,不是你想咋坐就咋坐的。吃饭也是有讲究的,要先请长辈和主要演员,然后是一般演员,最后是学徒的。如果你不懂规矩,抢在前头去盛饭,伙房师傅不但不给,反而会奚落你:'妇女送殡后边去。'演员化好妆后穿箱卸箱,也有规矩,必须先按照顺序戴网子,系水纱,穿彩裤,靴鞋、水衣、胖袄、系大领,然后穿箭衣、道袍,系大带或丝绦,戴头盔、穿莽靠或帔,最后拿道具上场。卸妆时也必须按照固有顺序,砌末道具放回原处,不得乱放。就连洗脸也有规矩:一场面,二箱管,三生四旦五花脸。现在虽然不那么讲究了,但有些规矩必须遵守:上台一定要做到'三白''五不准'。领口白,水袖白,靴底白;不准留长头发长鬓角,不准穿箱在后台随便躺卧,不准雨雪天穿彩鞋下舞台,不准演出前喝酒,不准在后台骂街。严格的建章立制,按规矩

安阳市豫剧团赴山东聊城演出时合影：（从左至右）遽同海、李双印、孔德龙、毕定良、焦连、聊城经理、王晓录、聊城局长、杨奇、张宝英、王学峰、张晓霞、贾宝同、朱宝英、邢宝俊、聊城文化局同志（1985年摄于山东聊城）

办事，使大家养成了良好的工作作风和舞台台风。大幕拉开，看一眼舞台上悬挂的纱幕、布景、桌搭、椅披和舞台上的龙套把子、丫鬟宫女的服装扮相，观众就能把这个团的艺术水平和工作作风窥一斑而知全貌。"

张宝英承包安阳市豫剧团后，从正月初三带团出发，第一站就是林县县城的人民剧院，然后经河北邯郸、河南濮阳，在初春的时节来到了内黄县张龙乡范羊村，这是一个只有1000多人的小村，50年来村里没有搭台唱过戏。改革开放后，村里的日子比以前好过了，他们专门派人找到安阳市豫剧团，执意要请张宝英来村里唱几天戏。安阳市豫剧团的到来，轰动了这个"被戏曲遗忘的角落"。老乡们像迎接亲人一样地接待剧团的演职员，他们将准备娶媳妇的新房让给演员们住，还专门为演职员们请来了厨师。全村家家户户像过年一样住满了从四邻八乡赶来看戏的亲戚、朋友。每天数以万计的观众潮涌在范羊村头的露天舞台前。老乡们高兴地说："张宝英来俺村唱戏，俺村里比过年还热闹哩！"

当时，河南许多剧团在实行经济承包，为了增加演出收入，多分得一点报酬，争相出高价聘请名演员。也有许多熟悉或不熟悉的人来邀约张宝英去"走穴"，即使不演出，挂个名也行。张宝英都婉言谢绝了，她一心一意地带领着安阳市豫剧团在埋头排演新编古装

二、张宝英新崔派艺术的形成与发展

戏《秦香莲后传》。

《秦香莲后传》由侯淑琴、付玉生、高连山编剧,李栓银导演。剧本沿着《秦香莲》的故事线索和人物纠葛,编织了秦香莲和皇姑两家18年后重又相遇、儿女联姻、化仇为亲的故事。体现出"冤家宜解不宜结"的主题思想,抓住两代人尽释前嫌的社会命题,倡导团结一致向前看,顺应了当时社会主流的心理要求。编导者对观众的民族心理特征的把握,使剧作获得了"以传奇之笔写动情之戏"的艺术感染力。

张宝英在谈到《秦香莲后传》的创作体会时说:"把握人物内心情感的尺码,力争做到不温不火,这是我在表演《秦香莲后传》中所追求的一点。如当秦香莲听到中了武状元的陈小将就是自己的儿子时,我就没有过分地去表现秦香莲的惊讶。我的理解是这样的:秦香莲是在得知儿子得胜回朝,不见还乡的情况下,才进京寻子的。当她听了儿子中了武状元的消息,明白了儿子羁留京城的原因,悬挂的心才算落了下来,这时的表情应该是欣慰的。当她进一步听到'非但中了武状元,还在沐池宫招了郡马',这才猛地一惊,眼前一阵黑暗,立即昏了过去。沐池宫招亲,在她的一生中是最痛苦的一件事。多少年来她不愿想,也不敢想的事情又发生了。这极大地刺痛了秦香莲的心。当她从昏厥中醒过来,才感觉到痛苦、伤心、失望。我在表演这一段感情变化时,就是从欣慰——猛一惊——心里很沉痛地喊出:'做了官的人,心都是要变的!'然后一把拉住冬妹,颤抖着转而回家,但两腿又像灌了铅一样走不动。

"塑造一个新形象,不仅在造型、表演上要区别于其他人物形象,在唱腔上,也应该是'这一个',不能千篇一律、千人一腔。我遵循以情带声,以声传情的原则,根据人物所处的环境和当时心情,运用如泣如诉,似说似唱,轻声、小声、切齿等唱法,并在王基笑、邢宝俊等老师的帮助下,较多地采用独具崔派特色的'散板',发挥了欲扬先抑,欲抑先扬的唱腔特点。在第三场《哭庙》中我用轻声唱:'昔日你为救俺母子性命,拔钢刀刎自身血染刀

《秦香莲后传》剧照,张宝英饰秦香莲(1986年摄)

河南省第一届戏剧大赛开幕式上,常香玉、晏甬鼓励张宝英及安阳市豫剧团全体演职员
(1985年摄于郑州)

红。'并带有回忆性地抑制住感情唱:'包青天铡皇亲主持公正。'然后把感情放出来扬声唱道:'贤义士万民敬,千古留名。'在唱的过程中,结合身体360度的旋转和大幅度的舞动水袖,很强烈地表达出秦香莲对包公的崇敬,对韩琪的怀念。当唱到'狠心贼陈世美得了报应'时,用小声似说似唱地咬住牙,从牙缝中挤出'狠心贼'三个字,到'得了报应'四个字更加重语气,以表达秦香莲对负心人的愤恨。在'秦香莲我看清负心人最狠,秦香莲我看清帝王家最凶'二句的演唱中,我也采用了这样的方法。这几句的唱法,在《包青天》中是没有的。"(《河南戏剧》1986年第二期)

"《包青天》中的秦香莲刚强不屈,到《后传》中,这个性格不能变。秦香莲心地善良,18年后,柔中有刚,更加成熟,抓住这一点,努力展现秦香莲丰富的思想感情,在人情味上把戏做足。唱腔方面,既要保持崔派的韵味,又要发挥自己的特点,同时,要适应时代和观众的审美需求,揉进新的元素。外在形体动作上,此时秦香莲已经50多岁,基本上用青衣的身段,再吸收一些老旦的技巧。"(1985年11月23日《河南日报》)

河南省第一届戏剧大赛评论组对安阳市豫剧团的演出评论道:"饰演秦香莲的张宝英

同志唱腔优美、表演细腻，刻划人物不温不火恰到好处；常芙英同志饰演的郡主紫云也给观众留下了深刻印象。本剧的舞美采用了传统的象征表现手法，每场景都有其含义。如荷花、龙凤、祥云、劲竹、韩琪腰刀等，都较好地服务了剧种的人物和剧情。"

《郑州晚报》发表评论文章《真切细腻感人》称张宝英："为了更好地刻划秦香莲的性格，吸收了话剧、电影的一些表演手法，取得了强烈的戏剧效果。

"在第三场《哭庙》里，秦香莲跪对韩琪画像回忆起18年前，韩琪仗义救她母子逃身时的情景，脸上充满了凄婉、悲愤的神情，她唱到：'昔日你为救俺母子性命，拔钢刀刎自身血染刀红。'当'血染刀红'四个字刚刚振动观众的耳鼓，只见张宝英两眸散射着激情，将水袖向前轻轻一甩，刹那间，方尺绢绸向义士韩琪的灵牌缓缓落下，细腻、真切的表演，犹如电影的慢镜头，极其准确、生动、自然地表达了秦香莲对陈世美的愤恨；对恩公韩琪的感激和怀念。

"张宝英在塑造秦香莲这一艺术形象时，不是只抓住一个概念，根据台词的表面意义去寻找自己的动作和表情，而是注重在一招一式中体现人物的内心感情，在刻画人物中显示自己技巧上的特点。如《认婆》中，紫云郡主哭求婆婆：'婆母苦就是儿媳苦，婆母冤就是儿媳冤；皇家可断婚难断，我情愿随英哥离宫院，伴婆母回家园，去到均州种庄田，我的婆母啊！你可容俺？'秦香莲深为郡主与英哥在疆场上建立的纯真爱情所感动，她强按下心中积蓄了18年的怨恨，举起右手，使水袖在空中萦绕数圈，俯转身将长长的水袖飘搭在跪在身边的儿子身上，又伸出左手扶起跪在右边的紫云，然后悲喜交加扶住他俩的肩膀。在这里并没有用复杂的大程式动作，就形象地表现了秦香莲不愿把老一辈的宿怨再加在下一代的身上这种复杂的感情变化；也将秦香莲刚强不屈、温婉、善良而又通情达理的性格特征栩栩如生地刻画出来了。"（1985年11月30日《郑州晚报》）

"豫剧以唱为主，崔派以哭见长。由《杀庙》生发而来的《哭庙》是《秦香莲后传》的神来之笔。哭什么要看作者的功夫，怎么哭要看演员的功夫。二三十句大抒情的核心唱段：'义士的救命恩海深山重，恨自己却又是教子不成。小奴才违母命仇欢亲痛，怎对起韩义士在天之灵。拜义士千万拜难赎香莲罪，哭军爷千万声有负恩人情。'作者写出了动人肺腑的好戏，张宝英在这里充分运用了崔兰田低徊婉转，幽邃轻歌的演唱艺术，又加上跳跃顿挫的旋律节奏，把一个大唱段，起伏跌宕地一气呵成，紧扣观众心弦。这是对崔派艺术的发展，也是对豫剧唱腔的创新。"（1987年7月31日《光明日报》）

张宝英主演的新编古装戏《秦香莲后传》在河南省第一届戏剧大赛中获得演员一等奖。这是张宝英自挑班成团后第一次率团参加省一级戏剧大赛，第一次获奖。也正是通过这出戏的创作、演出，使她在创新崔派艺术的道路上，迈出了坚实的一步，跨上了一个新的台阶。

《秦香莲后传》这出戏也是第一届河南省戏剧大赛流传下来的为数不多的代表剧目之一。

1986年11月,出席中南五省区戏剧创作座谈会的代表在洛阳观看张宝英主演的豫剧崔派代表剧目《桃花庵》后,中国戏剧家协会副主席胡可、书记处书记陈刚为她题词:"继往开来,独树一帜。"

在回顾两年来的带团体会时,张宝英说:"我们团自1985年实行承包以来,中专以上学历的演职员占全团人数三分之一以上,基本上达到了年轻化、知识化。但是,也出现了一些薄弱环节,如青年演员基础较差、舞台经验少。因此,我们于参加省第一届戏剧大赛之后,在培养青年演员的艺术素质方面,采取了'台下传帮,台上带''普遍加小灶,重点压担子'的措施,使全团青年演员的技术水平和艺术素质有了明显的提高。1986年下半年,

《秦香莲后传》剧照,张宝英饰秦香莲、朱保英饰韩母、周小红饰冬妹、杨思斌饰韩丰
(1985年摄于郑州)

连续6个月,四进洛阳市。几乎是每场演出结束后,观众都不离席位,强烈要求'再唱一段'。青年演员良好的艺术素质,受到了观众的好评。演出情况喜人,经济收入可观,超额完成了全年预定的各项指标。新年伊始,豪情满怀。我们本着'出人出戏'的目的,准备一手抓青年演员的培养,一手抓新剧目的创作。争取在新的一年里,拿出一台质量较高的新戏,

使一批青年演员脱颖而出。"（1987年1月25日《文艺百家报》）

掌舵安阳市豫剧团的10年间，戏曲演出市场环境虽然票价低廉，竞争激烈，举步艰难，但整体环境还算健康有序，表演艺术团体虽然疲于奔命，还可以勉强维持糊口，一年演出场次达三四百场。10年间，他们演遍了与河南交界的河北邯郸、邢台、石家庄地区，山东菏泽、聊城地区，安徽蚌埠、阜阳地区，陕西西安、宝鸡，山西太原、榆次、长治、平遥等地，演遍了河南省18个地市以及所有的县区，硬是凭着一场一场的日积月累，他们提高了演出水平，锻炼出一批青年演员，磨练出一支过硬的队伍。从剧团管理、艺术发展到角色安排、演出路线；从青年恋爱、结婚生子到穿衣吃饭、盖楼分房；事无巨细，张宝英都亲力亲为，承担在肩。繁重的演出任务，纷扰的行政事务，使她的艺术飞速发展的同时，管理才能、工作魄力、性格脾气，也都经受了锻炼。

谈到当团长的感受，张宝英深有体会地说："全省有200多个戏曲剧团，这些剧团至今还活跃在中州大地是非常不容易的。目前，他们又面临着挑战，随着社会的进步，工业和现代科技的飞速发展，影视艺术的蓬勃兴起，已经打破了戏曲剧团以往一统天下的格局。观众由一边倒到分散到各种艺术门类品种中，戏曲剧团出现了罕见的冷落。无论是承包团、个人团，还是国营剧团，因多种因素造成的不景气，及剧团内部复杂的矛盾的产生和加剧，出现了戏难演，财难理，事难办，人难管的现象。面对这种严峻的形势，如何带领剧团走出夹缝，摆脱困难，是摆在剧团领导者面前的一个十分尖锐的课题。"

她认为：一个剧团首先应该有一个好领导班子，这个班子的成员必须是精通业务，懂政策，有丰富的知识，是人才中的通才，专家中的杂家，这样，才能承担起带团的重任。同时，作为剧团团长还应该具备以下五种精神：

一、具有开拓创新的进取精神。没有开拓创新的进取精神，就带不好剧团，更不能成为优秀的剧团经营管理者。随着文化市场中各个剧团的竞争和观众欣赏水平的不断变化，艺术生产水平应该不断进步，在继承传统的基础上，开拓创新，创造适合观众欣赏标准的新剧目是每一位剧团负责人的重中之重。

二、具有不畏矛盾，敢迎着矛盾上的精神。现在的社会是竞争的社会，即然竞争就必然会出现各种矛盾，作为剧团领导者，要想领导好剧团，就要有文化经营者的胆略，不畏竞争的矛盾，敢于迎着矛盾上。首先要弄清楚矛盾产生的根源，找到解决消除矛盾的方式方法，达到增强凝聚力、以便更好地携手前进、共同进步的目的。矛盾有时也常常是力量的源泉。

三、具有引导演职员善于捕捉机遇，勤于奋发图强的精神。在面临各种困难的情况下，有时候困难也蕴藏着机遇。如何化险为夷，克难制胜，对演员来说，关键在于克服困难，捕捉机遇。任何一个演职员都会遇到好的机遇，但是不是所有的人都能认识机遇，利用机遇，

这就要看你平时有没有准备，有没有抓住机遇的能力。很多条件很好的演员，几年，有的是十几年，一直跳不出来，很大一部分原因就是平时不努力，怕苦怕困难，在贪图安逸的同时，与机遇擦肩而过。纵观在事业上有成就的演员，无不是善于捕捉机遇，勤于发愤图强的能手。

四、驾驭好人的舵轮。当剧团团长，必须善于协调和驾驭内部复杂的人际关系，挖掘人的全部潜能，给每个人有施展个人才能的机会和空间。这是许多剧团没有解决好的问题。剧团团长不仅要具有善于开拓经营的头脑和气魄，还需具备善于启迪和调动演职员智能的良好素质，把人"搞活"才能给剧团带来无穷的活力。在严格管理的基础上，运用必要的经济手段，能使演职员真正感到自己与剧团利益相关，命运相连。一个好的剧团领导班子必须团结一致，齐心合力。只有领导班子成员自身一身正气，才能带出一支过硬的剧团。以正治邪，则正气盛，团风正，人心齐，力量大。

五、具有强烈的事业心和对社会的献身精神。一个剧团团长，首先应该摆正奉献与索取的天平。如果一个团领导没有奉献精神，孜孜于个人的名利的追逐，以权谋私，那么，不仅足以毁掉自己，而且将毁掉一个剧团。现在人们越来越多地认识到：人才的浪费是最大的浪费。所以一个好的剧团，要有一个甚至几个志同道合，事业心强，热爱剧团，甘于献身的领导者，这样才能承担起改革、振兴戏曲艺术的重担。决不允许任何单位和个人凭借职权，违背政策和法律来干扰人才的成长，更不允许任何人利用职权垄断和压制人才，谋取私利。（1989年第四期《地方戏艺术》）

1987年，四省十四市豫剧中青年演员广播大选赛在郑州举行。根据听众投票，张宝英以最高票数5.6万张选票赢得本届大赛第一名。演员成名与否，能否称得起名家，其中有一个因素就是要看她是否拥有一批戏迷。戏迷者，不只看一个人的戏，他们熟识百家，他能迷上你，你就必须得有磁石一般的魅力。在四省十四市豫剧中青年演员广播大选赛中，张宝英硬是凭一张张选票，在观众中的知名度与影响力直线上升，5.6万张选票说明，她已经拥有了一批迷她的戏的观众群。这些人从口称"看崔兰田的戏"发展到"看张宝英的戏"，实质上是一种审美意象的转换。同时，它也证明，张宝英的艺术已经形成了自己的风格，发展到一个新的阶段。在广大观众的心目中，在戏曲界同行的共识中，人们公认她接过了崔派艺术的大旗，是崔派艺术的优秀传人。她以自己的艺术实践和美学品质向世人证明了，她是继崔兰田之后豫剧界又一位深受大众喜爱的"著名演员"，在1988年全国豫剧中青年演员电视大奖赛中荣获最佳演员奖。

二、张宝英新崔派艺术的形成与发展

声情激荡　炉火纯青

中国戏剧梅花奖，是我国戏剧表演艺术最高奖，始创于1983年，每年一评，由中国戏剧家协会主办，是中国戏剧界优秀中青年演员的追求与向往。当时，经历了十年浩劫的中国戏剧舞台萧条沉寂，演员青黄不接。为了使戏剧表演艺术重新焕发青春，中国戏剧家协会《戏剧报》（即《中国戏剧》前身）以"梅花香自苦寒来"为寓意，设立了我国第一个以表彰和奖励优秀戏剧表演人才、繁荣和发展社会主义戏剧事业为宗旨的戏剧大奖——梅花奖，首届推出了包括刘长瑜、李维康、李雪健等人在内的15朵鲜艳的"梅花"，在全国产生了很大的影响。

1987年5月28日，张宝英怀揣着争取"梅花奖"的梦想，率团来到北京，在吉祥戏院演出"打炮戏"《卖苗郎》。这是她第一次自己担纲率团在北京演出。中纪委副书记赵毅敏，文化部副部长高占祥，中国艺术研究院副院长、著名戏剧评论家张庚、郭汉城，中国戏剧家协会副主席胡可、徐晓钟，中国剧协书记处书记张颖、陈刚、游默，中国音乐家协会副主席时乐蒙，中国作家协会书记处书记葛洛，中国戏曲音乐学会会长何为，原林业部副部长杨珏，原北京市文化局副局长张国础，首都文艺界知名人士马少波、姚雪垠、晏甬、舒强、李超、俞琳、田川、任平、吴祖光、刘乃崇、朱丹楠、李庆城、邓兴器、王育生、霍大寿、钟艺兵、范溶、李钦、李坚、安志强、刘吉典、关雅农、叶佩英、张胤德、李玉芙等观看演出。

越南老一代无产阶级革命家黄文欢在报纸

黄文欢观看《卖苗郎》后与杨兰春握手祝贺演出成功
左二为张宝英（1987年摄于北京）

-93-

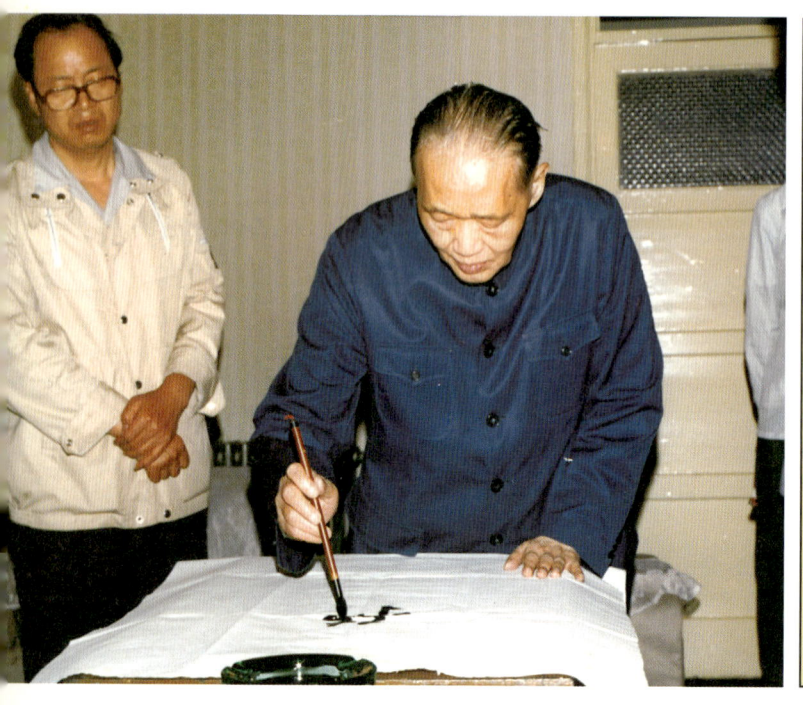
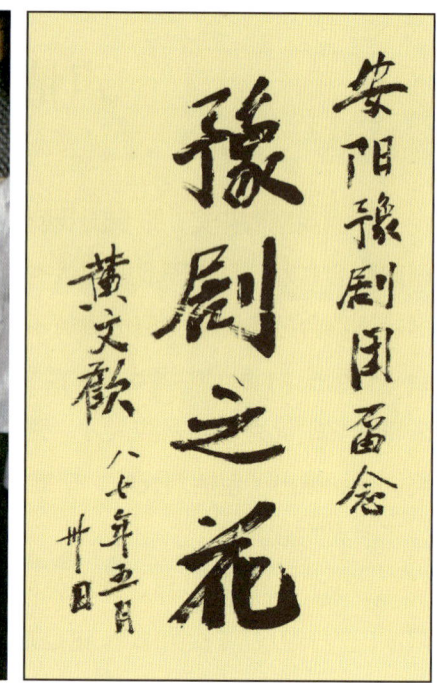

黄文欢为安阳市豫剧团题词：豫剧之花（1987年5月30日于北京吉祥戏院）

上看到演出的消息后，轻车简从就来看戏了。安阳市文化局副局长王士杰在剧场门口迎接黄老说："我们全体同志听说您来看戏，非常高兴。欢迎您看戏后多提意见。"黄老用越语对翻译说了几句，翻译马上用汉语告诉大家："黄老说，我喜欢看戏，但我是外行，说不出什么意见。"王士杰向黄文欢介绍中国戏剧家协会副主席、《卖苗郎》的编剧导演杨兰春和剧中女主角柳迎春的扮演者张宝英。黄老说："我以前看过小白玉霜的评剧。"张宝英告诉黄老："我们演的是豫剧，河南的地方戏。"黄老频频点头，表示听明白了。

剧中休息时，黄文欢兴致勃勃地对王士杰说："《卖苗郎》写得很好。我提个小小的意见，第三场中那个师爷，可以不要，让这个人物出场，倒减轻了温丞相的罪过。"

看完全剧，黄老非常兴奋，他来到舞台上与演员们握手、合影。高兴地用汉语说："你们演得很好，我看了很受感动，我相信，你们的演出一定会受到中国人民的欢迎。祝大家演出成功，谢谢大家。"从舞台上下来，他看到贵宾室已经铺好了笔墨纸砚，就走到桌前提笔写下了"豫剧之花，安阳市豫剧团留念"两行汉字。

这场演出开演不久，由于字幕是手写手动人工操作，播放字幕的同志高度紧张，小心过度，把字幕胶带弄断了。观众看不到字幕，座池内响起了倒掌。急得杨兰春火冒三丈，一跺脚冲出了剧场，甩下一句话："我不跟你们在北京丢人了，我回郑州了！"出了吉祥戏院的大门就找不到他的人影了。快结束时，他回到剧场，说："我一口气吃了仨冰棍，

二、张宝英新崔派艺术的形成与发展

才把火消下去。"

原国务院副总理、总参谋长罗瑞卿的夫人郝治平老人,是临漳县人,早年毕业于安阳省立十一中学。过去曾多次陪同周总理、罗总长观看过崔兰田的演出。青年们都称她为"郝妈妈"。在北京中和剧院观看《秦香莲后传》后,她一上台就拉住演员们的手,用浓重的安阳口音连声称赞:"演得太好了,把咱河南人的性格演出来了。"她关切地问大家:"来北京有什么困难没有?吃的好不好?有没有生病的?"张宝英代表大家回答了郝妈妈的问话并向她介绍了站在前面的几位青年演员,

郝治平观看《秦香莲后传》后祝贺张宝英及安阳市豫剧团进京演出成功(1987年摄于北京)

郝妈妈高兴地与青年演员们一一握手,她看到一位小演员站在最后边,就特意走上前去,亲切地与她握手。郝妈妈对扮演皇姑的青年演员王秀梅说:"你演得皇姑,叫人觉得可爱了。"

郝妈妈热情地对扮演包公的王金山说:"我去了河南的郑州、洛阳、开封。在开封相国寺看到了好多塑像,就是没有看到包公和秦香莲的塑像。正好,你们来北京,这回可看到活的包公和秦香莲了。"

中国戏剧家协会对于张宝英率团来北京演出,十分热情,高度重视,为张宝英举办了近两年来规格最高的艺术研究座谈会。与会专家称赞安阳市豫剧团是一个"真干、正干、走正路的剧团","是振兴戏曲的一支扛大旗的剧团"。一致认为张宝英是当今豫剧界难得的杰出人才。更为可喜的是,与张宝英同台演出的演员大多数都是20多岁的青年人。王秀梅、谢启顺、杨少龙、李平生、王桂琴等具有良好的素质,表现了优秀的才能。著名剧作家时弢激动地说:"张宝英的唱让人听得过瘾,那一段新二八板唱下来,简直把北京观众给'镇'了"。

在中国戏剧家协会的建议、支持下,安阳市豫剧团于6月8日晚在北京广和剧场,举办《张宝英折子戏专场演出》,演出了崔派名剧《桃花庵·盘姑》、陈素真亲授的《宇宙锋·装疯》和自创剧目《秦香莲后传·哭庙》。充分展示了张宝英精湛的舞台艺术。

国画大师齐白石说过:"学我者生,似我者死。"

张宝英很理解这句名言的哲理,因之,她在表演中决不单纯地模仿。她学习、继承名家的传统,吸收名家艺术的精髓,领悟神韵。她的秦香莲决不是崔兰田的艺术复制品,而

是张宝英独创的艺术精品。

她的表演是那么朴实、自然、贴切,毫无卖弄技巧、哗众取宠之势。但是这样并没有湮没了角色本身所具有的光彩。《卖苗郎》中的柳迎春,善良、温存、贤惠、孝顺,活脱出了一个挣扎驯服于封建樊笼中的弱女子形象。《秦香莲后传》中的秦香莲,却是一个敢与权贵抗衡斗争并具有端庄娴淑、安贫若素、节操自持、教子有方等品质的慈母形象。《英姬夫人》中所塑造的英姬,却是个雍容华贵、聪明少虑、爱国扶民、仗义舍亲的巾帼英雄。这三个妇女,都是悲剧人物形象,但是张宝英根据她们不同的身世、教养,分别体现出来他们在不同的境遇中不同的反应与态度,促使观众认可了这是柳迎春,那是秦香莲,再有一个是英姬,而不是千人一面的演员自己。

张宝英除了能以技补掘外,还能用眼睛来演戏。人们比喻眼睛是心灵的窗户,而张宝英的一双眼睛,却成了她演技的重要手段。你看那柳迎春

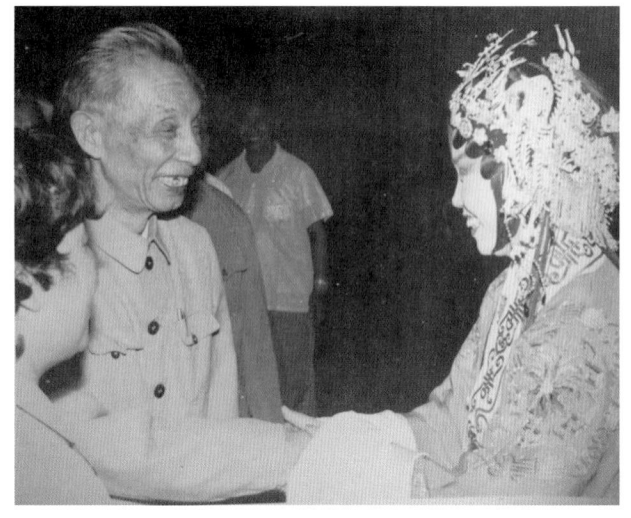

中国艺术研究院副院长郭汉城观看《卖苗郎》后祝贺张宝英晋京演出成功(1987年摄于北京)

著名作家姚雪垠观看《卖苗郎》后祝贺张宝英晋京演出成功(1987年摄于北京)

疲惫不堪、饥饿劳累,双眼无神,空洞地呆望;你看那秦香莲闯进沐池宫和公主相见时炯炯目光,清澈如镜,定睛一看,竟把一位显赫一世的公主慑服了;你看那英姬面对忘恩负义的皇兄,怒目圆睁,像两股喷射出的火焰,灼痛一群卑屑之徒。张宝英的眼睛里蕴藏着深邃的情感,她用眼睛来传导无声的语言,表达思想,丰富了她的表演艺术。(1987年第四期《戏剧评论》李坚《从三出戏看"这一个"演员——张宝英舞台艺术赏析》)

30多年来,宝英遵严师教导,博采众家之长,吸收了秦腔、曲剧等姐妹剧种以及歌剧的发声方法,形成自己独特的演唱风格,真假声运用自如;唱腔韵味浓郁,表演细腻含蓄,

二、张宝英新崔派艺术的形成与发展

声情并茂。"音高不炸,音低不压"。(1987年7月4日《光明日报》)

中国戏剧家协会主办的《戏剧报》发表评论:"她师承著名表演艺术家崔兰田,30多年来,她广采博取,融会贯通,在继承传统、开拓创新方面,展示出非凡的才能,形成了独特的风格。

"张宝英根据自己的声腔特点,在保持崔派艺术精华的基础上,大胆吸收姐妹剧种的营养,创造出的新腔既有崔派神韵,又有时代气息。因此,评论界说她的表演'广气',唱腔脱俗,艺术造诣很不一般。

"她师承崔兰田,但不单纯模仿老师。她突破传统模式,按照新的审美观念。自然地运用崔派艺术神韵和其他艺术样式的长处,展现出一种既与传统有联系,又超出传统的艺术美。张宝英十分欣赏这样一句名言:'在我奔跑的时候,我从不回头看我越过的跨栏和踢倒的跨栏,我的眼睛始终盯着前方。'"(1987年第8期《戏剧报》)

著名戏剧家马少波赋诗赞道:

一、观张宝英在京演出豫剧专场即兴

声情激荡溢纯青,
七载砺兵又北行。
代有俊英知奋进,
中原逐鹿夺秦城。

二、贺安阳市豫剧团进京演出

磨枪御圃汝亲经?
笑答彼时尚未生。
卅载前尘如昨日,
安阳又是一代兴。

三、赠崔兰田同志

花枪磨炼恰卅年,
戎马悲欢似眼前。
遥想山川培育苦,
玉英生色贺兰田。

6月12日,应中央顾问委员会办公厅、中直机关管理局邀请,张宝英在中南海警卫局礼堂汇报演出崔派名剧《桃花庵》。

中国音乐家协会副主席时乐濛观看《卖苗郎》后祝贺杨少龙、谢启顺晋京演出成功(1987年摄于北京)

安阳市委书记孟祥锡、市委常委、宣传部长吴克光专程赶到北京，在中南海警卫局礼堂贵宾室迎接前来观看的中顾委领导：王平、萧克、段君毅、黄镇、帅孟奇、孔源、杨献珍、李葆华、李雪峰、舒同、郭化若等。

演出期间，新华社、《光明日报》、《工人日报》、《北京日报》、《北京晚报》、《戏剧电影报》、《戏剧报》、《戏剧评论》、《中国青年报》、《河南日报》、《安阳广播电视报》、《安阳日报》等新闻媒体先后发表文章、报道，评论安阳市豫剧团在京演出盛况和张宝英的表演艺术。

新华社6月5日电讯稿称，安阳市豫剧团的演出"剧本好，演员好，台风好。"

中国唱片社、中央人民广播电台、北京人民广播电台、北京电视台分别为他们演出的《卖苗郎》《秦香莲后传》《英姬夫人》进行了录音录像。

北京之行，由于年龄原因，张宝英怀着极大的遗憾与"梅花奖"失之交臂。尽管戏剧界的专家们对张宝英的艺术水平赞赏有加，毋容置疑。但是，梅花奖对演员年龄有一个硬性规定，不能超过45岁。

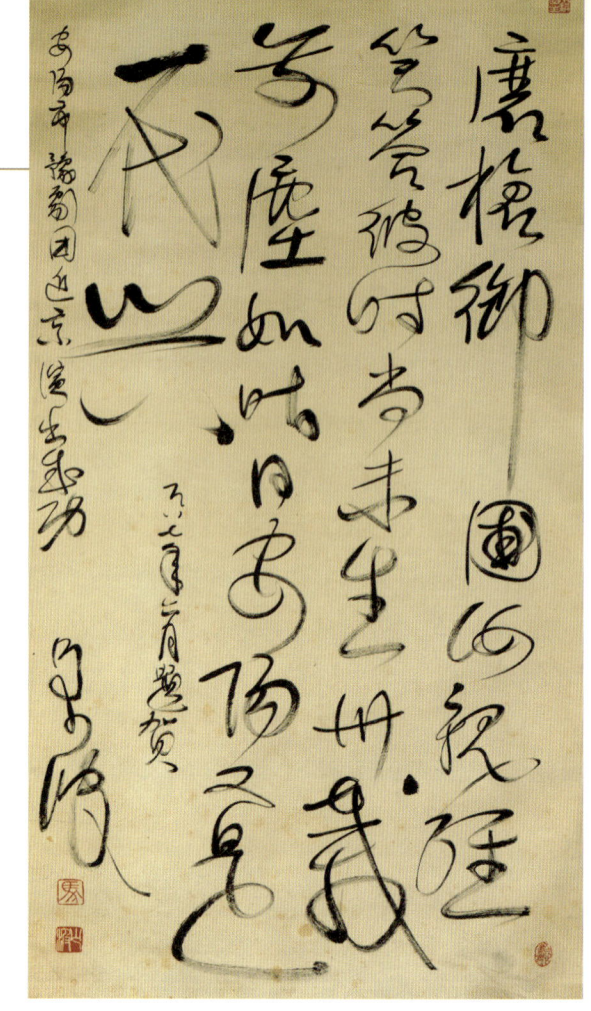

著名戏剧理论家马少波为张宝英赋诗（1987年摄于北京）

二、张宝英新崔派艺术的形成与发展

政协委员 参政议政

1988年3月8日《人民日报》第四版刊登了中国人民政治协商会议第七届全国委员会委员名单。作为新一届全国政协文艺界的委员代表，张宝英与文艺界的曹禺、俞振飞、张君秋、袁世海、李世济、舒强、陈伯华、姚雪垠、裴艳玲、新凤霞、陈裕德、魏明伦、谢晋、谢添、白扬、张瑞芳、潘虹、丁聪、马季、才旦卓玛、李谷一、张贤亮、胡松华、韩美林等驰名全国的艺术家一起坐在了金碧辉煌的北京人民大会堂，共同出席中国人民政治协商会议第七次全国委员会。

中国人民政治协商会议第七届全国委员会第一次会议于1988年3月24日～4月10日在北京举行。会议是在中共十三大召开后的新形势下召开的。出席会议的委员近2000人，列

七届全国政协会上，张宝英留影于北京香山饭店（1988年摄）

张宝英与王光美、袁世海合影（1988年摄）

席会议的有全国政协机关负责人、中共中央统战部负责人、国务院参事室参事、国家宗教局负责人、全国政协文史资料研究委员会专员等。中共中央、中央国家机关各部委负责人旁听了会议。会议主要议程是：选举政协第七届全国委员会主席、副主席、秘书长和常务委员，听取政协第六届全国委员会常务委员会工作报告；列席中华人民共和国第七届全国人民代表大会第一次会议，听取和讨论政府工作报告及其他报告。

张宝英与白杨、魏明伦合影（1988年摄）

张宝英与张瑞芳合影（1988年摄）

六届全国政协副主席钱学森在会上作了政协第六届全国委员会常务委员会工作报告。

会议选举了中国人民政治协商会议第七届全国委员会领导人。李先念当选为中国人民政治协商会议第七届全国委员会主席。

会议原则通过了全国政协七届一次会议政治决议。决议要求人民政协各级组织充分发挥自己的特点和优势，团结一切可以团结的力量，调动一切积极因素，同心同德，群策群力，维护与发展安定团结的政治局面，为推进中国的社会主义现代化建设事业作出不懈的努力。

会议原则通过了全国政协七届一次会议提案审查情况的报告。

在通过政治决议和提案审查情况报告时，10名委员对决议和报告提出了修改意见。

李先念在讲话中希望政协全体委员本着"肝胆相照、荣辱与共"的精神，同心同德，为搞好国家建设和治理整顿、深化改革，畅所欲言，积极地出主意、提建议，共同努力把我们国家的事情办好，把社会主义事业推向前进。

作为新当选的全国政协委员，张宝英关注文艺界的社会热点难点，认真撰写提案，表达自己的意见，参政议政。站在人民大会堂东大门的台阶上，她环顾天安门广场，北望雄伟的天安门城楼，心潮澎湃，眺目南望，中原沃土，黄河家乡，心中充满了无限的感慨。仿佛这湛蓝的天空,雄伟的广场就是她演戏的舞台,她要像鲲鹏展翅一样,乘长风,破万浪,抚遥九天。

每当政协委员聚集在香山饭店、京丰宾馆、北京饭店等这样五星级豪华场所分组讨论时,在这些电影明星、戏曲、曲艺名家、作家艺术家云集的场合,你会发现张宝英的与众不同,从衣着打扮到面貌肤色,她都带着来自"基层"的色彩,来自演出第一线的气息。前两天她还在安徽阜阳或者山西榆次、也许是河南某县的小镇上演出,几天之后她就出现在北京人民大会堂庄严的全国政协会议上。置身国家政治殿堂与中国文艺界顶尖级的精英朝夕相处,那种气场,那种艺

张宝英与马友仙、杜近芳、左大玢、陈裕德合影(1988年摄)

张宝英与张君秋、项堃、马崇仁合影(1988年摄)

术氛围,那种艺术气质的熏陶,是任何地方无可比拟的。张瑞芳的电影《南征北战》《母亲》《家》《李双双》《大河奔流》;白杨的电影《一江春水向东流》《十字街头》《八千里路云和月》《祝福》;潘虹的电影《苦恼人的笑》《杜十娘》《人到中年》《末代皇帝》《最后的贵族》;魏明伦的川剧新作《潘金莲》《易大胆》《四姑娘》;范曾那古朴、俊逸的中国画《泼墨钟馗》《简笔老子》《丽人行》;韩美林那致力于汲取中国古代岩画、两汉以前文化和民间艺术精髓,并体现为现代审美观念和国际通行语汇的艺术品;都成了她取之不尽的艺术营养。张君秋见到她以之固有的端庄,京腔京韵地说:"张宝英你这个名字我知道,河南唱秦香莲的。"袁世海用他那洪钟大吕的嗓音对张宝英说:"三十年前,你们在长安大剧院演出的《对花

-101-

枪》我看过，那个演程咬金的老先生开脸，上马下马，有特点。"在政协委员中，与张宝英最为熟悉的要数"河南怪星"著名的影视剧明星陈裕德。他见到张宝英就说："你唱的'三江水'非常好听。"张宝英叫他都是叫他在影视剧中的角

张宝英与陈裕德交流（1988年摄）

色绰号：《龙马精神》中"留根"、《咱们的牛百岁》中的"懒汉"、《黄河东流去》中的"四圈"。别看陈裕德已经在几十部电影、电视、话剧中扮演过那么多角色，而且每一个角色都给观众留下了深刻的印象，在生活中他特别平易近人，没有一点架子。他说："一部电影、一出戏，就像一台机器一样，既要有主件，也要有附件，既要有大的齿轮，也要有小的螺丝钉，它们相互配合，才能保证机器的正常运转。我就是这样的一个螺丝钉。而且，我深深感到要当好这样一个螺丝钉，是很不容易的。"所以，他在影视剧中扮演的都是小人物、小角色、龙套、配角，甚至连一句台词都没有。然而，他从没有轻视过他所扮演的任何一个配角，而且他都尽心尽力地把人物演出了"彩"。

在政协委员中与张宝英最为要好的是来自陕西的马蓝鱼和马友仙。马蓝鱼比她大四岁，马友仙比她小四岁。

张宝英与马友仙一见如故，两人都演过《游西湖》《洪湖赤卫队》《红灯记》，虽然剧种不同，唱腔各异，但在演唱方法上，异工同曲，都特别注重演唱技巧，有意识的运用科学的发声方法，把歌唱技法融入戏曲的演唱之中。马友仙是秦腔"马派"创始人。8岁考入咸阳大众剧团，学演小旦、兼演青衣。10岁时以一出《柜中缘》唱红了咸阳以及临近地区。1961年调入陕西省戏曲研究院秦腔剧团在著名戏剧艺术家马健翎、秦腔表演艺术家李正敏；著名导演史雷等专业教师的亲切指点和培育下，经过长期的磨练和舞台实践，逐渐成长为誉满西北、蜚声中外的秦腔表演艺术家。她所塑造的人物性格鲜明、形象迥异、活灵活现、栩栩如生。她的韵白发音位置准确，吐字清晰圆润，旋律优美，节奏感强，抑、扬、顿、挫、快、

慢、轻、重,掌握得恰倒好处,很具特色,真正做到了字正腔圆,韵味十足,以声带情,声情并茂。马友仙在舞台表演上,非常注重程式的运用,而又不拘泥于既定的程式手法,把戏曲表演的程式创造性的融进人物情感之中,特别注意细节和人物内心活动刻画。她以独特的艺术感染力和独到的艺术功力,征服了西北地区广大的秦腔爱好者,观众称她是"秦腔百灵鸟"。马友仙主演的秦腔,几乎毫无遗漏的被京、沪、甘、陕等地的音像公司灌制成密纹唱片或者录制成盒带出版发行,多达40余种。由她演唱的革命现代戏《洪湖赤卫队》选段,被中央音乐学院选为民族声乐教材。

张宝英与骆玉笙合影（1988年摄）

正是与这些艺术家的贴心交流,张宝英的艺术境界比以前提高了,她的艺术眼光比以前更加开阔了,她的艺术审美内涵更具中国化、民族化了。她要在继承、弘扬豫剧崔派艺术的基础上,发展和创新豫剧新崔派。

张宝英与王玉馨、陈伯华、贾桂林合影（1988年摄）

甘醇滋润万人心

《寻儿记》剧照,张宝英饰孙淑林
(1991年摄)

国庆节期间的郑州,一片节日景象,红旗飘飘,彩旗飞扬。百货大楼、亚细亚商场的人群,熙熙攘攘,川流不息。郑州各大剧院都在隆重举行河南省庆祝建国40周年献礼演出。张宝英率领的安阳市豫剧团在郑州东方红剧院献礼演出新排演的古装戏《巴山血泪》。

一位戏剧界同仁说,每次看张宝英的演出都能使他忘却"戏曲危机"对他的困扰;一位就读于职业学校的女中专生说,一个人一生中如果有遗憾的话,就是没看过张宝英的《桃花庵》,那真是最美的艺术享受;一位诗人在帷幕启开之际打开了笔记簿,他说,看张宝英的演出,要一招一式,一板一腔的记下来,以供戏后品味,这就叫"读戏"。一个艺术家的表演能在观众中产生如此巨大的魅力,在当今豫剧界可谓难能可贵了!

石磊、魏柏年先生在《郑州晚报》撰文:"趁她来郑参加国庆献礼演出之际,我们一口气"读"了她领衔主演的《桃花庵》《卖苗郎》《秦香莲后传》及她的新作《巴山血泪》。张宝英果然身手不凡。她的表演温文尔雅,脱尽俗态,实乃大家风范,当属高韵王音,如醇似醪的上乘神品。"

如果用一句话来概括张宝英的艺术风格,那便是"洗尽铅华万重脂,留的芙蓉自然态",朴实无华,自然天成。她扮起戏来,规规矩矩,端庄大方,宁缺毋滥,决不哗众取宠;行起腔来,正宫大调,不枝不蔓,酣畅淋漓,更不刻意要"彩",于清淡、质朴中,给观众以天籁之美的怡然享受。如她在《见皇姑》中饰演的秦香莲,动作幅度不求夸张,却讲究投足抬手的力度。以她沉稳凝重的表演,在气度上大大地压倒了坐在她面前,被宫女和太监簇拥着的公主。随着那"不言不语一旁立站,问我一声答一言"的唱腔,水袖轻抛,头部微扬,侧身而立,眼神里透露出一股凛然正气,不卑不亢,给人以威严而不可凌辱的感觉，如是的表演气度，使宝英赢得"当今豫剧第一青衣"的美誉。

宝英的表演不耍花，不造作，力图曲情通神，意在绘人。《桃花庵》里窦氏的几次下场，她惨淡经营，匠心独运，以水袖的抛、甩、挑、绕和台步上的徐急轻重以及在姿态上双背手、单背手、半侧身的不同处理，准确地刻画出女主人公不同的心境。同是一种哭，窦氏不同于林黛玉、柳迎春，也不同于崔金定。即便同是秦香莲，"前传"不能与"后传"雷同。经宝英在感情上的精心处理，或似杜鹃泣血，或如孤猿哀鸣，或呼天抢地，或骨鲠于喉。在眼泪的控制上，张宝英有她独特的本领，她能让泪珠一滴一滴地下垂，似芙蓉带露，也能让它夺眶而下，如瀑布涌泉。能干哭无泪，亦能使其满眼晶莹，尽藏眶内，含而不洒。再如念白，由于人物的年龄、身份、性格不同，宝英便赋予她们不同的声音造型：青衣高雅而纯正；闺门亲昵而妩媚；花衫泼辣而稚嫩；老旦则深远而苍劲。这也最能显示她驾驭传统程式的功力。

崔派艺术的园地上，人才济济。这其中，张宝英以其绰约的风姿，沁人的馨香，盖压群芳，为崔派传人中的佼佼者。但她首先继承的是先师们创业的开拓精神和她们艺术地把握生活，反映生活的方法和规律，并根据时代的要求及自己的天赋条件，为崔派艺术增加新的血液，从而弘扬光大。宝英对崔派的发展是多方面的，如在剧目的开拓上，除挖掘整理、恢复上演崔派名剧外，还在崔派艺术的创始人崔兰田老师的辅导下，独立地塑造出李慧娘、林黛玉、尤二姐、赵艳容、琼莲、詹妃、阿庆嫂、华小凤、红嫂、银环、韩英以及《后传》中秦香莲等诸多的艺术形象，大大丰富了崔派艺术的塑像画廊。在声腔和表演上，她亦从人物出发刻意求新，独创出许多新玩意。如《盘姑》中那段著名的崔派"滚白"，她不仅运用了崔派发音方法上"声断气连"的特色，把这段戏唱得如泣如诉，若续若断，缠绵悱恻，而且在高音区采用真假声兼用的方法，扩大了音域，从小字组的F一直升到小字三组的C，实属罕见。她还利用自己鼻音音色亮且刚的优势，于鼻腔音中加花弯，更使这段"滚白"回肠荡气，感人至深。难

《寻儿记》剧照，张宝英饰孙淑林、杨少龙饰张文达（1991年摄）

怪人们讲，宝英的成长得力于崔派艺术的滋养，而宝英却以自己的艺术天赋为崔派艺术镀上了一层金。

著名的文化学者、诗人李铁城在观看了张宝英的几出戏后与宝英有了较多的接触，他深深地被张宝英的舞台艺术所折服，也从艺术审美的高度对张宝英的舞台艺术有了较多的解读："享誉中州几度春，今夕有幸识芳裙。行腔着意存别味，状物无暇辨伪真。精当不争廉价彩，甘醇滋润万人心。艺坛自古争雄地，千丈波头望锦鳞"。

一天，风流倜傥的青年剧作家、导演石磊来到了后台，他带来了自己根据传统戏《八珍汤》改编的剧本《寻儿记》，执意要推荐给张宝英，并要求亲自来团执导。而且还要坚持实践他的戏曲新古典主义的创作方法。他解释道："创作上坚守要故事，要生活，要情节，要情趣，就是不要所谓的游离剧情之外的'思想'的现实主义原则，牢记戏是写给平民百姓看的宗旨；编剧技巧上坚持那种流畅的'线性结构'；声腔音乐设置上信奉戏曲艺术的板腔体制和它那叙事性特色及本剧种的地方特色；舞美设计坚守中国戏曲舞台上的那种'一桌两椅'的艺术精神。至于导演手法上，我则尊重我恩师阿甲先生的一句话，即：'高超的导演手法要死在演员身上，在戏曲舞台上永远是演员中心制。'"

戏曲电视剧《八珍汤》剧照，张宝英饰孙淑林、李平生饰周凤斌（1993年摄）

二、张宝英新崔派艺术的形成与发展

安阳市豫剧团领导班子很快决定排演石磊的《寻儿记》，并同意他亲自来执导。因为剧中的几个角色很符合团里的演员阵容，基本上可以做到"物尽其用，人尽其能"。张宝英领衔主演女主角孙淑林，既可以带动票房，同时也给团里的青年演员提供了用武之地。张晓霞、王秀梅、杨少龙、李平生各尽所能，平分秋色，形成了舞台上的"一棵菜"。另外，随着年龄的增长，中年演员的体型、嗓音、气质都与青衣、闺门旦的要求发生了矛盾，张宝英有意识地想往老旦行当上靠拢。因为老旦在豫剧中是个尚未成熟的薄弱环节，其表演基本上为青衣行当所包容。通过这出戏她也想在创立豫剧老旦艺术表演体系上做点探索。

《八珍汤》剧照，张宝英饰孙淑林、王秀梅饰常夫人、王红饰春兰（1993年摄）

在排练场上，张宝英对石磊很尊敬。每次排戏前，她都是提前到场，亲自将导演的椅子、茶水准备好。严格按照石磊的要求去做，一点没有名演员的架子。导演要求走蹉步、跪步、耍水袖，她都一丝不苟，真做真演，从不来半点虚假。一场戏排练下来，她常常是汗流浃背，腿上磕碰的青一块紫一块的。其他青年演员也都竭尽全力地展现了自己塑造角色的能力。客观地说：这出戏是安阳市豫剧团成立五年来，经过不断地磨合，相互的取长补短，最能体现剧团整体艺术水平和个人艺术才华的一出戏。既有红花，又有绿叶，异彩纷呈，相得益彰。

一分耕耘，一分收获。《寻儿记》上演后，在社会上引起较大的影响，随着观众的共鸣日趋升温。特别是《寻儿记》拍成戏曲电视剧《三进士》在中央电视台播出后，社会反响日渐强烈，观众、专家好评如潮。

河南省戏剧家协会副主席、著名戏剧评论家荆桦先生评论："观众是戏剧演出的接受者和评判者，唯有戏剧的内容为他们所理解，和他们的思想情感产生共鸣，才能使他们的注意力持久，以致达到引人入胜的地步。《寻儿记》这出戏，写的是儿女必须孝敬父母，为人需要知恩当报，戏中描写了伟大的母爱，以反差很大的对比手法塑造了一个知书达理的孝顺儿子和一个见利忘义的忤逆谬种，这二人虽是同胞兄弟，但其思想行为却迥然不同，而且都得到了不同的报应。赡养父母，尊长爱幼，怜老惜贫，助人为乐，是中华民族的传统美德。《寻儿记》恰恰弘扬了我们民族的美好情操，用悲欢离合的故事和艺术典型进行高台教化，使人们产生联想对比，唤起了某些人的良知，自然为人们所欣赏。

"观众爱看《寻儿记》，还有一个重要的原因是，导演排的细，演员演得好。这出戏的演出给人的总体印象是，通俗易懂，质朴无华，入情入理，不媚俗，且具有浓厚的人情味。导演在二度创作中，充分发挥豫剧善于抒情的长处，借鉴与吸收了京剧中的一些有益的东西，使它的表现力更为丰富。它和那些淡化主题、淡化情节、无场次、无冲突的赶时髦的洋玩意儿不同。洋玩意不是都不好，但不能生搬硬套，哗众取宠，抖着架子吓人，认为观众愈是看不懂愈好。《寻儿记》好就好在它是认认真真地排戏，老老实实地演出，观众听得清楚，看的明白，剧团找到了知音。

"张宝英是广大观众熟知的艺术家，她早已过了不惑之年。戏唱响了，是她的乐趣，但她也有自己的苦恼。她是颇有名气的安阳市豫剧团团长，几十口子的吃喝拉撒她都得管。而今，张宝英最关心的是如何在继承前辈艺术的基础上，能够有所创新，搞出自己的代表作，排《寻儿记》就是一次尝试。这次尝试，已获得初步成功。她在戏中饰演女主角孙淑林，十分清晰地演出了这一人物的感情层次，是一次美的创造。张宝英演戏，真正是演人物，决不是表演自我，从没有'炒鸡毛''洒狗血'这种使人讨厌的毛病。特别是她的唱腔，

常香玉观看《寻儿记》后与张宝英、张晓霞、王秀梅、李平生、郭献林、魏鸿雁合影
（1993年摄于郑州）

纯净、清澈、深沉、细腻，听来韵味十足，其效果正是应照了'不图当场乱拍手，只求事后暗点头'的谚语。（1990年5月22日《郑州晚报》）

著名文化学者、诗人李铁城先生评论道：

"天下有不孝顺母亲的儿子，却没有不爱儿子的母亲。

"那敬老怜贫的孝子，使人钦佩可爱；那嫌贫欺母的逆子，令人鄙弃愤恨。然而，最动人的是千里寻儿，爱子情深的母亲。这大约是人们看完张宝英主演的《寻儿记》后的共同感受。剧本编的好，演员也演得好，不然的话，剧场里就不会有那么多鄙夷的笑声和啧啧的称叹，也不会有那么多铮铮铁汉拂去腮边的热泪。

"一位母亲向我们走来，丈夫失去音讯，两个儿子又踪影皆无，带着双倍的悲痛，踏上心酸屈辱的寻子征途，这就是张宝英扮演的孙淑林的形象。张宝英演了几十年的闺门旦和青衣，在不惑之年首次涉足老旦，那光彩依旧的姿容，那委婉别致的唱腔，那入木三分、深沉含蓄的表演，仍带有盛年的余韵，使人有'似曾相识燕归来'之感。然而今日舞台上两鬓已苍髻发杂生的扮相，矫健中略有衰迈的台步，饱经沧桑忧患后的刚强，又使人有'耳目一新惊初识'的欣喜。在全剧中，唱、念、做、表，无不显示出深厚的功力，在被常家赶出家门，挣扎荒郊的第二场中，无论圆场、下腰、卧鱼、跟跄跨步，身姿婉约，皆融会贯通，运用自如，难能可贵。第三场，叙述身世生平，字正腔圆，节奏张弛有致，细腻地用唱腔塑造了一个历经炎凉，心负创伤的母亲的形象。第四场，母子相认，抱头痛哭，催人泪下；'娘盼儿，望穿了眼，血泪干，容颜换，两鬓斑，整整盼了十七年'的大段唱腔，深沉委婉，遒劲苍凉，发挥了崔派唱腔的特色，淋淋尽致地唱出了一位慈母思儿的人间至情，哪怕铁石心肠，也无不为之心碎肠断！以下，用排比句式的母子对唱，苦乐对比，把母亲的悲苦与欣幸，儿子的内疚与伤痛，来了个酣畅地宣泄，观戏至此，使人忘却身在何处，人间此心，各有慈母。哪怕七尺男儿，谁能不为之一弹热泪呢。

"母亲就是母亲，她的爱子之情，是特有的，因而又是极可珍贵的，在第六场中，对一把血一把汗拉扯成人，又经20年分离之苦，却又宠妻灭母不啻禽兽的逆子，恨则恨矣，然而真要动真格地进行惩罚的时候，却又下不来手了，这就是母亲！剧作者深刻而准确地掌握了这一形象的特定性格特征，演员自然而又有分寸地予以生动的表演，一个慈母形象，赫然立于舞台之上，又昭然活于台下千百个观众之心。"（1990年5月31日《郑州晚报》）

河南省艺术研究院院长、著名戏剧评论家傅纯砾评论：

"著名豫剧演员张宝英素以擅演青衣著称，塑造了众多'青一色'的艺术形象，如秦香莲、陈三两、窦氏、柳迎春、赵艳容、尤二姐等，在崔派传人中素有'第一青衣'之誉。

"宝英把'塑造新人物，创立新风格，向观众奉献自己的拿手好戏'作为座右铭。为

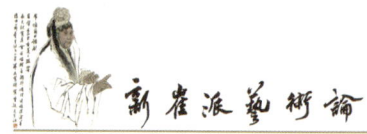

了实现这个愿望,近两年,已经'而知'之年的张宝英起了'改串'老旦的念头。当然,从自己已经熟练的行当改演陌生的行当,个中难度她是预料到的;但她认为,一个演员的价值在于创造,而艺术创造的动力又在于对事业的执着追求。她下定决心,开辟这条陌生之路。

"豫剧的老旦戏不少,但不像京剧的行当那样成熟,其表演、声腔、造型等均未定型化,至今还未形成自己特有的规范和程式。因此,饰演孙淑林这一角色,不仅要创造人物,还要创造行当。石磊在执导该剧时,既强调演员要向京剧老旦规范化表演风格学习,又要求演成正宗的豫剧老旦。这一下把宝英难住了;如何扮相?如何表演?是'京化'还是'豫化'?是以青衣演老旦还是另起炉灶?最后终于确定了一个较为切合实际的表演方案:即一切从真实而准确地塑造人物出发,来选取与创造各种艺术手段,一切艺术手段必须从属于塑造

戏曲电视剧《八珍汤》剧照,张宝英饰孙淑林、张晓霞饰周夫人、王秀梅饰常夫人、郭献林饰张龙冠、杨少龙饰张文达、王红饰春兰(1993年摄)

二、张宝英新崔派艺术的形成与发展

人物,既有感情深沉、正直大方这种'大家闺秀'的品格;又有清淡无华、善良淳朴这种'平民百姓'的美德。而平民百姓身上所共有的淳朴之美,则是她生活的特质。因此,表现这个人物,切忌肤浅、虚假和'花哨',而应向人物的心灵深处开掘,使人物的内在美和外在美达到和谐统一。"(1990年6月9日《郑州晚报》)

张宝英在谈到《我演老旦》时说:"很多同事都以为我扎根是演青衣的,其实,我是1979年拍电影《包青天》时才开始演青衣行当的角色。以前,闺门旦、刀马旦甚至彩旦,

《寻儿记》剧照,张宝英饰孙淑林(1991年摄)

都是我常演的行当。1979年国庆30年献礼演出时,我曾在《对花枪》中演过带头盔的老旦姜桂枝。

"青年戏剧家石磊同志改编的《寻儿记》,是一出以老旦为主的传统戏。过去豫剧叫《同根异果》,京剧叫《三进士》,晋剧叫《八珍汤》。这个剧本很适合我们团的阵容。我演老旦,不仅可以探索一个新的戏路,也给青年们让出了舞台,使她们增多了实践的机会。经石磊同志改编后的剧本比老本紧凑了,剧情也有了跌宕。它通过孙淑林这一艺术形象,讲述了一个母亲历经磨难,寻子盼夫,举家团圆的动人故事。我想通过这个戏,找回一些民族的传统美德。当然,一出好戏,一个成功的形象,不是靠一个概念就能'立'起来的;她需要导演、演员、音乐、舞美等方面的二度创造,才能'活'起来。

"咱们地方戏的行当、声腔尚不成熟,不像京剧和昆曲那样行当分明,声腔各异。比如咱们豫剧的《杨八姐游春》《太君辞朝》《杨门女将》以及《五世请缨》大都是应工老旦戏。

就是以青衣的扮相演老旦，在形体动作上没有固定的程式，唱腔、道白也没有约定俗成的套路。这反而给演员创造角色，带来了便利的条件，演员可以根据剧情和角色，白手起家，摸索创造。我这次扮演的老旦孙淑林，就是探索正工老旦戏的一次尝试。

"首先，我从扮相上寻找表现人物心灵美的载体，让她艺术化，既来源于生活，又高于生活。竭力追求戏曲老旦的服装美、头饰美和造型美。一般的老旦，均穿夫子履，而我演的老旦却是穿墨绿色彩鞋配带白缨子。这样在走圆场、跪步、蹉步时，既适宜于表演，又符合人物身份，照应冰天雪地的典型环境。豫剧的老旦，应演出她特有的女性美，老旦美。

"在声腔艺术上，我一直讲究，要保持俺老师崔兰田的流派风格，又要有点儿新意。但是，由于我水平有限，创作出来的唱腔多不尽人意。记得在全国豫剧电视大奖赛时，陈素真老师曾专门跟我讲过，传统的优势恰在于她拥有不断自我更新，可经历百代而不衰的深根厚土和历史渊源。所以，在这出戏中，那段'娘盼儿，望穿了眼，血泪干，容颜换，两鬓斑，整整盼了十七年'的大段唱，我特意渲染了崔派声腔艺术的特色，收到了较好的艺术效果。

"体会、刻划有深度和细腻入微的人物心理，以外形的'静'去表现内心激烈的'动'，既要善于表达情感，又要善于

刘颜涛书李铁成诗赠张宝英：精到岂争虚泛誉，甘醇却润众人心；艺坛自古争雄地，千丈波头望锦鳞

控制情感，使之达到上乘的艺术境界，这是我演这个老旦时着意追求的。成功者都是在千差万别中显露自己，艺术家的个性魅力成了他艺术中的灵魂。

"在这个戏中,我紧紧抓住了'天下只有不孝顺母亲的儿子,没有不疼爱儿子的母亲'这条主线。当演到'孙淑林告亲生如箭穿胸'这段戏时,我倾注了大量的'笔墨'去刻划母亲的内心戏。我觉得孙淑林告状,并不是以为她受了虐待,而是孙淑林看到陌生的丫鬟还热心地帮助老人,可是自己的亲生却拒娘门外。为了不使天下母亲心寒,孙淑林才决定去告状。这是她的个性。当巡按的丈夫要把不孝之子充军沙门岛时,孙淑林的慈母之心,深深地表现出来了,只见她手拿'家法'高高地举起,却舍不得重重落下。这是做母亲的共性。只有这样,自然而有分寸、有层次地表演,孙淑林那慈母的形象,才能赫然立于舞台又昭然会与观众的心中。"(1990年7月《中州剧讯》)

"被誉为'豫剧第一大青衣'的河南省安阳市豫剧团的张宝英,在首届中国戏曲'金三角'交流演出中以一出改编传统戏《寻儿记》,获得了优秀表演奖,看了她的演出,不由人不想到俄国的勃留洛夫的一句名言:'艺术起于至微'。即艺术常常是从最细微的地方显示出来的,成功的艺术形象往往能表现出人物的独特的个性。

"在《寻儿记》中张宝英一改往日大青衣的扮相,以老旦应工,在表演上吸取京剧、晋剧的表演手法,把它融化为自己的东西,在扮相上她突出河南人的审美趣味,一块蓝底白花头巾,看似不经意的,其中蕴含了张宝英创造角色的个性和特色。'孙淑林'这个形象,京剧有《三进士》,晋剧有《八珍汤》,豫剧以前也有《同根异果》。而张宝英就是'这一个',她是在千差万别中显露出自己,她的个性魅力就是艺术中的灵魂。

"豫剧以唱为主,崔派以哭见长。作为豫剧崔派艺术的优秀传人,张宝英不但会唱、能哭,更善于融情入理,按情行腔。她的唱正如元代燕南芝庵的《唱论》所说:'抑扬顿挫,顶迭垛换,萦纡牵结,敦拖呜咽,推题丸转,捶欠遏透'。'声欲申而含态,气未理而腾芳,乍连延以浪漫,时顿挫而抑扬'(唐谢堰《唱歌赋》)。'累累乎端如贯珠'(《礼记·乐记》)。如在第四场《送汤认子》中,当她得知眼前这位老爷就是自己失散了17年的儿子张凤斌时,她挤住咽喉,急剧哽塞,像疯了一样喊出:'你……你是何人!'儿子双膝跪地答道:'我是凤斌。'张宝英用喉声长呼:'欧——!凤斌儿啊,你…你想死为娘了。'把感情融化在台词中,蹉步上前,双手捧水袖往高处举翻成一个大花,让水袖在空中两边分开,然后捧住儿子的脸,左看右看,看足看够了面向观众右手腕向外一翻水袖,控制住眼泪,让眼眶充盈着泪花而不淌出来。收敛感情,放声唱出:'娘盼儿,望穿了眼。'然后,阴阳顿挫鲜明、喷口咬字准确,借用哭泣用鼻子吸气,再唱出:'血泪干,容颜换,两鬓斑。'在感情达到高潮时,控制住气息,用一个小花腔唱:'整整盼了十七年哪。''哪'字唱出后,小花腔一收,在高音区用一个大甩腔唱:'儿啊,我的儿啊。'这时的感情有江河澎湃奔腾而泻的气势,眼泪恰到好处地似细雨连绵不绝。通过唱腔、表演、泪功,让观众逼真地

感到母子失散17年的辛酸苦辣。正如张宝英说的：'用真挚的感情、真实的生活感受和传统的表演手法融合在一起，才能抓住人物。通过唱把人物的心情表达出来，每用一个花腔、咬字、喷口、哭泣、换气的部位都要考虑到人物。'

"看了张宝英的《寻儿记》深深地感到，她的演唱是真正的声情并茂，大家风范。她的'声'是为表达情服务的，她的'声'很讲究四声、阴阳、韵律、运气、吐字、尖团、清浊、虚实、收放，正因为她在这方面有较高的技巧，所以在听觉上能给人以美感。

"以形传神，形神兼备，是张宝英表演艺术中的一个特点。她追求'形'和'神'的和谐统一，对人物、剧情的深刻、独到的理解，是她推动表演艺术发展的最活跃、最基本的因素。在她的表演过程中，'气'与'情'是相互影响，互相补充的。她随着人物心情不同，情镜的变化而准确地调节气息的各种状态，准确细致地传情。她在舞台上用气的基本原则就是：人各有情，情随境迁，气随情变，气动情传。她的换气是在行腔吞吐字音的瞬间，乘便呼吸，随时蓄气待换，换得使人不觉，听起来好像是字音的吞吐，而在其一吞一吐之间，已经换气。所谓她的'气口'好，就是指这一关键而言。

"众所周知，张宝英是豫剧崔派的优秀传人。一个流派能不能流传及其成就、影响的大小，就取决于她的传人能不能塑造出给人留下深刻印象的、独特的形象。张宝英是较深刻地理解这一点的。她在师承和博采众长的基础上，敢于根据自己的条件进行创新。她除了继承传统剧目，并进行革新外，总要演出一批最能发挥自己特长的新戏。《寻儿记》之所以能成为她的代表戏，就是因为她致力于创造新颖的，不是重复的形象，使之促进了崔派艺术不断向前发展并使其充满活力。"（1993年第1期《中国戏剧》）

1992年9月15日，仲秋的夜晚，气温竟高达30多度。河南省第三届戏剧大赛正在濮阳工人文化宫如火如荼地进行。大赛评委、各地市参赛的观摩代表、慕名前来的观众，把剧场坐的满满当当，两侧都站满了观众，场内座无虚席，场外一票难求。天气闷热，观者众多，舞台上灯光直射，温度飙升。原本就患上重感冒的张宝英加之超负荷的排练，致使嗓音失润。大赛评委观摩场，关键的节骨眼上，既不能调换，又无法派人替代。为了大赛，她只得紧咬牙关，带病上场。第一场还没有演完，台上台下阵阵热浪冲击得她头晕目眩。她凭着顽强的毅力，一边表演一边暗暗告诫自己：台下坐着1000多名观众，说什么也要坚持把戏演完。可是，就在那一瞬间，眼前一黑，两腿一软，她栽倒在舞台大幕边。同志们时急慌忙地去搀扶她，她的衣服已经全被汗水浸湿透了，嘴唇也咬出了血。演出被迫停止，省市有关领导及大赛评委们纷纷来到后台看望她，建议她改日再演。她一边打着强心针一边输液，经过40分针的救治，身体有点好转，她就拔掉针头，重新上场了。当她在"四击头"声中出场亮相时，台下响起来雷鸣般的掌声，这掌声是对她精湛技艺的报答，更是对她"戏

二、张宝英新崔派艺术的形成与发展

比天大""我的生命在舞台上"的赞叹!

著名诗人王怀让在观看《寻儿记》后,按奈不住激动的心情,用他那浓郁的济源口音即兴朗诵道:

读你的水袖读你的眼神读你的台步

读张宝英

宛若读一株黄连树

很苦很苦的旋律

很苦很苦的板眼

很苦很苦的音符

读你的主要篇幅青衣

也读你的外一篇老旦

读张宝英

就是阅读一部血泪装订成的线装书

卖苗郎那很苦很苦的叫喊

窦氏女那很苦很苦的哭诉

秦香莲那很苦很苦的泪珠

如今你又捧着一碗《八珍汤》走来

珊珊走来

这汤中映照出一条风雨交加的人生之路

夫离子散是一种苦一种牵肠挂肚的凄楚

子孙不肖是一种苦一种撕心裂肺的痛苦

你把一个哲理化作唱用唱去弹响命运的丝弦

观众席上一阵长吁几声短叹掀起掌声的瀑布

你唱的戏很苦很苦有道是良药苦口

很苦很苦的"流水"才能冲刷很深很深的肺腑

当你的旋律在社会的血脉中流动消炎止痛化淤疏气

很苦很苦的黄连树摇落了很甜很甜的甘露

穿过深邃的夜我从剧场走出看月在中天

那圆月正是你从苦海中打捞的一颗美的珍珠

(1990年8月9日《河南日报》)

1991年12月3日在第四届河南省戏剧家协会代表大会上,申凤梅当选为主席、王鸿玉、齐飞、芦苇、张宝英、张新芳、荆桦、袁文娜当选为副主席。

中原逐鹿 第一名旦

1994年4月12日,春意盎然。经文化部批准,由中共河南省委宣传部、中国艺术研究院、新华社河南分社、河南省文化厅、河南省戏剧家协会主办、河南新闻发展公司、河南省艺术研究院具体承办的"'93今日中国豫剧十大名旦选拔赛",在这百花争妍,万紫千红的季节里揭晓了。在充分听取群众意见的基础上,最终以评委对每位演员计分多少,确定了12名金奖、8名提名奖和10名优秀表演奖得主。获得金奖的有:张宝英、王清芬、虎美玲、牛淑贤、李喜华、菅

王基笑祝贺张宝英荣获中国豫剧十大名旦大选赛金奖第一名(1994年摄)

爱梅、朱巧云、李金枝、陈淑敏、马莉、胡小凤、章兰。深受亿万观众关注的中国豫剧又一代名旦,在广袤的神州大地上诞生了。在此之前的半个世纪里,豫剧百花园中有五朵璀璨鲜艳的奇葩:常香玉、陈素真、崔兰田、马金凤、阎立品和桑振君,为豫剧事业奠定了坚实的基础,做出了卓越的贡献,是她们和她们那一代的艺术家们"共同酿造了豫剧的辉煌,把一个原来的中原土戏推广繁衍到今天这样的繁盛程度,使之成为京剧之外的第一大剧种"。杨兰春、王基笑在豫剧现代戏的革新发展史上,用他们那智慧的双手,为我们树立起了一座豫剧现代戏的里程碑。可是,90年代的河南豫剧仍处在困境之中,管理体制滞后,运行机制呆板,好剧目难得一见,演职员队伍涣散、青黄不接,观众群体大量流失。剧场门前那种喧闹、热烈,已成过眼云烟。"'93今日中国豫剧十大名旦选拔赛"犹如一剂强心剂,使萎靡的梨园如沐春风,如淋春雨。在8个月的选拔赛中,报名参赛者来自全国9个省区,有数百名豫剧旦角演员,既有久负盛名的大家,也有小有名气的新秀,就连名不见经传的演员也踊跃报名,跃跃欲试。广大戏曲爱好者、豫剧观众,为有欣赏豫剧旦角精粹表演的机会,欢欣鼓舞。许多看罢现场比赛、电视转播的观众,纷纷给大赛组委会写信,推荐自己喜爱的豫剧旦角演员,表达对这项活动的热烈支持。数千封观众来信,表达了成千上万名观众

对豫剧艺术事业的关心、支持，也表达了观众共同的心愿，希望豫剧艺术繁荣昌盛，兴旺发达。更希望新产生的一代十大名旦，众望所归，名副其实。

在强手如林，名家云集的赛场上，张宝英以炉火纯青的演唱艺术和高雅、广气的文化内涵折服了专家评委和广大观众，以最高得分赢得"'93今日中国豫剧十大名旦大选赛金奖第一名"。从此，在中国豫剧舞台上擎起了中原逐鹿的宝鼎。实事求是地说，能够当选豫剧十大名旦，本身就说明，这位演员的艺术造诣已经达到了较高的水平和层次，具有历史性的突破和创新。在如此高规格、严要求的选拔赛中评选出的"第一名旦"，本身就体现了当代豫剧旦角艺术的水准和面貌。纵观整个选拔赛的参赛选手，从大家呈现

省领导与获奖演员合影（1994年摄）

的演出片段来看，继承的多，创新的少。而在这些少之又少的创新中，张宝英的优势就占先了那么一点点。"她演唱的是纯豫剧，又有新的生发。""她通过自己创造性的艺术实践，推动了豫剧旦角声腔艺术的发展，在继承和发展豫剧崔派艺术的基础上，创造了自己显明的艺术风格，形成了新崔派的艺术特色。"

张宝英（中）、虎美玲（左）、牛淑贤（右）在中国豫剧十大名旦大选赛颁奖台上

崔派艺术　风靡台湾

　　1995年12月20日,安阳市豫剧团一行20人乘坐台湾航空公司的一架波音飞机从桃园机场起飞经由香港转机后,在郑州机场徐徐降落,为此次访问台湾演出画上了圆满的句号。以河南省文化厅副厅长芦苇为领队、河南省委宣传部文艺处处长王洪应为副领队,以张宝英为代表团团长的赴台演出团,应台湾台北市捷音豫曲剧团团长刘海燕女士的邀请,带着豫剧崔派艺术的《桃花庵》《包青天》《卖苗郎》《秦香莲后传》《寻儿记》等代表剧目专程赴台湾宝岛进行了为期34天的交流演出。她们与台湾捷音豫曲剧团联袂先后在台北、台中、台南、高雄、桃园、苗栗、新竹、丰原等9个市县共演出21场。这一出出带着中原泥土的芬芳,本是同根同族的乡音乡腔,如大潮一般冲涮着同胞们思乡的衷肠和沸腾的胸膛。崔派艺术在台湾宝岛刮起"豫剧旋风"。

安阳市豫剧团抵达台湾桃园机场受到台湾同胞热烈欢迎(1995年摄于台北)

二、张宝英新崔派艺术的形成与发展

安阳市豫剧团访台代表团领队芦苇（中）、副领队王洪应（右一）与张宝英团长、刘海燕团长、杨奇副团长合影（1995年摄于台北）

说起安阳剧团赴台湾演出，首先要从台湾豫剧第一小生刘海燕说起。

刘海燕，祖籍河南夏邑县。1947年出生于沈阳，1949年两岁时随父母到台湾。幼时因生计艰难，13岁考入台湾海军陆战队飞马豫剧队，师从豫剧名艺人张岫云习艺，初工花旦，后改小生。之所以考入豫剧队，完全是遵从父亲之命，满足父亲那种无法排遣的思乡情怀。在台湾像刘老伯那样的一代军人大多是靠听豫剧来实现他们心灵上的回归，让子女学唱豫剧就是想在台湾能把家乡的乡音乡情传承下去。经过30多年的舞台历练，刘海燕在台湾豫剧舞台上已经是赫赫有名的红伶。她创办了台北捷音豫曲剧团，除了演戏还兼为青年演员和业余豫剧爱好者授课。

在台湾刘海燕陪毛兰花演过很多戏，如在《卖苗郎》中毛兰花演柳迎春，刘海燕演大苗郎；在《桃花庵》中毛兰花演窦氏，刘海燕演苏宝玉；《秦香莲》中毛兰花演秦香莲，刘海燕演陈世美。

毛兰花是豫剧"十八兰"的大姐大，崔兰田的大师姐，也是崔兰田牵挂一生的结拜姐妹。她13岁拜周海水、张同庆为师，习青衣、花旦，首演《大祭桩》，一鸣惊人。与豫西调著名旦角汤兰香并挂头牌，名扬中原。在太乙班里，毛兰花与崔兰田常演"对儿戏"（一生一旦），经常演出于荥阳、汜水、巩县一带。1944年，日军炮火震天，对河南展开了全面侵占。毛兰花改名毛正义，加入了汤恩伯部队中的康乐剧团"黄淮剧团"。在豫皖交界的安徽界首，毛兰花与马金凤、徐艳琴、阎立品被当地报纸评为"四大名旦"。毛兰花演出的代表剧目有《桃花庵》《抱琵琶》《五凤岭》《破洪州》《双孝廉》《孝妇泪》等。1948年她随丈夫朱振家来到台湾。在台湾，毛兰花心系故土常为思乡和留恋戏曲舞台而沉浸在寂寞忧伤之中，好在邻居住着一支空军部队，军中河南人很多，常在茶余饭后畅谈家乡河南梆子，有时还慕名特邀毛兰花唱上几段家乡戏以解思乡之苦。更有一些豫籍青年男女索性拜毛兰花为师，在台湾岛上一心一意地跟她学唱河南梆子。1951年毛兰花在台湾成立了第一个豫剧团空军业余豫剧团，又称大鹏豫剧团。台湾豫剧自此拉开帷幕。

刘海燕在前辈毛兰花、张岫云的培育下，较多地了解了台湾豫剧与河南豫剧的历史渊源和传承脉络。那时候，两岸管制不通音讯，她们只能偷偷地从收音机上私下学习豫剧，偷听到一点唱腔就珍贵得不得了，赶紧把它录下来，再编新戏时，就把这些偷学来的唱腔用上。从收音机里她们熟悉了常香玉的《花木兰》、崔兰田的《秦香莲》、马金凤的《穆桂英挂帅》；熟悉了张宝英的《寻儿记》、王希玲的《风流才子》、王清芬的《抬花轿》。对八九十年代的河南豫剧有了较为清晰的了解。

1990年春天，经香港演员樊梅生介绍，刘海燕结识了河南著名豫剧演员王清芬，经过一段时间的书信往来，两人聊的很投机，常以姐妹相称。1991年夏天，刘海燕专程从台湾

安阳市豫剧团访台代表团领队芦苇（中）、副领队王洪应（右一）与张宝英团长、刘海燕团长、台湾安阳同乡会会长郭建军参加记者招待会（1995年摄于台北）

二、张宝英新崔派艺术的形成与发展

经香港飞抵郑州与王清芬在安徽省太和县和郑州东方红剧院联袂演出《抬花轿》，轰动一时，河南各大新闻媒体都做了宣传报道。

1992年冬天，刘海燕与张宝英在郑州德化街一家戏剧商店偶遇。刹那间，两人像久别重逢的姐妹，惊呼着对方的名字，拥抱在一起。然后，他们相约在陕西西安见面。因为张宝英

张秀云祝贺张宝英、刘海燕、杨少龙访台首演成功
（1995年摄于台湾）

要率领安阳市豫剧团到西安参加文化部主办的首届中国戏曲"金三角"交流演出，主演《寻儿记》；而刘海燕则应王希玲邀约将结伴同赴西安去观摩演出。

在西安民乐园剧场，刘海燕身着玫瑰红色的羽绒服，戴着金丝边眼镜，略施粉黛，全神贯注地坐在台下听着张宝英演唱的一腔一板。同行的青年演员郝宏音手持微型摄像机不停地在拍摄，只怕落掉一个镜头。

为了提携台湾青年豫剧演员，经刘海燕与王希玲介绍，毕业于台湾国光剧艺学校豫剧科、现服务于飞马豫剧队的郝宏音在西安正式拜张宝英为师。河南省文化厅副厅长芦苇、著名豫剧音乐家王基笑和台湾飞马豫剧队的10多位同行，参加了拜师仪式。后来，郝宏音专程到安阳跟张宝英学习《卖苗郎》一个多月，回到台湾后，常常为了一句唱腔，一套服装打长途电话，一打就是几十分钟。

1993年经刘海燕精心筹备，"台湾豫剧皇太后"张岫云回到河南，于5月30日和6月5日分别在安阳中原影剧院和郑州河南人民剧院与张宝英联袂义演。

张岫云（艺名万丽云）祖籍河南临颍，8岁学戏，16岁在郑州、界首一带走红。在台湾白手起家，先后创办"中州豫剧团""飞马豫剧队"，既是领衔主演，又是总教练，不辞辛劳，培育新人，终于使豫剧在台湾开花结果。由于她在发展豫剧艺术方面做出了卓越贡献，因而获得台湾"第一届民族艺术薪传奖"和"国家级豫剧艺师"的称号。

这次联合义演，张岫云演出了《秦雪梅·哭灵》，刘海燕、张晓霞演出了《秦雪梅·书馆》，

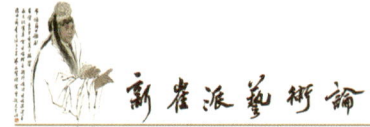

张宝英、杨少龙演出了《卖苗郎·摔碗》。在安阳联袂公演时，崔兰田专程到后台看望张岫云、刘海燕一行。开演前，崔兰田在女儿的搀扶下，走上舞台，向张岫云、刘海燕赠送一幅扇面。观看演出后，又亲自上台祝贺演出成功，与张岫云、刘海燕、张宝英等合影。在郑州演出时，举行了简单而又隆重的欢迎仪式，著名越调表演艺术家、河南省戏剧家协会主席申凤梅致辞说："海峡两岸进行艺术交流，是一件大好事，是时代前进的需要，是炎黄子孙的共同要求。"鉴于张岫云对豫剧事业建立的功绩，河南省戏剧家协会授予她"发展豫剧事业特别贡献奖"；河南省艺术研究院聘请张岫云、刘海燕为特约研究员。张岫云在讲话中百感交集地说，她在阔别44年后，就像老闺女回娘家一样，终于和大家欢聚一堂，实现了她梦寐以求的愿望。她盼望海峡两岸戏剧界，加强交流，增进友谊，为戏剧事业的繁荣共同努力。河南省文联主席刘清惠和常香玉、杨兰春、申凤梅、马金凤、张新芳等亲临现场观看演出并与台湾同行深入交流。王希玲、虎美玲等赠献花篮。

有了这次合作做基础，加之两岸豫剧伶人的渊源，毛兰花是崔兰田的大师姐，毛兰花与张岫云又是无话不谈的好姐妹；张宝英与刘海燕情同手足，郝宏音又是张宝英的徒弟；正是这种种血浓于水的关系，刘海燕对两岸豫剧艺术交流充满了信心。她对安阳市豫剧团有了些特殊的感情，数次到安阳，都住在张宝英家里，情同姐妹，常常在一起聊天，说戏，

安阳市豫剧团领队芦苇、团长张宝英向台湾河南同乡会会长庞靖宇先生赠送甲骨文礼品
（1995摄于台北）

感情特别融洽。刘海燕非常喜欢《寻儿记》，想与张宝英合作，扮演剧中的张凤斌。她十分清楚，台湾观众最想看的戏就是在母亲节的时候能看到凸显母爱的《寻儿记》。

1993年年底，刘海燕正式向台湾"教育部"递交邀请安阳市豫剧团到台湾交流演出的计划申请书。可是，三个月后这纸公文就退回到她的手里。1994年年初，刘海燕再次提出申请，结果等到的还是无情的退件公文和伴随而来的是冷嘲热讽。不屈不挠的刘海燕于1995年年初，第三次提出申请邀请安阳市豫剧团到台湾演出。"皇天不负有心人"，精诚所至金石为开，刘海燕的不解努力终于感动了有关人士。当批件拿到手时，她第一时间就把长途电话打到了安阳。

1995年11月16日晚8点20分，安阳市豫剧团一行20人，从登上宝岛台湾的那一刻起，他们就一直被包围在浓浓的乡情之中。在桃园机场，百余名河南乡亲簇拥着一幅巨大的欢迎标语向他们扑来。刘海燕和河南同乡会的代表们跟全体演职员热情拥抱，给每位演职员佩戴上了象征吉祥如意的色彩绚丽的花环。在这热烈的气氛中，一位70多岁的老人特别引人注目。演员们一出航空港，这位老者便迎了上去，亲切地呼唤着她们的名字："少龙！少龙！""秀梅！秀梅来了没有！"老人一声声饱蘸乡音的呼唤，震颤了每位演职员的心。大家以为这位老人是杨少龙、王秀梅的亲戚呢。原来，70多岁的杨贵发老人祖籍河南商丘，早年也曾参加过台湾毛兰花剧团的演出活动。现在，老人闲赋在家，几乎每天都要看来自大陆的豫剧录像。他对安阳市豫剧团的演员个个都特别"熟悉"，谁演过哪些戏，在剧中扮演过那些角色，甚至一字一腔、一招一式他都记在了心里。用杨老伯的话说，我都认识他们，但从没见过真人。演职员们为这位老者的真诚乡情所感动，一拥而上纷纷与老伯再次拥抱。

两岸媒体对安阳市豫剧团抵台给予了大量的宣传报道。

台湾安阳同乡会会长郭建军先生主持联合演出记者招待会，他向各大媒体介绍了来自家乡的演员阵容、演出剧目。各路记者纷纷用电脑通过互联网发布打探到的"内部"消息。台湾《大成报》11月18日报道《两岸豫剧交流相见欢，刘海燕邀得安阳市豫剧团同台演出》《豫剧团登台合演梆子戏》。台湾《申报》刊登彩色剧照预告《河南豫剧明日公演》。《联合报》11月18日报道：《温兆伦、白冰冰与张宝英、刘海燕在＜周末满点秀＞飙戏，乐翻全场》。

11月28日《河南日报》报道："安阳市豫剧团抵达台湾并开始演出。18日至21日，应台湾各地河南同乡会的邀请，联合演出团在台中的苗栗、丰原和台北的永和、新竹等市县进行了四场演出。剧团所到之处，许多河南老乡携妻带子来到剧场，兴高采烈地观看了张宝英与刘海燕演出的《桃花庵》《包青天》等剧。纯正的家乡声韵，熟悉的河南道白，赢得了数百名游子无数次热烈的掌声和叫好声。"

著名诗人王怀让在《河南日报》赋诗：

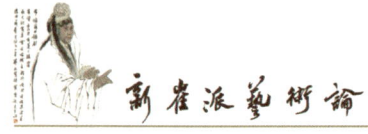

《送张宝英率安阳市豫剧团赴台湾演出》

朝辞郑州彩云间，

我送宝英飞东南。

满天白云翻作浪，

一架银燕化为船。

亲情莫过《寻儿记》，

苦戏最数《桃花庵》。

宝岛友人如相问，

慢板平安流水甜。

在联合演出《寻儿记》时，张宝英饰演母亲孙淑林，刘海燕饰演儿子周子卿，二人配合默契，珠联璧合，交相辉映。加之青年演员王秀梅、杨少龙、李平生等的烘云托月，达到了前所未有的舞台效果。《寻儿记》叙述了一个感人至深的故事，其中既有母子情，又有夫妻情，最终失散多年的母子、夫妻得以相认，终于举家团圆。张宝英、刘海燕对此剧有着独到的深刻诠释。在"母子相认"一场中，张宝英饰演的母亲思子心切，一字一腔都浸透着血与泪。刘海燕以其深厚的艺术造诣，塑造了一颗赤子之心。她们通过思母、见母、认母、忆母、慰母几个层次，深刻揭示了人物情感世界的变化，一踱步、一叹息，无不深蕴情感。寻儿是母爱，寻根是子情。戏中戏引发出戏外戏。每每演到"母子相认"，杨贵发老人就泪如雨下。他激动地说，这出戏演得就是我自己！演到"夫妻相认"一场时，他

台湾安阳同乡会会长郭建军先生向安阳市豫剧团领队芦苇、团长张宝英和刘海燕赠送礼品
（1995摄于台北）

二、张宝英新崔派艺术的形成与发展

安阳市豫剧团访台代表团领队芦苇、副领队王洪应、团长张宝英、刘海燕等访问台湾海基会。（右六）为海基会副秘书长李庆平（1995年摄于台北）

几乎都不敢看。想到他回大陆省亲，与苦苦等他几十年的老伴相见一事，心如刀绞。

两岸关系开放以后，安阳市豫剧团并非第一家赴台演出的豫剧团体。然而，她们却首开两岸艺术家联袂公演的第一锣。在《寻儿记》中张宝英演母亲孙淑林，刘海燕饰儿子周子卿；在《卖苗郎》中，张宝英饰柳迎春，刘海燕就饰大苗郎；一直是紧锣密鼓相互配合。而在《桃花庵》中原本没有刘海燕的戏，她就反串跟在窦氏身边的丫鬟。她说，她要趁跟张宝英同台演戏的机会，好好近距离的观摩学习宝英姐的舞台艺术。在联合演出中，捷音豫曲剧团的10多位演员积极参与，密切配合。遇到问题就向张宝英、刘海燕请教。在张宝英的房间里，时常坐满了老乡和捷音豫曲剧团的演员。老乡们问寒问暖，演员们一遍又一遍地请教演出诀窍，从表演动作、水袖、眼神、台步，到唱腔的发声、用气、吐字、行腔；张宝英总是结合当天的演出剧目现身说法。

一位祖籍四川的台中市市民韩老伯酷爱豫剧，前几年回大陆探亲时，曾专程跑到河南安阳，要见张宝英。说是只看过张宝英演的戏，没有见过本人，所以一定要当面拜访。如愿之后，他回到台湾逢人就讲："我见到了张宝英！"这次安阳剧团赴台演出，韩老伯一直跟着剧团在舞台上当监场。对每一位演职员他都是有求必应，照顾的无微不至。

每场演出结束后，都有许多河南老乡、安阳同乡不舍得离开，跟到演员的房间里头，跟他们聊天："恁家在安阳啥地方啊？如今甜水井街还有没有了？俺老家就在甜水井街啊！"熟悉的乡音荡漾着浓浓的思乡深情。

安阳市豫剧团与台北捷音豫曲剧团的联袂演出，如同一场旋风吹遍了台岛。自然，也惊动了台湾"华视""台视"两大电视网。11月24日，张宝英、刘海燕应邀迈进了华视公

司的摄影棚。他们将通过综艺节目《电视联合国》与台湾更多的观众见面。那天的主持人是在台湾乃至华人世界享有盛名的名牌主持人曹兰、曹启泰、黄志诚。说起曹兰小姐，我们并不陌生。在中央电视台与港台三方联手举办的春节大拜年电视直播活动中，代表台湾的主持人即是曹兰小姐。当然，这天的节目还有一层特殊的关系，联合演出的主角之一刘海燕即是曹兰的母亲。母亲请来的客人，女儿当然出面热情接待了。

节目一开始，三位主持人海阔天空地神聊一通，然后话锋一转，引出正在台岛联合演出的两岸豫剧名伶张宝英与刘海燕。她俩为现场观众演唱了一段《寻儿记》。然后主持人向大家介绍了经常躲在幕后的司鼓、琴师。

《周末满天秀》是台视的一个综艺节目，在台湾收视率极高，类似我们中央电视台的《综艺大观》。主持这档节目的是风靡台湾的白冰冰、沈文程、温兆伦，特邀嘉宾刘海燕。幽默风趣的主持风格，插科打诨的台湾闽南话，一下就吸引了观众的眼球。张宝英、杨少龙、杨国胜为观众演唱了《抱琵琶》一折。一曲终了，温兆伦走近张宝英身边，说要穿上戏装感受一番。结果他一穿上戏装"丑态"百出，他很想模仿张宝英的表演动作，甩个水袖，抖个袖花什么地，那水袖好像"认生"一般，就是不听他使唤。小小的一个甩袖动作，却印证了那就谚语："台上一分钟，台下十年功。"接下来，张宝英、刘海燕教三位主持人表演了戏曲台步，闺门旦的台步、老生的台步、青衣的台步，不同身份的人物如何使用水袖表达喜、怒、哀、乐，如何手执纸扇以及观望、照镜子梳妆等戏曲表演程式。现场气氛、效果非常好，在轻松、搞笑的过程中，让观众欣赏了崔派名剧《包青天》的艺术精髓，又较为详细、生动地介绍了戏曲程式化表演的特点。妇孺皆宜，喜闻乐见。

11月25日上午，芦苇、王洪应、张宝英、刘海燕等一行按照约定的时间，到位于台北市民生路的海峡两岸交流基金会拜访。海基会副秘书长李庆平彬彬有礼地把来自大陆的客人们请进了贵宾室。在主宾席的茶几上摆放着来自河南的艺术瑰宝——钧瓷瓶。宾主落座，李庆平先生就向大家介绍说："父亲曾任台湾大鹏豫剧团团长，他自幼就在剧团长大，对豫剧有着特殊的感情。"他说："作为炎黄子孙，我们都要保护祖先留给我们的艺术瑰宝，戏曲就是瑰宝之一。我们主张文化交流为先，经济交流为主轴。两岸豫剧演员联袂公演，把文化交流真正落到实处。"

芦苇领队介绍道："河南是一个文化大省，地下文物最多，剧团也最多。安阳市豫剧团就是河南五大流派剧团之一，在中国大陆很有名气。"

李庆平先生接着说："中原文化是中华文化的源头之一，我们至今没有忘记中原，没有忘记自己是中国人。台湾的广播电台播报时间，一直沿用'中原标准时间'这一说法。"

在融洽的气氛中，大家自然地交流着共同关心的话题。李庆平先生突然想到一个问题：

二、张宝英新崔派艺术的形成与发展

"听说大陆发现了3000多年前的妇好墓,影响很大,这妇好墓在什么地方啊?"在座的宾主都把目光投射到副团长杨奇的身上,期望他能回答这个问题,杨奇如数家珍地介绍说:"妇好是殷商王朝的国王武丁的妻子,她的墓就在安阳殷墟,1976年发掘出土,仅随葬的青铜礼器有200多件,绝大多数上有铭文。据甲骨文记载,妇好不仅是一位年轻貌美的王后,还是一位能征善战的女将军。"殷商王朝在殷墟的建都时间约在公元前14世纪末至公元前11世纪,历时273年,历经8代12王。殷墟是中国第一个有文献记载并经甲骨文及考古发掘所证实的商代晚期都城遗址。甲骨文的发现印证了中国商代历史的可信性,使中国的信史上推了近千年。殷墟也因大量并且集中出土甲骨文而名扬天下。在台北故宫博物院的第一展厅里,展出的甲骨文、青铜器都出土自安阳殷墟。大厅中央摆放的商代发掘模型,就是安阳当年发掘殷墟侯家庄1001号大墓遗址。据说台北故宫博物院仅商代的甲骨文、青铜器展品每天一换,可以保证三个月不重样。

最后,宾主双方互赠礼品。领队芦苇、团长张宝英向海基会赠送了仿制的国宝——甲骨文礼品。李庆平先生激动地爱不舍手,再三观看。然后,李先生捧出一尊刻有海基会字样的铜制龙首觽型信拆,他说,东汉《说文解字》中说,"觽"可以解结。在古代,它就一直被视为钥匙的象征。说着就举起手中的礼品高声说道:"让我们用这把龙觽来开启两

《寻儿记》剧照 刘海燕饰周凤斌、李平生饰张龙冠(1995年摄于台北)

台湾国光戏剧学校校长柯基良向芦苇、张宝英赠送锦旗（1995年摄于台湾）

岸艺术交流的大门吧！"

　　国光艺术戏剧学校是当时台湾唯一的一所教授豫剧的艺术戏剧学校，学生在这里学习京剧、豫剧、歌舞音乐以及台湾流行的歌仔戏。走进国光戏剧学校，第一印象就是环境优美，教学条件和设施先进。校长柯基良先生同时兼任国光剧团的团长和台湾交响乐团团长。他是台湾彰化县人，曾荣获中兴文艺奖特别贡献奖。长期从事台湾文化艺术行政领导工作，恪尽职守，贡献突出，深受台湾文化艺术界人士拥戴。他介绍道："国光戏剧学校刚刚搬入新校址，第一批到访的客人就是来自安阳市豫剧团的同行们，真的让人高兴。"

　　国光戏剧学校师资雄厚，很多教师是国外留学回来的博士，专业知识丰富，热爱教育事业，年轻有为，朝气蓬勃。走进练功房，一群10多岁的戏剧专业的学生正在上身训课，一个挨一个地在踢腿，下腰，走圆场，练台步。为了让教师亲自感受豫剧的真谛，国光戏校组织老师和各科的教研室主任连续观看了四场联合演出。

　　柯校长说："豫台文化交流在整个两岸文化交流中具有非常重要的地位。首先，河南作为中华文明的发源地拥有厚重的文化积淀，台湾有很多优秀的艺术家和大知识分子都是河南人，中原文化与闽南文化又是一脉相承，所以豫台文化交流就拥有了非同一般的意义。同时，由于豫台两地文化交流的广泛与深入，也使得豫台两地的文化交流具有了非常重要的意义。特别应当指出的是，在豫台文化交流中，戏曲方面的交流以其广泛和深入特别引人注目。台湾对戏剧是很重视的，因为戏剧具有移风易俗的作用，可以引导民众，提高民众的生活品质，把一些得到大多数民众认可的历史事件和各种不同的道德观念通过各种不同的人物展现在舞台上，这对于社会的进步有积极意义。

"豫剧在台湾发展了近50年，台湾豫剧目前在台湾的影响越来越大。豫剧在台湾发展的早期，张岫云、毛兰花等一些老艺术家功不可没。今天豫剧能够在台湾有这么大的影响，与王海玲、刘海燕等一批艺术家的贡献是分不开的，应该说她们的贡献非常大。

"豫台之间的豫剧交流没有停留在表面的层次，不是在一起搞一场演出就完了的那种交流。我们之间的交流是深层次的，是围绕着演出剧目的创作、生产进行的，无论是剧本、导演、唱腔设计、表演等各个方面我们都有深度合作。

"豫剧在台湾的发展离不开民众的支持，特别是河南同乡会对豫剧在台湾的生根发展有着十分重要的贡献。"

芦苇领队说："河南省有14所艺术学校，双方互派教师或者组团演出，都有十分广阔的前景。"

台湾飞马豫剧队队长韦国泰、主演王海玲祝贺张宝英、刘海燕联袂演出成功与芦苇（左一）、王洪应（右一）合影（1995年摄于台湾高雄）

张宝英、刘海燕与台湾著名主持人白冰冰、温兆伦、沈文程参加台湾电视台《周末慢点秀》录制
（1995年摄于台北）

柯校长提议可以利用暑假派学生到安阳跟张宝英学习，同时也欢迎安阳文化戏剧学校派员来台进行交流。

正是这次两岸文化艺术教育行政主管的深入交流，为日后两岸豫剧同行的不断往来和深层交流，奠定了基础。仅安阳而言，就有了后来的安阳文化艺术学校打击乐教师胥东升四度赴台讲学、青年板胡教师李永志、孟红军、演员李平生两次赴台教学。就河南而言有了日后的国光豫剧团访问河南，有了制度化、长期化的"两岸互派戏剧人才培训计划"，等等。

飞马豫剧队坐落在高雄市北部的左营，西临台湾海峡。穿越城区的河流叫爱河。典型的热带季风气候，空气湿润，四季如春。豫剧队的院落干净整洁，错落有致。楼前鲜花盛开，青翠欲滴。队史馆内各种奖章、奖杯琳琅满目，各个时期的历史照片，端庄厚重，十分珍贵。在这里我们看到了张岫云老师白手起家，创办豫剧团队的艰辛，看到了刘海燕、王海玲青春年少时的倩影，更看到了台湾豫剧的发展历程和骄人的成就。

飞马豫剧队队长韦国泰，出生于高雄县书香世家，曾率领台湾豫剧团队走遍美国、加拿大、德国、法国、英国、意大利与新加坡等国。他在豫剧队面临被裁掉情况下，力邀张宝英率安阳市豫剧团到访飞马豫剧队。在排练厅，大家没有任何隔阂，没有任何华而不实

二、张宝英新崔派艺术的形成与发展

的寒暄,艺术家们个个都进入角色,直奔主题,进行交流。一阵阵掌声、欢笑声伴随着生、旦、净、丑的演唱而激荡着大家的心。两岸豫剧团首次坐到一起交流,切磋演唱技艺。刘海燕、张宝英合唱的《寻儿记》选段,听得大家交口称赞,王海玲即席演唱了一段崔派韵味的《对花枪》,把座谈会推向了高潮。大家异口同声地称赞她不愧是河南同乡会颁赠的"豫剧皇后"和亚洲杰出艺人。别看她祖籍湖北黄陂,自幼生长在台湾,14岁就担纲主演了豫剧《花木兰》《三打陶三春》《陆文龙》《对花枪》等戏。1992年携台湾飞马豫剧队在美国纽约林肯艺术中心演出《香囊记》,成为海峡两岸第一个登上林肯中心的戏曲团队。

阵阵高潮过后,交流大会变成了交流小会。两岸豫剧演员们都结上对。团长对团长,旦角对旦角。须生对须生,乐队对乐队。他们或窃窃私语,或轻吟低唱,交流更加深入。飞马豫剧队的朱小姐学习的行当是小生,她跟李平生谈得热火朝天,她说自己在台湾长大,平时都是讲国语,很少有机会讲中州话,可是唱豫剧要讲中州韵白,感到发音不纯正;老生演员刘海霞对杨少龙说,她去过四次河南,但仍然感到对真正的豫剧太缺乏了解。张宝英跟王海玲边说边唱,一会儿又站起来拉开了架势。司鼓张晓东、板胡牛志安直接掏出家伙操练起来,"紧急风""二八板""慢板转流水",唱了一段又一段。飞马豫剧队的司鼓、副团长李玉铎也亲自上场操练,要在实际演奏当中互相交流。

韦国泰说:"1987年之前,我们好多节目都是听着收音机学来的;1987年之后,我们通过间接渠道才看到了大陆豫剧的影像资料,才看到一些完整的豫剧剧目。当时,我们的演出都

张宝英、刘海燕联袂演出《寻儿记》(1995年摄于台北)

是'山寨'版的，我们根本没有能力去创造一个剧目。1993年，两岸豫剧实现双向交流以后，我们广泛结识了河南豫剧艺术家，包括编剧、导演、作曲家及知名的演员，在以后的时间里，他们都成了我们真诚的伙伴。也正是从那时候起，台湾豫剧开始走进创新时代，我们有了自己创作的剧目。

"今天台湾豫剧面对的不再是河南的乡亲，更多的是他们的二代、三代。他们不像第一代出生在河南，他们没有迁移到台湾来的那种感受。所以，我们诉求的不再是豫剧的原乡人，所有台湾的任何省籍的乡亲都是我们的基本观众。为了使豫剧有更多的观众，我们必须从年轻人抓起。"

在高雄的四场演出，飞马豫剧队的全体演职员每场都是全体集合，到后台身临其境的观看。有的同行看人手紧张，就主动上妆登场，要切身体会与大陆同行同台演出的感受。张宝英向大家致谢，他们回答的都是："多难得的学习机会啊！"

12月14日《中华日报》报道："两岸豫剧名伶今起携手公演四天。14日至17日晚7点30分在台南市立图书馆育乐堂举办公演。14日《寻儿记》、15日《包青天》、16日《桃花庵》、17日《卖苗郎》。"

台南商业专科学校是河南人王光亚创办的学校，我们前去拜访时，王老先生正在美国，他特意交代学校负责人组织了300名学生分组来剧场观看。为了帮助这些生长在台湾的学生更好地理解剧情，了解祖国传统文化，每场开演前一个小时，学生们就到场了。就在演职员紧张地准备化妆、演出时，芦苇领队、王洪应副领队、刘海燕、张宝英、杨奇等就见机行事、见缝插针地给学生们担当义务讲解员，讲戏曲服装，讲脸谱化妆，讲戏曲舞台的假定性和程式化表演，还请同学们上到后台来，看乐队演奏、体会舞台艺术的时空感。颇具灵性的同学们对河南豫剧有了较为清晰的感受，增添了感性和理性认识。同学们看过演出后，都说看懂了，而且觉得很好看。他们对来自大陆的传统戏曲的诙谐表演和悲剧表演产生了极大的兴趣。

坐落在台北阳明山上的故宫博物院，带有典型的中国传统建筑风格。蓝色的琉璃瓦顶，似乎是在告诉我们这里只是台北暂时寄存祖先文物的地方。这里收藏有自南京博物院筹备处、北平故宫博物院和北平图书馆等所藏，以及来自北京故宫、沈阳故宫、避暑山庄、颐和园、静宜园和国子监等处的皇家旧藏。所藏的商周青铜器、历代玉器、陶瓷、古籍文献、名画碑帖等皆为稀世珍宝。在这里可以看到十大镇馆之宝：西周毛公鼎，内壁铸有铭文32行，499个字，是我国迄今出土的青铜器中铭文最长的一件；西周散氏盘，内有长篇铭文，其书法浑朴灵动，字体用笔豪放质朴，壮美多姿，有金文之凝重，也有草书之流畅，开"草篆"指端；颜真卿《祭侄文稿》；苏轼《寒食帖》；五代赵干《江行初雪图》；北宋范宽《溪

二、张宝英新崔派艺术的形成与发展

台湾豫剧团著名演员王海玲祝贺张宝英、刘海燕联袂演出成功（1995年摄于台湾高雄）

山行旅图》；元代黄公望《富春山居图》；北宋汝窑天青无纹水仙盆，莲花氏碗；清朝翠玉白菜、肉形石，等等。

走进第一展厅，首先映入眼帘的是琳琅满目的青铜器和甲骨文。彬彬有礼的讲解员用温柔的台湾普通话介绍说，这些青铜器和甲骨文是来自大陆的安阳小屯殷墟。我们会心地微笑着告诉讲解员："我们跟这些青铜器、甲骨文一样都是来自殷墟的所在地——河南安阳。"一听说是大陆客人，又是来自甲骨之乡，导游小姐讲解的特别激动，也特别用心。我们告诉导游小姐："目前，世界上出土的青铜器之冠——司母戊鼎也是在安阳殷墟出土。现在是北京中国国家博物馆的镇馆之宝。"导游小姐肃然起敬，满怀羡慕地说："你们好幸福啊！"

去台湾之前，我们都会唱的一首歌曲就是："我站在海岸上，把祖国的台湾遥望，日月潭碧波在心中荡漾，阿里山林涛在耳边震响，啊！台湾同胞我的骨肉兄弟。"当我们站在日月潭的面前时，眼前的美景真的把我们吸引住了。没有来到过日月潭，等于没有来到过台湾，这里是台湾最出名的八大景之一。它的北半湖形状如圆日，南半湖形状如弯月，水中央有一小岛，远望好像浮在水上的一颗明珠。湖面辽阔，潭水清澈。环湖四周，层峦叠嶂，晨昏景色，变化无穷。

地处南投县日月潭畔的九族文化村，是大家玩的最开心的地方。这里以传统村落民居建筑为主,还有仿欧式建筑风格和艺术雕刻的"水沙连丽宫""镭射音乐喷泉"等现代化设施。村内山地文化馆、表演厅、歌剧场、观山楼、餐饮馆等文化、娱乐、生活设施一应俱全。是台湾集传统民族文化的收藏与保护、宣传与展示,及旅游观光于一体的大型文化"村落",可谓是一部隐藏在深山里的史书。全园共分三个主题园区:原住民文化、欢乐世界和欧洲花园。九大原住民族族群有:泰雅族、赛夏族、邹族、雅美族、阿美族、布农族、卑南族、鲁凯族、排湾族。出于对自然的尊敬与敬畏之情,九族以自身传统的方式保护了当地的生态物种以及资源。在娜鲁湾剧场,原住民同胞以粗犷的歌喉高唱"娜鲁湾依呀娜鲁湾",用最真诚的情谊欢迎远道而来的客人。我们许多演职员被同胞的热情所感动,纷纷加入到载歌载舞的行列,随着音乐节拍翩翩起舞。这一天,我们全体同志被邀请到一位河南老乡开设的烩面馆美美地享用了一顿台湾正宗的河南烩面。

正如刘海燕说的,我们的行程是我花费了很大心思事先确定好的,每到一处我都给大家空出三天时间,带他们游览,到海边玩,逛夜市,吃小吃,到不同餐馆就餐吃饭,每天不重样子。就是想让大家真正体验一下台湾老百姓的生活。我觉得这不光是在进行文化交流,更是一种心灵的交流。

张宝英、刘海燕向台湾安阳同乡会会长郭建军夫妇赠送纪念金牌(1995年摄于台湾)

二、张宝英新崔派艺术的形成与发展

时间过得真快，34天感觉像是白驹过隙。转眼间，在台湾9个城市的21场演出，圆满落幕了。为庆祝张宝英率领的安阳市豫剧团访台演出成功，安阳同乡会在台北市联勤信义俱乐部举行盛大庆功宴会。为刚刚从台南演出归来的全体演职员接风庆功。安阳同乡会的12位理事全部出席，会长郭建军先生，副会长张明文先生、崔鼎男先生、张润书先生、张玉芳先生悉数作陪。安阳同乡会领导层里，不乏身居要职的现役军政要员，他们可能职业不同、信仰各异，然而，一口纯正的安阳话就是亲情的通行证，一路畅通无阻。郭建军会长在庆功宴会上动情地说："作为安阳人，在台湾举办如此隆重盛大的宴会款待来自家乡安阳的剧团，我很骄傲，也感觉很有面子。安阳同乡们都为自己家乡的剧团来台公演感到扬眉吐气。"阔别家乡40多年的张玉芳先生激动地回忆起儿时在家乡的许多往事。他说："时光流失，许多事都记不得了，然而，家乡老城里的西华门，西华门旁的同乐戏院，时常浮现在脑海里。"说着说着，他无限深情地唱起了家乡的曲调落儿腔："闺女大了不能留，留来留去结冤仇……"

安阳市豫剧团离台返安的前夜，一直沉浸在亲情乡情之中的河南同乡会再次把血浓于水的情感推向高峰。由两岸六位名人联名在台北宾馆凯旋厅举行盛大的惜别宴会，应邀出席的全体演职员再次为手足情所陶醉。

河南乡贤于镇洲、阎振兴、庞靖宇、郭建军等台湾社会名流出席惜别宴会。各市、县同乡会会长、社会贤达与安阳市豫剧团、台北捷音豫曲剧团的演职员近150多人汇聚一堂，场面宏大，气氛热烈。于镇洲先生在台北连看了四场演出，他说："安阳市豫剧团来台演出本身就意义重大，又与刘海燕同台联袂，体现了两岸艺术家的真诚合作。什么叫交流？这就是真正的交流！交流来交流去，逐渐增进友谊，增进了解，交流到一块就是统一。"阎振兴先生看了两场演出，由于公务繁忙，未能如愿，他一直很后悔没有全部看完。他说："河南人没有不看河南戏的。安阳剧团来演出，让台湾人了解河南，特别是让出生在台湾的本省人也看看河南戏，意义确实重大。"

河南跟台湾开展豫剧交流以来，一直没有一个完整的豫剧团体来台湾。之前，有同乡会个别邀请过几位河南的艺术家到台湾，在春节时唱唱堂会或者唱个选段、折子戏。而真正的一个流派剧团带有完整的代表剧目，如《寻儿记》《桃花庵》《包青天》《卖苗郎》等整出戏的在剧场里演出，而且观众如此广泛、踊跃，张宝英率领的安阳市豫剧团，这还是第一次。

台湾《中国大陆》杂志发表评介文章称："一支来自殷商故都的豫剧团，有浓郁的中原文化质朴气息，与台湾的刘海燕豫剧团联袂登台，巡演九大城市，演出四大剧目，甚获好评。"

来自台湾各地的河南同乡会纷纷为安阳市豫剧团赠送纪念牌、铜牌、锦旗，一件件精美的纪念品上镌刻着"文化使者""惜缘惜福"等贺词，惜别之情溢于言表。专程乘飞机从高雄赶到台北参加惜别会的飞马豫剧团团长韦国泰先生跟河南文化厅副厅长、领队芦苇表示了要尽快率团到祖国大陆访问演出的强烈愿望，他也希望安阳市豫剧团再到左营作客。刚从美国飞回台湾的安阳籍人士蒋云仲先生是美国加州中西医科大学的博士，又是美国中华武学院院长。他对安阳艺术家们说，希望早一天在美国接待安阳豫剧团，希望安阳豫剧能到其他国家的华人世界中去演出。河南同乡会的一位乡亲，高声大喊："有馒头我不吃米饭，有河南梆子我不看其他戏！"一位老者泪流满面地拉住演员的手说：一听见鼓板的声音我就想回家。我是喝黄河水长大的，我的根在河南。台湾著名甲骨文专家安国钧先生即席题书一联相赠："豫剧十八兰，安阳一兰，台湾一兰；甲骨十万片，安阳一片，台湾一片。"

　　惜别声中，闪光灯处，两岸乡亲泪眼笑脸融汇在一起。带着中原故土的乡音而去，满载台湾同胞的深情而归。安阳市豫剧团，作为文化的使者，为两岸的统一大业，为中华民族的戏剧艺术写下了浓笔重彩的一页。

　　张宝英率领安阳市豫剧团载誉回到河南，省委宣传部副部长葛纪谦专程到郑州机场迎接。安阳市委书记刘振岐出席为安阳市豫剧团访台演出载誉归来举办的凯旋座谈会。代表四大班子领导和全市500万人民祝贺大家赴台演出成功。

　　《河南日报》《大河报》《戏剧电影报》《安阳日报》均以重要篇幅报道《豫剧传声远，亲情溢台湾》《豫剧旋风惊台岛》《安阳市豫剧团赴台演出载誉归来》。

二、张宝英新崔派艺术的形成与发展

桑榆晚霞　桃李满园

1996年，经历了10年的剧团承包经营，尝遍了"要做难，办剧团"的五味甘苦后，已经赢得"河南省戏剧大赛演员一等奖""首届中国戏曲'金三角'交流演出表演一等奖""全国豫剧中青年演员电视大赛最佳演员奖""中国豫剧十大名旦大选赛第一名"等各种荣誉的张宝英离开了她工作、生活了41年的安阳市豫剧团，离开了这个曾给她带来无数痛苦和无尚荣誉的舞台，升任安阳文化艺术学校副校长。开始从事为豫剧培养新人的艺术教育事业，从而圆满完成了她在戏曲舞台上的华丽转身。

但是，不得不说这个华丽的转身，让安阳市豫剧团付出了沉重的代价。特别是那些十年来一路陪伴左右的青年演职员们在艺术发展上功亏一篑，青春年华付之东流。一个历经十年磨练，演员阵容整齐，演出质量过硬，配合默契，珠联璧合，年富力强，大有作为的剧团，在团长调走之后，虽然有王秀梅、杨少龙等一批青年演员支撑，在周口、驻马店、新乡、淇县等地演出大受欢迎。但是，群龙无首，树倒猢狲散。一支"劲旅"，很快成

崔兰田、张宝英出席安阳文化艺术学校20年校庆（2000年摄）

-137-

了一盘散沙。剧团在长达一年的时间里处于瘫痪状态，演职员领不到工资。有的演职员迫于生计，在剧团门口摆摊卖冷饮，走街串巷地在亲友中兜售洗发水，还有的开饭店卖小吃。总之，安阳文艺表演团体的承包经营，以张宝英的"华丽转身"而偃旗息鼓。最终，安阳市豫剧团、安阳市豫剧一团、安阳市豫剧三团、安阳市四股弦剧团、安阳市曲艺队迎来了新一轮的剧团改革，全部撤销原有建制，重新成立了"五团合一"的安阳市豫剧团。开始了进入新世纪后的又一轮戏曲舞台上下的"三国演义"。

张宝英走马上任之初，安阳文化艺术学校还是规划中的一片荒草地，办公就在租用的民房里。短短几年的时间，购置土地，大兴土木，盖教学楼，盖家属楼。每天一上班就是跑市委、跑市政府，跑计委、跑建委、跑财政局，在跑款要钱的路上，她按照校长的"导演要求"，丢掉了"名角"的身份与光环，屈下身段，尝够了"求爷爷告奶奶当孙子"的滋味。好在是为了学校的建设，为了培养戏曲事业接班人。所有的委屈、难堪，在这个天平上都找到了平衡。学校教学楼盖好了，有规模上档次了。学生们上课、练功有个像样的教室和练功房了。孩子们吃饭再不用蹲在操场上，"风来一碗土，风去一锅沙"地遭罪了，终于有个宽敞明亮可以遮风挡雨的大食堂了。看到学生们刻苦学习，认真练功的情景，与她遇到的"门难进、脸难看、事难办"的社会现象比起来，学生们让她心情好多了。学生的进步，学校的发展，让她有了些许安慰。

为了培养一批跨世纪的戏曲人才，按照全国政协主席李瑞环"发展戏曲要从娃娃抓起"的指示，征得省文化厅、省教委批准后，安阳文化艺术学校打破常规，从省内外招收了40多名10岁左右的具有戏曲专长的孩子入学，成立了一个特殊的戏曲小班。这些来自贫困地区的孩子们来到学校报到时，站在张宝英的跟前却唯唯诺诺一直不敢说话，也不敢去办入学手续。当老师催促他们去办理入学手续时，其中一个学生掏出握在手里已经被汗水浸湿的200块钱，对张宝英说："这是我们家卖了粮食才换来的200块钱。我只有这点钱了，其他的同学根本就交不起学费。没有钱，不知道我们还能不能来学戏曲了？"

张宝英看着这些百里挑一的小苗苗，想到当初自己学戏时的情景，她的眼睛湿润了。她拍着孩子们的肩膀："你们安心到学校来学习吧！学费免了，生活费我想办法解决。就是拉棍要饭，我也要让你们把学上完。"

校长兼党委书记冯志富坚定地对张宝英说："你为学生'要饭'，走到哪里，我陪你到哪里！"

于是，在一个雪花飘舞的寒冷时节，一股股暖流涌动在学生们的心间。13位贫困学生伸着冻得红紫的小手接过来安阳市关心下一代协会常务副会长张明经代表"关协"捐赠的一件件崭新的棉大衣。孩子们真诚地向"关心下一代协会"的爷爷鞠躬，表达他们的感激

二、张宝英新崔派艺术的形成与发展

张宝英与母亲合影（1995年摄于安阳）

之情。他们更多地把感激的目光聚焦在张宝英的身上，孩子们知道，为了争取社会的大力支持，张校长已经"跑"了几十趟了。

戏曲小班的孩子学习很刻苦，进步也很大。不到一年的时间，孩子们的"旋子"、"小翻"、跟斗翻得又帅又冲，唱念做打有模有样。学生戴宏利演唱《包青天》中的秦香莲，在全省艺术类中专学校比赛中获得了二等奖。

孩子们虽然免交学费，可是，每人每月的生活费仍然十分困难，仅靠学校那点本来就不够用的经费养活这40多名学生更是捉襟见肘。社会上的赞助，又是杯水车薪。培养这批戏曲中专学生需要7年的时间，一个学生每月按当时最低生活费90元计算，仅此一项就缺口4.3万元。张宝英为了这群孩子们，四处游说，八方化缘，总算让孩子们毕业了。

1999年，在新世纪即将到来之际，张宝英率领安阳文化艺术学校教师代表团踏上了赴台湾交流演出的征程。这次赴台演出，远没有达到预期的目的。行程只演了一半，就打道回府了。主办方刘海燕在回忆这次演出时说："由于多种原因，效果不太理想。因为没有社会支援和官方支援，很多地方不很圆满，卖座不理想。不仅让我做了不少难，还让我背了100多万台币的债务。为了偿还这100多万块钱，我先去摆地摊，又去朋友餐厅当经理，后来，又给人家当保姆，照顾一个老人，也是我的一个老前辈。虽然工作非常辛苦，但为

了我心爱的豫剧艺术,所以我累并快乐着。最后,我到国光戏曲专科学校去任教,在那儿教了一年半的学生。经过几年的苦干,才把欠的钱慢慢地还上了。"

2003年,对于张宝英来说,是个痛苦难捱的年月,人生的诸多不幸,都在这短短两三年内,接二连三地降临到她的身上,使她遭受了有生以来最为沉痛的折磨。

在张宝英悄无声息的退休之后,本以为可以陪伴母亲四世同堂,颐享天年。却不料,一生相依为命的母亲突然离她仙逝。老人家笃信佛缘,笑对人生,从不埋怨。悠然,随心,随性,随缘。洛阳白马寺、登封少林寺、开封相国寺、浚县天宁寺、鹤壁金山寺、安阳灵泉寺都留下了她的功德。她为女儿操持家务,忙碌一生,既是顶梁柱,又是定盘星。芝麻叶面条、红薯稀饭是她最可口的饭菜。生活简朴、待人忠厚、家教严谨、克己奉公。早年送子参军,抗美援朝,她是县里的支前模范。女儿成名后,无论是在十年动乱的艰难岁月里,还是在女儿大红大紫,歌舞升平的环境中,老太太荣辱不惊,始终保持着一颗平常心。几十年如一日地操持家务,从不允许因为家务事影响闺女的演出和工作。老太太常说的一句话:"为国要尽忠,为人要仗义;上不能有背师傅,下不能有负观众。"

也许是上天故意的安排,老太太最后还要检验女儿对待观众的"诚信"态度。早在三个月前答应人家的一场演出,恰恰就在老太太"走"后的第二天。因为有言在先,不能毁约。

王士杰、张宝英夫妇合影(1995年摄于安阳)

这场演出成了考验张宝英的一道难题。亲戚朋友都劝说，死者为大，大事当前，再重要的演出也可以推掉。兄弟姐妹也劝她，母亲为你操劳了一辈子，你就在家为母亲守灵，好好尽一下最后的一片孝心吧。张宝英满怀悲恸地说："我心里最清楚怎么做才是母亲最满意的。她为我操劳一生，从不允许我因为个人的家务事耽误演出，让观众白白苦等一个晚上。这场戏与其说是我演给观众看的，不如说是母亲要我演给她看的。"那天下午，她跪在母亲的灵柩前，亲手给母亲做好了"供养"的晚餐，点燃了三柱高香，对着灵柩里母亲说："妈，您好好歇着吧，我去演出了。"强忍着心中巨大的悲痛，她如约出现在观众面前。等她唱完最后一句戏，还没有等到大幕合上，她就一声极度地悲嚎昏倒在舞台上。观众得知内情后，纷纷站立在街道的两旁，默默地目送她回家奔丧。张宝英在车内痛哭失声地对天倾诉道："妈，您看到了吗，这么多观众在给您送行啊！"

丈夫，是她相濡以沫的良师益友。在张宝英的人生道路上，正是有了丈夫王士杰的帮助、陪伴、教导、指引，她才有了如此丰富多彩的艺术与人生。功成名就，本该好好享受生活的时候，丈夫却被病魔缠身，在生死线上苦苦挣扎了五个多月，最终被病魔夺去了生命。张宝英像失去拐杖的盲人，顿时六神无主，无比悲痛。年轻时，政治运动、阶级斗争一波接一波，他们自顾不暇，疲于保命。夫妻间聚少离多，几乎没有时间谈情说爱，在艰难困苦的岁月里，大都是相濡以沫，患难与共。中年历经磨难，身心交融，夫妻感情日渐弥坚，家庭生活也逐渐和谐、幸福美满。退休后，他们肝胆相照，子孙绕膝，天伦之乐，桑榆晚霞。生活条件和生活质量都比过去强过百倍。两位进入老年的伴侣也都有时间，有条件关爱老伴了，病魔却横刀夺爱。丈夫一生钟爱她的唱腔，即使在昏迷病床上，只要录音机里放出张宝英的唱腔和音乐，他的眼帘都会明显地跳动一下。好像每一出戏，每一句唱腔都能勾起他的回忆。那一天，他干涸的眼角淌下了一行热泪。一定是唱戏的人和戏中的唱词感动了他，让他用尽最后的力量淌下了这行热泪。也许是他太劳累了，太想静静地休息一下了。他的眼帘再也没有动一下，安详地睡着了。当张宝英半夜接到电话，赶到病房时，首先进入她的眼睑的是丈夫脚上的"寿鞋"。那一刻，如同五雷轰顶，她只觉得自己的心被撑碎了，撕心裂肺的疼痛啊！

恩师的不幸病逝，使得张宝英如丧考妣。就像一把把魔刀生生剥离着她的骨肉，切割的她心血流淌，疼痛难忍。望着风中的灵幡，在清明的蒙蒙细雨中，她仿佛看到了恩师那殷切的目光。那种目光，她在舞台上看到过，那是在《洪湖赤卫队》的牢房里，韩母对身陷囹圄的女儿视死如归，"为革命砍头只当是风吹帽"的英雄气概赞许的目光；那是唐王朝的金殿上，国母娘长孙后开导女儿银屏公主的目光；那是生活中，她嗓音失润师傅亲自喂她荷包鸡蛋的目光；那是"文化大革命"中，寒风猎猎，师傅嘱咐她保护好嗓子的目光。

她们师徒,无论是在舞台上,还是在生活中,心有灵犀一点通。很多场合,师徒俩都不用言语,一个眼神、一个手势,就能心心相印、息息相通。在这清明的细雨中,她仿佛又一次听到了恩师的嘱托:"你一定挺住啊!弘扬崔派艺术的重担就交给你了!"

拭去眼角的泪花,把失去亲人的悲痛化作前行的动力。花甲之年,她擎起了崔派艺术的大旗,行走在继承、发展、创新的道路上。她一人拎着小包,不带助理随从,总是独自一人自由自在地往返郑州、北京,往返香港、台湾、云南、海南;往返于新疆建设兵团、中国戏曲学院;她以自己的身践力行,为崔派艺术的传承,为新崔派艺术的发展孜孜不倦地耕耘着。她作为河南电视台《梨园春》栏目的"王牌"演员、新崔派艺术的掌门人,在河南卫视有了更多精彩的表演,"吸粉"无数,在人口上亿的省内外,有了固定的观众群,连续10年高居中国戏剧网、天天排行网"戏迷最喜爱戏曲演员排行榜榜首"。

鉴于她在豫剧崔派艺术的传承与发展上做出的贡献,应广大观众的要求,河南电视台《梨园春》于2003年举办了张宝英舞台艺术专场晚会,集中展示了她在《桃花庵》《卖苗郎》《秦香莲后传》《寻儿记》《洪湖赤卫队》《红云岗》等代表剧目中的经典唱段,突出展示了她"继

崔兰田与张宝英在排练场上(1982年摄)

往开来,独树一帜"的艺术成就。

"五十年前古城下,一株幽兰把根扎;戏比天大,德艺传家。"2006年清明节,纪念崔兰田逝世三周年专场晚会《兰韵》的主题曲,通过河南电视台《梨园春》的传播,回荡在中原大地。她率领师妹郭惠兰、崔小田、张晓霞缅怀恩师,为观众展示了崔派艺术第二代传人传承、发展崔派艺术的成果。著名诗人王怀让纵情写下了《为哭而欢呼》的诗篇:

清明的时候,

老天爷总是热泪模糊。

你去的时候,

王母娘娘也成了你剧中的人物,

她像秦香莲一样放声痛哭,

用泪水浇透了无边的黄土。

三年了,

又一个清明和我们会晤。

我看到了你派来的使者,

是你坟头花朵上的露珠,

哦,不,这不是露珠,这是泪珠。

我们终于又见到了这泪珠后的慈眉善目,

我们终于又见到了这泪珠后的举手抬足,

我们终于又见到了这泪珠后的人生剧目,

我们终于又见到了你美丽的哭啊——

这,是你创造的悲剧艺术。

……

2008年2月,文化部鉴于张宝英在中国豫剧舞台上所取得的成就和贡献,批准她为"国家级非物质文化遗产项目《豫剧》代表性传承人"。对她在继承、弘扬崔派艺术,创新、发展新崔派的艺术价值和文化价值表达了国家态度和政府重视程度。

2011年春,经河南省文化厅推荐,她应邀来到中国戏曲学院担任客座教授,为豫剧本科表演班的学生传授《卖苗郎》《寻儿记》中的经典唱腔。为了辅导学生,她不辞辛苦,披星戴月,废寝忘食,甘愿"化作春泥更护花"。把她几十年来在舞台实践中积累的经验,尤其是演唱新崔派豫剧的体会、方法,原原本本地传授给学生,通过大学课堂,有计划、有步骤、系统地进行艺术传承,这本身就意义重大。说明文化主管部门和戏曲高等学府非常认可张宝英的艺术造诣和艺术成就,同时也说明在大学的莘莘学子非常喜欢她的演唱艺

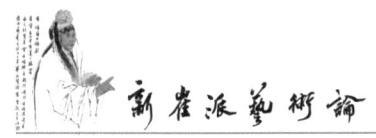

术，喜欢听她的课，学她的戏。她的新崔派艺术在大学生中有市场，有影响。

张宝英的舞台艺术之所以具有极大的吸引力和号召力，为同时代的同行、观众所欣赏、倾慕，就是因为她具有高超的艺术水平，独特的艺术风格，盛演不衰的代表剧目，成熟的演唱方法，忠实而优秀的艺术传人。正是这样一个艺术群体汇就了中国豫剧舞台的姹紫嫣红，使得张宝英的"新崔派"艺术花红叶茂，春色满园。

2016年3月12日晚，由中共河南省委宣传部、河南省文化厅、（河南）中华豫剧文化促进会主办，河南豫剧院、恒品文化·戏缘承办的"中国豫剧优秀剧目北京展演月"活动在北京民族文化宫拉开大幕。中共中央政治局原常委李长春、中国文联党组书记赵实、文化部副部长董伟以及省领导郭庚茂、谢伏瞻、刘满仓、赵素萍、徐济超、高体健、钱国玉等出席开幕式并观看《豫剧名家名段折子戏专场》演出。

作为整个活动的开幕演出，集合了河南省老、中、青三代的"豫剧名家名段折子戏专场"将豫剧这一具有200多年历史的豫腔豫调展现在首都观众面前。张宝英、贾廷聚、王清芬、王希玲、虎美玲等70多岁的豫剧名家登台献艺，让大家感叹宝刀不老；李树建、汪荃珍、王惠、贾文龙、李金枝等当代豫剧名家的精品力作，给整台晚会锦上添花；新创排的豫剧现代戏和新编历史剧，可谓异彩纷呈，高潮迭起。王善朴、杨华瑞、柳兰芳等80多岁的豫剧名家压轴登台，唱响经典豫剧《朝阳沟》的旋律时，场内爆发出经久不息的掌声。

李长春表示，豫剧在全国流传很广、从业人数和戏迷众多，是中国第一大地方剧种。在继承老一辈豫剧艺术家精湛艺术的基础上，当代豫剧艺术家们辛勤努力、不断创新，使豫剧焕发青春，取得了新的更大的成就。希望在当前文艺大发展大繁荣的环境下，豫剧工作者努力弘扬社会主义核心价值观，弘扬爱国主义精神，用好的剧目扩大豫剧的影响力，扩大受众面，更加充分地发挥文艺在鼓舞人、激励人、塑造人等方面的重要作用。

"中国豫剧优秀剧目北京展演月"，在近一个月时间里，来自河南、新疆、安徽、山西、河北、北京等地13个演出院团的23场豫剧大戏将分别在北京民族文化宫、长安大戏院和梅兰芳大剧院闪亮登场，为首都观众送上一道回味悠长的豫味文化大餐。此次活动参演院团之多、演出剧目之丰富、演员阵容之强大、展演时间之久，在豫剧历史上尚属首次。此次活动不仅是中国豫剧的一次大阅兵，也是体现全国豫剧人在创作、生产、演出、交流推广、人才培养等发展方面的新理念、新创举、新成果。张宝英作为一代豫剧名家、新崔派艺术的领军人参加了开幕式演出，她的学生范静、陈秀兰、崔玉萍、张秀丽、邵文霞、李庆杰、任桂花、温秀琴、魏秋芬、杨瑞玲、贺玉红、李红芹等也随同她们所在的河南豫剧院一、二、三团和青年团、新疆石河子豫剧团、许昌市戏曲发展中心、漯河市豫剧团、新乡市豫剧团、洛阳市豫剧院、濮阳市戏剧艺术发展保护中心等单位在中国豫剧优秀剧目北京展演月中大显身手，展现了又一代崔派传人的实力和风采。

中国真有戏，梨园又春风。为庆祝改革开放 40 周年，唱响河南精彩故事，礼赞祖国伟大变革。由河南省委宣传部、河南广播电视台主办、河南卫视承办的"中国真有戏——庆祝改革开放 40 周年《梨园春》新年戏曲晚会"于 2018 年 12 月 19 日晚在北京天桥剧场圆满落幕。演出现场灯光璀璨、座无虚席。中国戏曲界老中青少幼五代同堂，有 370 多名演员携手演绎经典名段。马金凤、小香玉、于魁智、袁慧琴、阎维文、戴玉强等众多名家分别表演了豫剧《穆桂英挂帅》《朝阳沟》，京剧《空城计》《杨门女将》，戏歌《念奴娇·追思焦裕禄》以及歌曲《我爱你中国》等。晚会共分四个篇章：《希望的田野》《万树梨花开》《共筑中国梦》和《奋进新时代》。

96 岁的马金凤与阎维文、小香玉、张宝英以及河南省几十位戏曲名家联袂表演的戏歌《中国真有戏》拉开了整场晚会的序幕。

当任宏恩演唱的豫剧《倒霉大叔的婚事》、方素珍演唱的曲剧《五福临门》、汪荃珍演唱的《香魂女》、李树建演唱的《程婴救孤》、王红丽演唱的《铡刀下的红梅》、李金枝演唱的《常香玉》、虎美玲与台湾豫剧新秀谢文琪演唱的《抬花轿》、贾文龙演唱的戏歌《念奴娇·追思焦裕禄》，一段段经典唱腔在剧场内响起时，现场传来了一阵又一阵雷鸣般的掌声，观众用掌声向经典致敬。

91 岁的"栓宝"王善朴、89 岁的"银环妈"杨华瑞、85 岁的"栓宝妈"高洁、83 岁的"银环"柳兰芳加上反串"二大娘"的范军，一亮相就获得了满堂彩。来自"一带一路"沿线国家肯尼亚的中非文化使者茹丝饰演的银环与外籍友人苏志恒饰演的洋栓宝，俩洋人用河南话演唱的"那个前腿弓，那个后腿蹬"，赢得了全场观众齐声合唱。4 岁的穆桂英、5 岁的小仓娃逗的大家前仰后合。

78 岁的张宝英在第四篇章《奋进新时代》中第一个披挂上阵，演唱崔派代表剧《包青天》选段"三江水"。京剧名家孟广禄、于魁智、袁慧琴携手王慧、申小梅、将京剧、豫剧、越调等几大剧种巧妙嫁接、融合，通过对唱、联唱的方式，弘扬中国精神，讲好中国故事，传承中国优秀的传统文化。使整场晚会高潮迭起，掌声不断。

晚会在《我爱你中国》的歌声中落下帷幕。男高音歌唱家戴玉强、女高音歌唱家黄璐和全体演员的倾情演唱表达了对祖国和人民的深深祝福。

"老骥伏枥，志在千里。"为了发展、传承豫剧"新崔派"艺术，她甘当绿叶，扶持青年唱主角。在与年轻演员的相互交流中，取长补短，融会贯通。不管与谁合作，她从不讲戏份，不摆架子，谁叫都去，跟谁合作都行。见谁表演或演唱上有瑕疵，她不管你职位高低，资历深浅，张嘴就说。一腔热情，肝胆相照，从无顾忌，从不保守，也从不抱门户

白燕升在个人演唱会上《燕歌行》现场为张宝英献花（2014年摄于郑州）

之见。她与李树建合作拍摄了戏曲电影《乡村警官》，合作演出了《清风亭》；与贾文龙合作拍摄了戏曲电视剧《山里的汉子》，戏曲电影《尘封的军功章》；与当今豫剧唐派掌门人贾庭聚合作演出了《贞观家事》，拍摄了戏曲电影《布衣巡抚魏允贞》；与小香玉合作演出了《拷红》；与曲剧名家胡希华、刘艳丽合作拍摄了戏曲电影《李祥和的婚事》；与党玉倩、江团结合作拍摄了戏曲电影《天职》；与许昌万里豫剧院合作演出了《燕振昌》；与白燕升合唱了《燕歌行》；与任宏恩合作拍摄戏曲电影《敬老院的故事》；与王希玲合作演出《大祭桩·路遇》《卖苗郎·摔碗》；与梅葆玖、马金凤、王秀玲等戏曲名家合作演出《盛世梨园》。在纪念陈素真诞辰100周年的晚会上演出了陈素真亲授的《宇宙锋·装疯》。她就是不想闲下来，只想趁着大好时光多唱几段戏，多教些学生，多带带青年人，多做些有益于豫剧传承发展的事。

中央电视台著名主持人白燕升在河南文艺中心举办个人演唱会《燕歌行》，特邀张宝英来当助演嘉宾。当白燕升恭恭敬敬地把一束鲜花献给张宝英的时刻，台上的同行，台下的观众看到了她在白燕升心中的地位，看到了她在河南观众心中的地位，看到了她在中国豫剧界举足轻重的地位。

从1953年张宝英跨入河南长葛县豫剧团的大门至今，已经过去了60多个春夏秋冬了。在舞台上留下了一行行奋进的脚印，在观众心中留下了一个个生动传神的艺术形象。对于一个年逾古稀的老人来说，穿越甲子的丰赡履历，充盈着承前启后，开拓创新的滴滴汗水。正是这滴滴汗水绘就了她在中国豫剧发展史上创立"新崔派"的绚丽篇章！

三、张宝英新崔派艺术的美学品质

王国维先生在《人间词话》中指出:"词以境界为最上,有境界则自成高格,自有名句,五代北宋所以独绝在此。""有我之境,以我观物,故物皆著我之色彩。""无我之境,以我观物,故不知何者为我,何者为物。"无我之境并不是没有感情,只是这种感情很纯粹,也可以说是对有我之境的一种释然。有我之境与无我之境,都只不过是对人生的一种看法。所以说"境界"不单单是一种论诗词的概念,更是一种人生哲学。

创新性继承　创造性发展

　　人需要品质，文需要品质，戏也需要品质。文如其人，戏如其人，说的都是美学意义上的品质。欣赏戏曲艺术的目的在于陶养人的感情，认识美丑，培养高尚的兴趣、积极进取的人生态度，也就是在培育人的美学品质。在"看戏"的过程中，引导观众净化心灵，养成高尚纯洁的人格，追求一切美好的事物。美学品质对人有一种天生的吸引力，只要你主动地去接近它们，给自己提供一个相应的环境。听古人的雅乐，泛读书籍，欣赏大师的绘画，沉醉在中国戏曲独特的声腔、表演艺术中，平凡的生活中就会有自己独特的审美格调。审美能力决定美学品质。如果一个人有幸接触过真正美好的事物，这种美好会潜移默化地在他心里生根发芽，变成他对美学的品质要求，不管他在哪里，从事什么职业，这种美好都会伴随他终生。品味使人独特。一个懂得审美的人，就不止是生存，而是在生活了。听戏，品戏，这些事情跟美有关而跟利益无关，正是这些在有些人眼里"无用"的事情，才是我们灵魂的构成部分，才是我们作为一个独一无二的个体，在芸芸众生中的独特之处。懂得审美，就会有不一样的眼界。一个不懂审美的人，即便他富甲一方，却很难获得精神富足、有幸福感的人生。他们容易缺乏对美的感知和热爱，生活中自然没有了品质的追求。这些是金钱无法弥补的人生缺陷。品位不是花钱能买来的，是常年累月在环境的熏陶下培养而成的。审美对个人和社会都至关重要。美感能熏陶气质。只有在一个有美感的环境里生活，才能成为心灵高贵，举止优雅，浑身散发着美好气息的人。一个懂得审美的社会，才能够孕育出经典的文化、艺术的果实。

　　王国维先生在《人间词话》中指出："词以境界为最上，有境界则自成高格，自有名句，五代北宋所以独绝在此。""有我之境，以我观物，故物皆著我之色彩。""无我之境，以我观物，故不知何者为我，何者为物。"无我之境并不是没有感情，只是这种感情很纯粹，也可以说是对有我之境的一种释然。有我之境与无我之境，都只不过是对人生的一种看法。所以说"境界"不单单是一种论诗词的概念，更是一种人生哲学。

　　早在80年代初，《卖苗郎》刚排出来，很多业内人士就说："走得太远了"，"变得太多了"，"不是正宗的崔派了"。甚至有人说："张宝英是崔派艺术的'叛徒'。"时至今日还有人试问："张宝英是新崔派，那崔兰田就是过时的旧崔派了？"

　　"入乎其内，故能写之；出乎其外，故能观之。"（王国维：《人间词话》）纵观中

三、张宝英新崔派艺术的美学品质

《桃花庵》剧照,张宝英饰窦氏(2018年摄)

国戏曲发展史,凡有建树者,都是艺术革新的大胆实践者。早年陈素真把《三上轿》由送客戏唱成了自己的拿手戏,崔兰田又接过陈素真的剧本,把陈派的《三上轿》唱成崔派的代表剧目。今天我们品评张宝英的新崔派艺术,正是因为她们秉承了博采众长、海纳百川、融会贯通、革故鼎新的能力和勇气,才有了流派艺术的博大精深,丰富多彩。流派的传承,亦应是一个动态的过程,后继者从前辈的创作中汲取精华,为的是积淀为自我前行的营养和动力,它是营养之源而不是局限之框。

崔兰田老师音域宽广,尤以中音迷人,独特的嗓音条件极适合表现深沉、悲切的豫西调。其唱腔幽咽凝重,浑厚委婉,尤其善于运用鼻音、齿音、切齿音、装饰音、喷口等技巧来渲染情绪,形成了独特的悲剧演唱风格。

张宝英作为崔兰田的徒弟并没有完全按照崔兰田的路子走。崔兰田也没有要求她非要学的一模一样,非"像"不成。早在60年代,崔兰田就鼓励张宝英不要一味走模仿的路子,要根据自己的嗓音特点去学习,去继承。所以,在张宝英的唱腔中,对崔派艺术吐字、发音、行腔的演唱技巧,做了"扬弃"的继承。她的演唱,既有鲜明的崔派特色,又有自己突出的个人风格;既是崔派的忠实继承者,又是崔派的大胆发展者;既出之于前辈,又和老师有明显的不同,实现了对流派的"创新性继承,创造性发展"。

时代在前进,观众的审美在变化,对流派的认识也在变化,最重要的是每个演员的条件、天资、禀赋都不相同,艺术家的最高价值就在于他与众不同的独特性。所以流派的传承一定是动态的、发展的,新故相推,日生不滞。艺术必须因时而变,应时而变。继承流派,既要有当"信徒"的敬畏,也得有当"叛徒"的胆识。继承是为了发展,发展是为了更好地继承。

任何一个戏曲流派的存在,都暗含着某种与之相对应的理论作为其内在的支撑;而戏曲流派的有序传承与健康发展,都必须建构起一个相对自足的理论体系,以满足自身的生存需求。即便对于张宝英新崔派艺术这个极具实践性品格的艺术样式而言,同样概莫能外地依赖于技法的支持、人才的供给和理论的指导。

以声传情 形神兼备

音乐唱腔是构成整个戏曲艺术的一个重要的部分。全国有很多不同风格,不同形式的地方剧种,这些剧种固然在表演形式上有些差别,但更主要的差别还是不同风格的音乐唱腔而形成的。一个剧种擅长表演什么样的戏,或者表演什么内容更适合,身段动作固然是一个重要的因素,但如果全面来看,就会感到更多的还是决定于音乐唱腔。唱还是主要的,不容忽视的。这不仅仅是从一个戏里运用唱腔的多少而言,而是许多戏里人物的思想情绪,乃至于戏剧情节发展等等,大都用唱来表现,用唱来感动观众。每一个剧种都有动人的唱,没有唱就没有戏曲艺术。所以在一出戏里面,角色大段的核心唱段,常常是这个戏里最感人的精华部分。

中国戏曲剧种的传统唱法,大部分是靠师傅口传心授。由于各种历史条件的限制,戏曲声乐尚未如欧洲的声乐艺术那样经过科学的整理,并形成完整的体系理论与训练方法。但是,在漫长的艺术实践中,在一代又一代艺术家的口传心授中,一套行之有效的训练方法,教学成果,在现实中是存在的,而且,是有目共睹的。有关的传统声乐理论的美学原则在诸如芝庵的《唱论》、魏良辅的《曲律》、徐大椿的《乐府传声》、李渔的《一家言·演习部》等著作中,都可以汲取营养。

演唱技法、传承和剧目三个组成元素共同构筑了演唱艺术实践这个有机的艺术共同体,它们在戏曲演唱实践体系中的地位和各自所发挥的作用却是不尽相同的。具体说来,技法元素应该居于最核心、最显要的位置,而传承和剧目两元素则相对居于外围和依托的地位。歌唱水平的高低,往往是衡量一出戏艺术质量的重要参量,甚至决定了一出戏的成败。因此,对于特别注重唱功的戏曲剧种来说,一出戏能否在艺术上站得住脚,能否盛演于戏曲舞台,能否引起观众的心灵共鸣,首要的就是要有美妙动人的唱腔。那些妇孺皆知、盛演不衰的经典传统剧目,无一不是因为那优美动听的唱腔,那脍炙人口的精彩唱段,以及通过唱腔所塑造的舞台戏剧人物形象。我们常常会在旷野山丘、田间村头,看到伸长脖颈、可着嗓子喊唱名家名段的动人场景,这就是戏曲的"唱"之魅力所在。

就演唱技法元素而言,它至少应该包括演唱方法和训练方法这两个组成因素;对于各行当、各流派的演员来说,还应该力求做到演唱方法的相对统一和训练方法的相对有效;只有演唱方法相对统一,才能对内形成内聚的合力,对外彰显独特的个性。就剧目元素而言,

它至少应该包括唱腔和唱段两个组成因素；对于演员来说，必须学习掌握大量的剧目作品，能够胜任自己所扮演的角色和唱段要求。而对于传承元素来说，同样应该包括窝班师傅传承和戏班名角传承这两个组成因素；对于以个体的"师徒传承"为主要特征的戏曲传承体制来说，无论是窝班集体教习，抑或是名角收徒传授，都肩负着为剧团输送后备人才、充实演艺队伍的任务。

正是有了这些组成因素的有序互动、整体效能、综合行动和动态优化，给戏曲舞台实践注入了生动而持久的活力，推动了戏曲演唱艺术的新发展，为戏曲演唱的实践奠定了基石，成就了戏曲演唱的实践体系。

戏曲演唱理论构成包括演唱技术理论、演唱基础理论、教育传承理论、演唱历史资料和生理科学理论五个相互关联的组成元素。在五个元素中，演唱技术理论元素包括运气、共鸣、发声、语言和用嗓五个基本构成因素；在演唱谚诀中，运气和语言技术方面的内容所占比例最大，关涉条目最多。演唱基础理论元素包括职业道德、艺术观念、艺术表现、演唱审美四个基本构成因素，在演唱谚诀中，艺德和表现的内容所占比例最大，关涉内容较多。

戏曲姿势要领口诀："头正、颈直、看前方，"脊梁插着擀面杖"。自然挺胸双肩垂，张嘴下巴"懒洋洋"。双腿站立前后分，重心放在前脚上。手势自然形体美，"松而不懈""紧不僵"。收腹提臀两胯开，积极、松弛全身唱。

戏曲呼吸要领口诀：鼓腹吸气沉"丹田"，贴着咽壁"吸着唱"。胸口松开向下"叹"，气沉胸底腰扩张。"又吸又呼"声流动，气向下"铺"音向上。腰一缓劲儿就换气，被动换气不用想。"关闭"高音气倒灌，腔体松开"一米长"。"气行于背""吹瓶口"，"吹"响头腔点明亮。后背控制上、下"吸"，全身舒展气流畅。呼吸稳定最省力，轻松愉快把戏唱。

戏曲发音要领口诀：胸口发音不能憋，"声音落底"气通畅。"声门适度""三不准"，腔体上下要"虚张"。张嘴"内视"往下"看"，喉结下沉底宽敞。"忘掉喉头"没感觉，"听着、看着"咽腔响。胸口往下找气柱，音色纯净又明亮。"高音气大嗓眼儿小"，声带不躲要敢唱。气混声儿来声混气，贴边儿向后进咽腔。

戏曲共鸣要领口诀：共鸣位置在咽壁，共鸣音响灌咽腔。共鸣反射找"焦点"，前"哈"后"哼"气通畅。音域升高变母音，腔体"打开"要舒张。"关闭"拢住共鸣点，声音胀满鼻咽腔。抬起软腭"打哈欠"，"打开喉咙"气通畅。

戏曲语言要领口诀："贴着咽壁吸着念"，咬字吐词在咽腔。"挂住字头"往后送，胸口换字不能忘。被动念字最轻松，语音清晰声音棒。"挂住前面往后兜"，高音"说"、唱在头腔。言语生动情感深，音色、力度巧变样。传情达意需准确，语气"喷口"要恰当。

-152-

三、张宝英新崔派艺术的美学品质

"字正腔圆"真功夫，表现内容有分量。"声情并茂"才感人，戏曲艺术魅力强。

纵观张宝英在唱腔上的丰硕成果；它记录了众多豫剧作曲家对张宝英新崔派声腔艺术的卓越贡献；同时，它也是60多年来豫剧旦角演唱艺术发展变革的写照。

从这些精彩的唱腔中，我们可以清楚地看到张宝英继承，革新发展的轨迹。这种革新发展，不但是为了改造传统所留下来的那些优秀的剧目，使它们在思想上艺术上更有光彩，而且还为了要运用这种传统的艺术形式来反映我们今天的生活，来表现新的主题思想、题材内容、塑造新的人物形象。因此，对于戏曲音乐唱腔的传统表现形式，表现方法就不可避免地要在若干程度上进行突破，不可避免地要用某些新的表现形式、表现方法，以至新的音调来充实它丰富它。正是由于这种革新发展，所以传统中那些最优秀的东西能够被继承下来，并被赋予了新的生命。正是她几十年如一日地不懈探索，勇于改革，富予创新，才为我们留下了这些能够代表她的艺术水准和艺术成就的经典唱腔。

高尔基说："天才就是劳动。"要成为一个好演员必须经过系统的学习，必须有长期的艺术修养；必须能经受常人受不了的苦难，磨练。

在张宝英的成长过程中，有三个不容忽视的因素：一是名师指点，高人引路；二是广采百家，为我所用；三是坚持不懈，肯下苦功。

60多年前，张宝英刚刚踏上学戏的艺术道路时，她先天的嗓音条件并不理想，演唱也不得要领，经常是把声音钉在喉部，所以显得尖窄。在老师崔兰田的教诲下，她明白了声音应该在口腔前颌，而不是在喉头，如果能避免在喉头用力，唱起来就比较舒服，唱出来的声音也比较悦耳。在发声吐字上，她是下过苦功夫的。崔兰田常说："吐字不清，道字不明，如同钝刀子杀人——叫人活受罪。""古人云：然使唱曲而不读正其字，审正其音，则咿哑呜噫，有音无字，听着不知其所唱何字，灵妙之口，等于无知之乐器，曷足贵欤！"张宝英十分清楚以字引腔，腔随字走，字正腔圆的要诀。她的"五音"：喉、舌、齿、牙、唇，和她的"四呼"即入腔张口的形状：开、齐、撮、合都经过了长期而又严格的训练。所以，她的吐字准确、清楚，发声流畅、悦耳，演唱就像说话一样自然、松弛。没有正确的吐字，就难有正确的发声。吐字的功能是由口腔前半部完成的，而发声是由口腔的后半部完成的。吐字正确、清晰、发出来的声音才圆润、优美。

唐朝《乐府杂录》中说："善歌者，必先调其气。"也就是说，歌唱要有正确的呼吸来支持发声和吐字，没有正确的控制呼吸的方法，是唱不好戏曲的。意大利的声乐大师吉诺·贝基说："谁若懂得怎样的呼吸和怎样吐字，谁就知道怎样唱歌。"不正确的发声多是呼吸控制和调节共鸣不得法，喉部声带负担过重或过多地用颈部肌肉帮损而造成的。正确的歌唱是打开喉咙，主要是喉咽部分，使喉、口、鼻整个形成一个适合于发声共鸣的通道，

《陈三两爬堂》剧照,张宝英饰陈三两、李平生饰李凤鸣(1987年摄)

当声音到达口腔和鼻腔时,口鼻就像管风琴的两个共鸣管。但是,人的口鼻远比管风琴巧妙,它不但可以扩大音量,而且还可以改变音色。

明代朱权在《太和正音谱》中说:"声难兼备,音难兼美,凶而且壮,温蕴而可爱,各有所长。"意思是:声音不十分美的歌唱者,只要唱法掌握的高超,情绪处理的深刻,就能给人非常好的印象。

丹田用气,是张宝英在演唱中的又一个法宝。时时保持适度气量的储存,强弱安排得当,做到这一点,才能有唱腔旋律之美,上拨下抑之妙,充分发挥演唱艺术的魅力,并尽情揭示剧中人物的内心感情。丹田用气,就是要用丹田气,气由小肚底下朝上运。"丹田"是指人体脐下三指的部位,也就是小腹的部位。"丹田气"并不是由这个部位产生气流或扩大其流量,而是它可以起顶气作用。其实,这是自然现象。当腹腔被横隔膜压迫而鼓起时,小腹自然微缩而略提。戏曲演员强调用"丹田气",也就是要加强"丹田"这部分肌肉的作用,使它不要和大腹同时鼓起,而要它帮助腹部的吸气肌肉群造成压抑,以增加呼气的力量。戏曲演员练功或演戏时要扎系"板带"就是这个道理。

上海音乐学院院长廖昌永在给学生上课时说:"唱歌的时候一定要放松,只有在放松的状态下才能真正唱出歌来。"全身松弛,包括腹肌、胸腔、喉头、口腔、面部、手、脚、心全部放松。松就给人开阔、自由、回旋的感觉,要做到这些最关键的就是要身心进入歌曲的场景,内心对歌曲或者歌曲表达的内容要深入。为了让献唱的学生放松下来,廖昌永主动牵着他们在舞台上走动。还说"人在洗澡时是最放松的,所以唱歌时也最陶醉"。他强调美声的三大要领:一、高的位置。发音位置尽量往上,即从鼻腔往额头方向,也就是尽量将鼻腔打开,即使不往鼻腔出气也要保持通,方法就是唱每一个字都稍微带一点"嗯"音,但不能太明显,否则鼻音过重。这样气流才会把声音从口腔带到鼻腔,然后才有机会进入头腔进一步共鸣。二、深的气息。将气息尽量保持在丹田,即腰的一圈尽量保持往外扩张,不要让气流很快泄掉,否则别人就感觉你中气不足,听起来很累。方法就是你吸入空气后,在口腔不带一点阻碍的情况下,尽量保持气流,让它缓慢泄出。三、稳定的喉头。不要用喉头颤动来造成声音波动,要用腹肌的快速外扩和内收,很有弹性地造成声音的波动,所以要经常练习用腹肌扩和缩来快速呼吸。

歌唱家张也说:"科学的发声方法,加上优秀的声乐作品,是一个歌唱家成功的必备条件。"

世界著名的男高音帕瓦罗蒂就是运用丹田气唱歌,才使他的歌唱艺术得到了飞跃,并奠定了他在世界歌剧舞台上的崇高地位。帕瓦罗蒂年轻时在全世界巡回演出,非常疲惫,他觉得他用来唱歌的嗓子不堪重负。有一天晚上,他在酒店里翻来覆去睡不着,生怕自己再唱下去，嗓子会支撑不住。这时，隔壁客房里有个小婴儿在不停地哭闹，一声接一声地哭，哭了好几个小时。突然帕瓦罗蒂想到：这个小婴儿一连哭了几个小时，为什么声音还那么洪亮？他终于发现了，婴儿的哭声用的是丹田之气，所以嗓子不会嘶哑。成年人的身体各个部位可以独立运用，唱歌时独立运用的是嗓子，唱不了多长时间就会嘶哑，如果我们学会了用丹田运气，唱起歌来，嗓子就轻松多了。

张宝英在年轻时，由于劳累过度，声带出现了肌瘤，差点没了嗓子。她在许多名家的指点下，一边用药物治疗，一边运用丹田运气，终于摸索出一套科学的发声方法，使她的演唱音高不炸，音低不压。高中低三个音区都很饱满，上扬下仰，得心应手，真假声结合自如，气不暴，声不抢，字不撞，形不露。

清人徐大椿在《乐府传声》中说："唱曲之法，不但声之宜讲，而得曲之情尤重。唱者不得其情，不但不能动人，反令听者索然无味矣。"

程砚秋先生说："口唱而心不唱，口中有曲而面上身上无曲，此所谓无情之曲，虽腔板极正，喉舌齿牙极清，终是第二第三等曲词，非登峰造极之技。"

张宝英的演唱是非常注重表达人物内心情感的。用她的话说就是"要用心唱"，以情带声，以声传情。她在每一出戏的每一段唱腔中，都倾注了极大的情感，准确地唱出了不同身份的人物情绪。正如老百姓说的：演龙像龙，演凤像凤，演谁像谁。戏曲演唱的最高成就，不仅是唱得有感情能动人，而且还要有韵味。吐字艺术的本身，就是"味"的本身，"味"首先生于吐字的喷口、反切、收声、归韵等技巧，字是"味"的根。

程砚秋先生说："唱最忌有声无韵，嗓门大没有韵，就是响也怪吵人；要好听，还需要讲究韵味。有声无韵就像一碗白开水，也可以喝，但假如放一点茶叶就好喝了。"

梨园界常说，唱有各种，有"能唱"的，有"会唱"的。嗓子不好不一定唱不好，嗓子好却不一定唱得好。有嗓而唱不好，光是能唱，就是说没有韵味，"傻唱"；没有嗓子不一定唱不好，就是说有韵味，虽然没有嗓而能抓住观众，叫观众爱听，这就是"会唱"。对唱讲究要"受听""经听"，越听越有味。有的演员，乍听起来好听，再听也还不错，而三听就索然无味了。而听张宝英演唱，乍听就觉得非常好，越听越有味，越听越觉得耐人寻味，是一种艺术享受。其实，韵味是一个综合体，它包括声音语言如何美化，语调如何运用，以及根据感情需要的恰如其分的熟练技巧等；而所有这一些东西，由于演唱家个人的条件，对乐曲及生活的理解的不同，特别是由于演唱家的个性在艺术上的发挥的差别，而表现为艺术上的不同取舍，发展，形成演唱家本人独具的一个风格、韵味。

京剧大师余叔岩说："听戏听什么？还不是听味儿吗。味道要越听越有味，越久远越有味。"听戏是为了听味，唱戏也得有味，因为有味，所以让人越听越爱听，而且使人听

三、张宝英新崔派艺术的美学品质

后回味无穷。有的听者、唱者不是追求味，而是图一时刺激，如卖嗓子、耍花腔、拉长腔等向台下要彩。听完唱完也就完了，犹如过眼烟云，给人留下的是一片空白，没有任何回味和留恋。

唱工艺术中的"韵味"，就是唱工的"美"。韵味是一个欣赏的概念，要用科学的语言充分说明它是不容易的，因为它指的是一种音乐上的境界，这种境界有相对的不稳定性，它的内容是不可限定的丰富的，不是一次经验能够穷尽的，因而过去有些顾曲家也

《桃花庵》剧照，张宝英饰窦氏（1987年摄）

体会出它是可以意会不可言传的特点。韵味是不可言传的。艺术有许多是可以意会不可言传的，但是可以意会的、感受的，可以体会的。有味必须有感情，无感情则无味。有感情必须了解人物的性格、经历，所处环境以及此时此刻的心情。

著名京剧表演艺术家胡芝风也对韵味做了很恰如其分的注解："韵味是艺术家对角色的气质与神韵的捕捉，是角色性格的体现，是需要通过艺术家的独特的润腔技巧产生的。"胡芝风的话提出两个问题：第一，演唱者对角色有所了解才能唱出感情。第二，光有感情

在安阳元宵戏曲晚会演唱《红云岗》选段（2019年摄）

并不等于"动人"，还必须通过润腔技巧唱出来才有味，比如发音吐字、运气、装饰音、力度、节奏、音量、高低、连断、音色都必须予以充分注意。

王琼在其文章《京剧演员的唱功训练——唱味》里，对"味"这一概念也有很独到的见解，

三、张宝英新崔派艺术的美学品质

文章写道:"所谓唱'味',就是声腔的韵味,包括所唱旋律是否挂味儿、流派特色是否突出,与人物身份是否吻合,与剧情戏理是否相一致。""唱'味'的另外一个标准,是要依据剧中人物的个性特征,唱出这个人物的'味儿'来。"这里韵味的出现需要很多条件来支持,缺一不可,达到很难,所以,唱的有"味"非常不容易。

书法家教育家奚派传人欧阳中石先生说:"无论唱念,都不能使劲喊,知道了板眼、腔调、工尺是远远不够的,要唱出滋味、唱出劲头才是有味儿,味儿就是劲儿。"欧阳先生提出了一个很重要的问题,"味儿"和"劲儿"的关系。"味儿"是追求、目的,"劲儿"是方法、技巧。换句话说,要想有"味儿"必须有"劲儿"。他说:"说到发音的'窍门',不是直着嗓子喊,而是有张有弛地用巧劲。余叔岩的'提溜劲'就是要求把气息永远保持在一个状态上,下沉不能松懈,上提不能僵化,要一提到底,但要随时一提即起;要一提到顶,一放即落,有内在的骨力,这就是灵活的劲头。"劲头靠气息。气息是劲头的动力。

上海戏曲学院教授陆义萍是这样说的:"没有劲头,声音便没有力度,也不会有韵味。用劲过头,也可以说'砸'过了头,一是破坏了音色,另外也影响发音'位置'的稳定。"究竟用什么劲呢? 用"寸劲","既要有劲头,又不能用过头"。陆先生是著名演员、教授,既有经验又有理论,她这样讲,进一步证明欧阳先生"味儿就是劲儿"的论断是正确的。有戏友更是进一步阐述了劲和味的关系:"'劲'是运用嗓音力度的'合力'。"看来劲是从嗓子里出来的,而且是几个力同时作用的效果,如果是用单一的力量,就是直声直调,也就谈不上韵味了。

唱戏得有味,味是演唱的灵魂,无味等于白唱。要想有味,必须有劲,无劲则无味。劲靠气,气是劲的动力。有味靠功夫。喜爱张宝英演唱艺术的"粉丝"众多,人们异口同声说她:"唱得得劲,有味儿!"自成一家,渐成一派,是有着大量的实践基础和理论依据的。衡量一个人的价值,就是看她为这个社会,为下一代留下了多少有价值的东西。

观众口碑 艺术之美

河北省邯郸市邯钢中学有一位张树欣老师,河北大学中文系研究生毕业。喜欢张宝英的戏,喜欢张宝英的唱腔。在课堂上经常给学生讲解张宝英的艺术之美,而且用她的如椽之笔把喜欢张宝英的理由洋洋洒洒写成了一大篇文章,文字优美,文学性强,有戏有趣,入情入理。拜读之后,爱不释手,推荐发表在《中国戏剧》上。征得张树欣老师同意,我把这篇文章原文"粘贴"在这里,与大家共赏。

隐忍之美

当暗夜无止境地展开,浓黑的悲凉和无望纷至沓来,生命以孤寂的守候和静默的坚韧执着成一种姿态,那便是隐忍。也许忍得云开月明,也许隐得玉石俱焚。那又怎样?在眼眸如水的凝望和坚持中,隐忍,已使生命本身静美成一道风景,静默成一份厚重,静穆成一种高贵。

华丽的大幕拉开,被张宝英老师赋予灵魂的每个生命鲜活地游走在自己的故事里。

秦氏风尘仆仆的来到她要找寻的地方,低头的瞬间一定瞥见了自己一身的卑微和寒伧,驸马府的富丽晃得她有些炫目,堂上那双熟悉不过的眼睛更冷得使他心悸。她默然舔舐了一下渗血的伤口,迎了上去。劝告——再劝告,哀求——再哀求,委屈——再委屈,希望一次次破灭,泪水一次次决堤,自尊一次次摧毁……观众在泣泪,秦氏在泣血。没有人笑她软弱、无助,没有人嘲她卑微、妄念。在巨大的悲哀和无常袭来时,没有惊慌呐喊、没有失神狂奔,秦氏用平静和坦然暗暗禁受了痛楚,那份隐忍和凛然,在猝不及防的苦难面前,不正闪耀了人性肃穆而高贵的光芒?

骀荡的春风一次次吹开了满目的青翠,却吹不展窦氏紧锁的娥眉。在情思缱绻的春光中,她默默地想,悄悄地哭。没人能走进她的天地,就像她从来走不进这一片春光。她的慧心能解开别人的烦恼,却永远解不开自己绾紧的愁怀。她不会想不到那个人可能恋在别处,可她仍痴痴地等,一厢情愿地盼,自以为是地寻觅,无可奈何地空守……鸿雁在渐霜风凄中黯然离去,紫燕在花红柳绿中翩然而回,他们可曾看见了一个美丽的娘子在轮回的四季中、在单调的故事里那卓然独立的身影和寂寞幽怨的目光。其实,当眼中有了爱恨恼怨,心中有了思念惆怅,那种爱而不得的隐痛、希望失望的纠结,便使生命超越了枯井般的乏味和闷沉;于是,无论盎然春意,还是肃杀秋光,都成了生命中撩人的风景和隽永的记忆。

三、张宝英新崔派艺术的美学品质

《英姬夫人》剧照,张宝英饰英姬夫人(1987年摄)

当柳氏卖掉儿子时，当柳氏承受公爹的痛斥时，那外化的痛是随着看得见的泪一起滑落的。其实那盼而不得的妻子的迷茫、想而不见的母亲的残酷、养而无能的子女的绝望才是考验她承载、坚守极限的砝码。所以最后找不找到苗郎并不重要，认不认丈夫亦无所谓，生命已在满目创伤中被苦难饱经的丰满而厚重，灵魂也已在痛苦煎熬中被坚忍升华的庄严而神圣了……

这种女性的隐忍不是司马迁"隐忍苟活""将已有为"的矢志不渝，不是德川家"无情忍耐""无比谋略"的负重远行，它纯粹、清澈、浓烈而高贵，隐得百转千回，忍得淡定从容。在戏曲舞台上，青衣最宝贵的品质，就是那份落寞中的隐忍，纷扰中的雅正，红尘中的磊落，如果没有从骨子里散发出来的这种静美、高贵的气息，终究失了身份，落了下乘。张老师被誉为豫剧青衣第一，单就人物彰显的这份隐忍之美，就可"笑傲江湖"了。

激情之美

张宝英与李树建主演戏曲电影《乡村警官》（2012年摄）

激情常被单纯地想象为惊涛骇浪、疾风骤雨、雷霆万钧、风驰电掣。其实，激情更是平静、深邃的大海下涌动不止的暗流，是冰封大地中潜滋暗长的生机。在生命旅途遭遇的坎坷、

三、张宝英新崔派艺术的美学品质

张宝英参加河南卫视"中国真有戏"庆祝改革开放40周年《梨园春》新年戏曲晚会（2018年摄于北京）

崎岖中，它就是希望永存的生命气息，是不甘不屈的生命之美。

看张老师的人物，不仅感觉到生命的隐忍，还常从她绝美的声音中、流转的眼波间、举手投足的韵致里，感觉到隐忍中所蕴藉的这种生命的激情。

崔老有一段著名的"老公爹再莫要怒声声"，和缓平常的泣诉中是老杜的顿挫沉郁；张老师也有一段著名的"老公爹你消消气"，荡气回肠的起伏里是小杜的清丽幽婉。前者在深沉、悲抑中无奈的叹息着，有苍凉的古风；后者在激荡、灵动中不屈的挣扎着，有时代的气息。有人说柳氏在这种情形下应该是有气无力的叙述，不该是跌宕起伏的抒情。其实戏曲本就是写意的艺术，跌宕的音乐也不过是情感的外化，柳氏纵然再饥饿、再绝望，内心也总还有波动的情绪、不泯的希冀。虽与崔老的唱段有别，但那起伏间所振荡的激情不正是那个有主见、有担当、有韧劲的柳氏心中所压抑和忍耐的吗？即使同样唱"拐子本是五根柴"，张老师的声音中总回荡着一股隐隐的不屈。但这种激情绝不是惊涛骇浪，不是恣意的奔放、无边的张扬，它只是涌动的暗流、潜滋的生机，是没有超越隐忍的范畴的。

最明显的还有窦氏的塑造。这个人物身上依附与自主、感性与理性的矛盾非常微妙。依附太多，流于感性，失了身份；自主太多，过于理智，失了本色。崔派的阐释很准确，但崔老的自主多一点，再现的是悲抑和无奈；张老师的依附多一点，再现的是哀怨和无助。

那个窦氏毕竟才32岁,女人在这个年龄还是有激情和梦想的,那种思念的绵密、等待的灼痛、那种不甘心、那种小聪明,那种自以为是……就是隐忍的生命中遏制不住的生气呀。明白这一点,也就不难明白张老师在自己的《桃花庵》里为什么赋予窦氏在听到妙善哭娇儿后那由衷的笑容;为什么让苏宝玉连叫三声"娘",赋予窦氏那么多的激动和喜悦;为什么让窦氏捧着丈夫的蓝衫由原来刹那间的不能自持变为久久的情不自禁……所以我一直觉得张老师在"二张版"里刻画的是最人性、最灵动、最符合现代审美、端庄与风情兼具的最完美的窦氏。落寞、怅惘虽然让窦氏静美成一道风景,但生命中尚未枯竭的希望和不甘仍让她心中绽放着一触即发的激情。因而小小的迷失、忘情、敏感、失态都只能使她更亲切、更真实、也更可爱。

  隐忍是自主的、理性的,激情是自觉的、感性的;隐忍令人肃然起敬,激情使人油然生爱。但如果用热烈、奔放、激越或悲壮来形容张老师的激情,我觉得还是不准确的。张老师只是让那些人物在力所不及的绝望和宿命的悲剧中多了一点不甘心、不认命、不放弃的韧性,不是磅礴江涛,是深海潜流;不是电光火石的变色动容,是涅槃浴火的恬淡微笑。

  重负、承载、压抑、内敛会让人痛苦、深刻,也会让人不堪承受。民族的苦难造就了心灵的坚忍,所以会有崔老"什么时候演都有眼泪"的悲怆;时代的风气又舒展了萎缩的个性,所以会有张老师深海潜流般不泯的生气和悄然的激情。社会总是发展的,生活总要向上的,

送戏下乡(2001年摄)

三、张宝英新崔派艺术的美学品质

在河南电视台《梨园春》"大戏看中国"——庆祝新中国成立70周年特别节目中，饰演《对花枪·训罗义》，张宝英饰姜桂枝（2019年5月15日刘国林摄）

当一群在痛苦压抑和放纵张扬之间矛盾、游移的现代人发现了张老师，于是，心灵便有了停靠，灵魂便有了触动，精神便有了皈依。

本色之美

朋友问：为什么喜欢张老师？不要思考。我说：张老师身上有一种质朴的东西，让人感觉很真实。

人在行走的历程中，无论与外界发生多少碰撞、撕扯，仍然能倾听心灵最原始的声音，保持生命最本真的状态，散发灵魂最质朴的光芒，便是本色之美。漫漫人生、滚滚红尘，风来默然禁受，雨去畅然释怀；达能铅华尽却，穷可宠辱不惊，一概自自然然，毫无矫饰，那不单是一种性情，更是一番境界了。

《下河东》剧照，张宝英饰呼延夫人（1987年摄）

看张君秋的秦香莲，是矜持中的悲戚；看小白玉霜的秦香莲，是柔弱中的悲凄。因为京剧是偏典丽，评剧是偏阴柔的，他们都演绎了本剧种最恰当的秦氏。那有点激昂、有点直白的豫风中的秦氏又该是什么样子呢？我想，珠玉在前的压力下，张老师一定聆听了来自内心深处最真实的声音，按自己对这个生命最深入的解构，完成了这个质朴中含有无尽悲辛的角色的塑造。她不矜持，在"夫居高官妻弹唱"中一任悲伤哗哗地流淌；她不柔弱，在"不告天来不告地"中眼睛也能喷出火来；她不卑微，在"金枝玉叶到堂前"中定要刻意保持自己的尊严。她是一个可历千辛万苦的强者，也是一个被遗弃、被践踏的弱者；她是一个纯朴善良、忍让屈从的受难者，也是一个不能避开、那就咬牙禁受的不屈者……朴实、朴直、朴厚、朴质，这不就是中原大地最真实、最本色的秦氏吗？

其实张老师的很多人物都好相似，人生虽不相同，遭际又如此相近，但演来面目绝不雷同。像柳氏就差点成了秦香莲（她说自己是"死而未埋的秦香莲还活在人间"），但毕竟不是，她的苦痛不比秦氏少，但她似乎更单纯、率真些。在不能双全的两难下，她的原则就是"宁不慈不能不孝"（当然也很冒险地为儿子找条生路）。这种极有原则的信念使得她卖儿子、背公公、拦官轿、斥丈夫，一切都做得坦坦荡荡、入情入理。单纯使她承受

三、张宝英新崔派艺术的美学品质

张宝英与贾文龙主演戏曲电影《沉封的军功章》（2012年摄）

了超越常人的苦难，苦难使她锤炼的更加坚强，坚强使她的生命愈加舒展，舒展最终使她呈现出极质朴的可爱。窦氏也是一个被遗弃者，但那种纯粹的爱情背叛使她饱尝的完全是精神的蹂躏。她的出身、地位以及所受的教育使她心灵更丰富，但这种丰富只能愈加深刻和蔓延她的悲伤。在"二张版"中那个深情款款、痛苦万端的女子，时而楚楚动人，时而咄咄逼人；时而愁肠百转，时而聪慧机敏；时而迷乱感性，时而从容理智……无论哪种情致又都始终荡漾着女性最柔软、最敏感、最善良的情思，因而这个窦氏就有了几分水样的柔情和娇媚。但这种在张老师所有戏里都非常少见的韵致和风情，又被张老师演得极大方、极自然、极舒畅，一点也不扭捏、不刻意、不造作。

徐渭在《西厢序》中说："世事莫不有本色，有相色。本色，犹俗言正身也；相色，替身也。替身者，即书评中婢作夫人，终觉羞涩之谓也。"王国维在《人间词话》里也说："大家之作，其言情也必沁人心脾，其写景也必豁人耳目。其辞脱口而出，无矫揉装束之态。以其所见者真，所知者深也。"可见，本色、质朴之态是要有深刻的洞察和高度自信的。世间纷扰太多，太多的人被左右、被改变、刻意证明什么、求得什么。殊不知，不故作姿态、纯任天机、经得起生活过滤、推敲的清真、率性才是豪华落尽、冲淡深粹的自然之韵、本色之美。

变幻之美

阴晴圆缺,悲欢离合,生命万物岂有不变之理?花开花谢,日出日落,只要眼睛不黯淡,自可缤纷出万千的美丽;生活平淡、乏味单调,只要心灵不沉寂,亦会评咂出不期的惊喜。艺术家说"演戏要带三分生",想来是为了保持心目的灵动和创作的激情、活力,使那些经久的剧目常演常新。因此看张老师的戏,自然就会常常让我们饱览那样出其不意的惊喜和美丽。

在那段"老公爹你消消气"中,当唱到"无奈何才卖了你的苗郎孙孙"这句时,我们看到悲痛欲绝的柳氏疾走至出场门,一把抱住儿子留下的青布小褂,爱怜、痛惜地贴在脸上。那种失去儿子的千般凄苦、万种内疚全在这件衣服的摩挲和爱不释手中表现的淋漓尽致。后来在1993年十大名旦的那个版本中,张老师唱到这句时,让柳氏做了一个极自然的跺脚、甩袖的姿势,这个有点类似下意识的动作又把柳氏不得已卖掉儿子的无可奈何、压抑委屈表现的很通俗、很生活化。到2006年《梨园春》纪崔晚会上再唱到这句时,这次柳氏是缓步向前,慢慢跪倒,悲伤地俯在老公爹的膝上,这个动作不仅体现了柳氏的不堪重负、苦痛悲抑,更体现了翁媳二人情同父女、相依为命的挚情,真真令人唏嘘不已。

还有窦氏的出场,在"80版"中那简直是最有范儿的出场,隆重、正式,还带了些庄严、静穆的意味,款款而至的步履间充盈着角儿的大气和从容。到"二张版",张老师又为窦氏铺设了最美丽的出场,那翩然的身姿和惘然的凝眸中满是碰不得、诉不尽的美丽与哀愁。再到"台湾版",窦氏仿佛数尽红尘,经久的悲伤被岁月沉淀的平静而悠远,于是窦氏也

张宝英与任宏恩主演戏曲电视剧《敬老院的故事》(2015年摄)

张宝英与孟祥礼主演戏曲电影《女婿》（2018 年摄）

拥有了最规范、最寻常的出场。

这种纷繁的变化让观者充满了期待和惊喜，也让艺术家散发了无比的光彩和无限的魅力。也许有一种是你最喜欢的，但仔细推敲、对比后，哪一种都让你感觉既好看又合理，都显示了艺术家对世事和人性洞察的深刻和细腻。当然不止这些，张老师还在一些不易察觉的细节上充满了创造的智慧，使人物在灵动变幻中传递更丰富的情感信息和更多的感染力。80版中窦氏的水袖大多是规规矩矩地搭在腰间，端端正正中折射的是人物的恭肃、矜持和理性的美。二张版中窦氏的水袖，很多时候则看似随意地拥在了胸前，这不经意间上移的一点距离，立刻使人物多了几分西子捧心般的娇弱和妩媚，窦氏也因此在十足的端庄中又多了层我见犹怜的感性美。电影版中的秦香莲指责丈夫"难道你是铁打的心"后，陈世美一时情动，夫妻相拥在一起。蓦然陈清醒过来，急速推开妻子，并把水袖无情地抛了过去。秦氏紧接着也怨愤地抛出了水袖，很自然地回应了他一下。这个细节使秦氏可爱极了，估计很多女性观众都喜欢的很。到了台湾版中，张老师去了这个动作，秦氏被推开之后，只是怔怔地站在原地，几秒钟一动不动，那通身的委屈和可怜劲儿恰又表现的"此时无声胜有声"了。又如80版的"过街楼"上，窦氏一直在哭，但哭的姿态绝不相同，或以袖掩面、不胜悲痛，或颔首抽泣、轻轻拭泪；或顿足拊膺、悲声大放，或手扶楼台、凄楚难耐；或侧身拂袖、哀哀哭诉，或正身端立、盈盈垂泪……短短的几分钟，每一声哭泣都仿佛极

张宝英与胡希华参加曲剧电影《李豁子的婚事》新闻发布会（2013年摄）

尽变幻之能事，展现了人物丰富的情致，看的人感动、感伤又感慨、感叹。

李渔在《闲情偶寄》里说自己看旧剧的时候，总是或喜或惧。为什么呢？喜的是"音节不乖，耳中免生芒刺"；可又害怕"情事太熟，眼角如悬赘疣"。其实戏和书画都一样的，"贵在仿佛大都，而细微曲折之间，正不妨增减出入"；如果完全是"依样葫芦，则是以纸印纸，虽云一线不差，少天然生动之趣矣"。张老师的这些变幻自然是"天然生动"最引人的趣处了。李渔还有个有意思的比喻，说看戏如看古董，妙就妙在"体质愈陈愈古，色相愈变愈奇"。那如何"愈变愈奇"呢？"仍其体质，变其丰姿"啊，那何为体质？"曲文与大段关目是已"；何为丰姿？"科诨与细微说白是已"。这里已经说得再清楚不过了。当然艺术家须得"透入世情三昧"，才能"择其可增者增，当改者改"，最终达到点铁成金、润泽枯槁的境界呀。

写到这里，不觉想到人和人之间会有很多情感，似乎哪种都不是空穴来风，可以找到发生的原因和理由。但实际上当我们找到所谓的"理由"时，情感已经刻板、理性，失去了它柔软、纯粹的本质了。因此，尽管我力图客观、理智地去解读张老师，探寻喜爱张老师的理由，但其实在张老师凝眸、张口的瞬间，所有的理由已全部遁形，直接融冶、内化成一种很感性、很天然、很单纯的情愫了。所以真正"爱"张老师，竟不需要理由了。

四、张宝英的艺术传人

　　《张宝英师训》：凡我弟子，一定要立艺先立德，学戏先学做人。对待观众要常怀感恩之心，金杯银杯不如观众的口碑。对待同门师姐妹，一定要尊大爱小，精诚团结，互相帮助，互相学习。在艺术上，你们要脚踏实地的勤奋刻苦，博采众长，融会贯通，"青出于蓝而胜于蓝"！要不忘初心，矢志不渝，做一个德艺双馨的好演员！

　　河南省导演学会会长、著名导演艺术家罗云评价道："豫剧界继承发展做的最好的，非张宝英莫属！"

艺无止境 天外有天

张宝英带学生，传承戏曲艺术，可以从1971年她为安阳市文工团豫剧队招收的第一批学生说起。当时，张宝英身怀六甲，无法参加演出。革委会的军代表就安排她和王香芳老师一起到各个小学去招收"毛泽东思想宣传队队员"。她在安阳市文峰路小学发现了一个身材高挑的小姑娘，正在上五年级，是学校宣传队的骨干，名叫王秀梅。就把她叫到老师办公室，听她唱了一段京剧样板戏《智取威虎

张宝英给徒弟说戏（2017年6月24日摄于安阳）

山》里小常宝的唱段"只盼着深山出太阳"，唱的满宫满调，字正腔圆。于是，就把她带到了安阳市文工团，与其他19个孩子一样成了豫剧队20名学员里的一名正式演员。在河北峰峰煤矿演出时，崔兰田老师发现这个小女孩是块唱戏的料，就嘱咐张宝英好好带带她。从那以后，无论春夏秋冬，也无论到什么地方演出，每天早晨，张宝英都带着她喊嗓子、练功。农村的田间地头，城镇的小河畔，剧场的舞台上，到处都能看到她们俩练功的身影。

那几年，安阳剧团常演的剧目是《红云岗》。张宝英扮演女主角红嫂，就让王秀梅扮演跟着红嫂一块上山挖野菜的小姑娘。这出戏演了三年，她们就在舞台上"挖"了三年野菜。长期的舞台艺术实践，耳濡目染，潜移默化地熏陶，使王秀梅对张宝英的一招一式，一字一腔，有了深刻的了解和感悟。演《洪湖赤卫队》时，张宝英发现王秀梅身上"软"，缺少韩英那种赤卫队长的英武之气，就亲自带她到操场上练正步，让她在炎炎烈日下，从艰苦的训练中去体会游击队长的精神气质。

戏谚说："台上走一走，便知有没有。"戏曲演员脚上有没有功夫，往舞台上一走就全露出来了。为了让王秀梅有一种稳健、洒脱的台步，张宝英一遍遍给她示范、指点，还专门用一根细绳捆在她的脚脖子上，限制她的脚步幅度。就是靠着这种严格的苦学苦练，王秀梅在舞台上拥有了过硬的台步。

四、张宝英的艺术传人

跟当年崔兰田培养张宝英一样,张宝英也采用"台下传帮,台上带"的方法来培养王秀梅。在《红楼梦》中张宝英演林黛玉,让王秀梅演薛宝钗;《桃花庵》中,张宝英演窦氏,王秀梅演苏太太;《三哭殿》中,张宝英演银屏公主,王秀梅演长孙后;《秦香莲后传》中,张宝英演秦香莲,王秀梅演皇姑;《寻儿记》中,张宝英演孙淑林,王秀梅演大儿媳妇常氏。凭着长年累月的熏陶、配戏,博观而约取,厚积而薄发,会的多了,戏路子就宽了,演起戏来就得心应手了。年轻人脚踏实地,不争角色,不抢戏是好品德。可是,也容易懒惰,不主动去学,也不知道操心多学戏。有活儿就去化妆,没活儿就坐在宿舍打毛衣甚至打麻将。张宝英语重心长地说:"秀梅呀,凡是我演的戏,你都要学会呀!这些戏目前轮不到你演,你也可以不演,但你不能不会呀!这些戏都是崔兰田老师的代表剧目,我演了这么多年,也倾注了不少心血,不光是演唱上有一套与他人不同的技艺,更重要的是那些剧中人物的思想感情被刻画得淋漓尽致、入木三分,有他人所没有的特色。不仔细揣摩是体会不到的。书到用时方恨少,戏到演时腹内空啊。"

张宝英调到艺校当校长后,安阳的五个剧团合并成一个剧团,人多了,但演出剧目却

张宝英辅导安阳市豫剧团青年演员练习发声(2000年摄)

少了。团领导决定让王秀梅接演《寻儿记》。响排的那天晚上,张宝英刚从郑州出差回来,回家匆匆喝了一碗稀饭,就赶到剧团排练厅。看到王秀梅在第二场《雪地》的表演中加了一个软抢背,当场就高兴地对她说:"这个软抢背加的好!我早就对你说过,现在还是这样要求你:学我的东西,

张宝英携弟子范静亮相于河南电视台《薪火相传梨园情——河南地方戏曲名家收徒盛典晚会》(2012年摄于郑州)

无论是唱腔还是表演,千万不要死搬硬套;用我教你的方法,根据你自己的条件,怎么演得自然、舒服,能把你的长处展示出来,你就怎么演。"

看完全场响排后,张宝英一再嘱咐:"演戏,不要演行当,要在行当的基础上演出人物个性来。学成品,要学创造角色的方法。即使是演熟戏,也要做到常演常新,熟戏生演,要演得与众不同。"

在回答学生们关于"像与不像老师"的问题时,她说:"学习任何一个流派,首先要学得精髓。学,贵在吸取精神,讲究一个"化"字,要把所学的东西"化"成自己的东西。学流派为的是丰富表演才能,提高创造能力,重点在吸取精神。学习流派的最终目的是要突破流派、发展流派,而不是墨守陈规,故步自封,不越雷池一步。没有个人的独创,就不可能形成一派。继承流派,不能简单地从表面上去继承,而是要更好地、更全面地从精神实质上去着手。继承的目的,是为了发展,不是为了继承而继承;继承的结果,不但要求把这个流派的艺术学下来,而且要在这个基础上产生新风格、新流派,要发展这个流派。"

2000年11月24日,王秀梅主演的小戏曲《一把雨伞》参加全国部分省市农村题材小戏进京调演,在北京长安大剧院大获成功。全国政协副主席张思卿、文化部副部长艾青春等领导同志对这次演出给予高度评价。《人民日报》、《光明日报》、《中国文化报》、中央电视台、河南电视台、《河南日报》、《大河报》等20多家新闻媒体,报道了这次演出的盛况。在文化部举办的座谈会上,来自中国艺术研究院、中国戏剧家协会和中国戏曲学院的郭汉城、薛若琳、朱文相、贯涌、田本相、顾骧、张关正、朱维英、宋丹菊等专家

四、张宝英的艺术传人

称赞这出小戏:"有情、有趣、有戏,好听、好看、好懂。思想性与观赏性的完美结合。"评介王秀梅在剧中对云手、跪步、蹉步等古典程式的运用,融化得很好,不生硬。充分体现了演员创造角色的艺术功力。一个成熟的演员,创造了一个成功的角色。

张宝英从报纸上看到有关的演出报道后,非常高兴,特意保存了一份《河南日报》。在林州市马家山文化大院为农民演出时,她从提包里拿出这张报纸对王秀梅说:"这张报纸上刊登了你在北京演出《一把雨伞》的剧照和评论文章,是我专门给你收集的。我从电视上看了你的演出,中央电视台、河南电视台、安阳电视台都播放了你在北京的演出实况,反应不错。"那天,张宝英站在农村的戏台旁,认真地观看了一遍王秀梅演出的《一把雨伞》。待演完戏,王秀梅走到张老师的跟前诚恳地问:"能看下去不能?"张宝英非常关爱地拿起大衣给她披在身上,高兴地说:"非常棒!你成熟了,就照这样好好演下去吧!我为有你这样的学生感到很自豪、很光彩!记住,啥时候都不要骄傲!艺无止境,天外有天。"

戏剧评论家刘景亮先生在总结河南改革开放 40 年来的戏剧现代戏创作时评价道:"回顾这 40 年河南现代戏园地,最显眼的是深受民众喜爱、具有广泛影响的剧目:《朝阳沟内传》《谎祸》《倔公公犟媳妇》《金鸡引凤》《倒霉大叔的婚事》《儿大不由爹》《红果红了》《糊涂盆砸锅》《老子·儿子·弦子》《铡刀下的红梅》《香魂女》《常香玉》《焦裕禄》,还有小戏《调查》《一把雨伞》,等等。"这说明,王秀梅主演的《一把雨伞》在河南现

张宝英携弟子陈秀兰、崔玉萍、范静、王凤银在河南电视台《梨园春》演唱《包青天》选段
(2012 年摄于郑州)

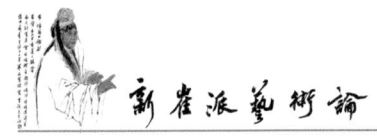

代戏创作中，留下了光彩的一笔，时光荏苒，18年后仍然被评论专家热议，实属不易。河南省委宣传部、河南省文化厅曾给予她河南省精神文明建设"五个一工程"奖，河南省农村题材小戏进京调演一等奖的荣誉。

汝阳县豫剧团团长丁清香是第一个正式向张宝英磕头拜师的徒弟。拜师后的第二天，张宝英就把她带到伏牛山区一个正在修建的水库工地上为农民演出。再三嘱咐她，要扎根山区，立志为农民演出，一定要赢得山区群众的喜爱。为培养丁清香提高技艺，开阔眼界，专门带她到北京参加在广和剧场举办的张宝英折子戏专场演出，让她亲身感受老师的舞台艺术魅力。又亲自安排她随团赴台湾交流演出，让台湾同胞认识了这位来自豫西伏牛山区的崔派弟子。台湾洛阳同乡会在台北市为丁清香举行了隆重的欢迎晚宴。通过几次重要场合的演出锻炼，丁清香的艺术才干和知名度，在河南戏剧界有了较大提高。河南省戏剧家协会授予她第二届"香玉杯"艺术奖。著名戏剧家马少波在北京广和剧场看了丁清香演出的《秦香莲后传·哭庙》后称赞她："学的像师傅，扮相、唱腔、做派都像。在台上我都分辨不出来了。"中国音乐家协会副主席时乐蒙专门与张宝英、丁清香师徒合影留念。

由河南省文化厅、河南省广播电视局主办、河南电视台承办的《薪火相传梨园情》——2012年河南地方戏曲拜师盛典晚会可以说是河南有史以来最为隆重的一次拜师收徒活动。河南省委书记卢展工、省长郭庚茂、省委宣传部部长赵素平等省委常委悉数到场参加拜师收徒盛典。张宝英与其他河南戏曲名家一起现场收徒。河南省豫剧二团青年演员邵文霞、许昌万里豫剧院青年演员温秀琴、漯河市豫剧团青年演员魏秋芬，在著名京剧表演艺术家梅葆玖、著名词作家闫肃的见证下，随着著名相声表演艺术家赵炎的司仪口令，为师傅敬茶，行三拜九叩的传统大礼，正式拜师张宝英。她的弟子陈秀兰、崔玉萍、范静、王凤银联袂助兴演唱《包青天》选段"秦香莲抬头观金枝玉叶到堂前"。这次由省委书记、省长亲自出席的拜师收徒盛典，对张宝英在豫剧界的地位和继承、发展、创新崔派艺术的贡献，给予了充分的肯定和鼓励。

四、张宝英的艺术传人

立艺先立德　学戏先学做人

2017年6月24日，安阳文化大舞台嘉宾满堂，座无虚席。张宝英大开山门，高调收徒。收徒仪式在安阳市戏剧家协会副主席兼秘书长杨奇的主持下隆重举行。著名豫剧表演艺术家贾庭聚、汤玉英、著名曲剧表演艺术胡希华作为见证嘉宾在舞台上就座。24名来自省内外的弟子行三拜九叩大礼郑重地拜张宝英为师，大师姐于慧萍代表师妹们为老师敬茶，小师妹王俏敬代表师姐们给老师献花，学历最高的程灿博士代表师姐妹发言。24名弟子中有来自浙江舟山群岛的公务员钱冠磊、有来自大专院校的教师周琦、国家画院的博士后程灿、更有来自基层民营院团的吴新花（河北临漳）、刘雪莉（山东菏泽）、向梅（河南南召）、邓洁（河南驻马店）、陈喜文（河南汝阳）等等。学生分布在河南、河北、山东、浙江、北京等地。在收徒仪式上，张宝英认真地发表了《师训》：凡我弟子，一定要立艺先立德，学戏先学做人。对待观众要常怀感恩之心，金杯银杯不如观众的口碑。对待同门师姐妹，一定要尊大爱小，精诚团结，互相帮助，互相学习。在艺术上，你们要脚踏实地的勤奋刻苦，博采众长，融会贯通，"青出于蓝而胜于蓝"！要不忘初心，矢志不渝，做一个德艺双馨的好演员！

短短130多个字，却传承着一个亘古不变的道理——

立艺先立德，学戏先学做人。

如何做人，不仅体现了一个人的智慧，也体现了一个人的修养。张宝英在她60多年的

艺术生涯中，深刻地明白一个道理：一个人不管多聪明，多能干，背景条件有多好，如果不懂得做人，人品很差，那么，他的事业将会大受影响。只有先做人，才能做大事，这是古训，也是张宝英从艺60多年的心得，其思想可以说是中国千年文化底蕴的沉淀。因为，先人早就强调了"做人为先"的重要性。

孔子早在2000多年前就告诉我们"子欲为事，先为人圣""得才兼备，以德为首""德若水之源，才若水之波"。因此可见，中华民族历来是讲究做人的道理的。我们从小到大，有关做人的道理耳熟能详。然而品性优劣却因人而异，做事的结果也大相径庭。任何失败者都不是偶然的，同样，任何成功者的成功都是有其必然性的，其中最重要的一个因素就在于怎样做人。

人品，是一个人施展能力的基础，是当今社会稀缺而珍贵的品质标签。人品和能力，如同左手和右手：单有能力，没有人品，人将残缺不全。能力是一把双刃剑：如果掌握在品德高尚的人手中，它将会给团队与社会创造出无数的价值；相反，如果掌握在品德低下的人手中，它将时刻有可能会成为组织与社会前进的羁绊。有许多人才济济的单位，也面临着动力不足、内耗严重乃至惨遭淘汰的结局。究其原因，演员人品起着决定性的作用。缺乏忠诚、敬业、服从、合作的团队，往往更容易迷失在勾心斗角、尔虞我诈、损公肥私的争斗中。众多的剧团领导都认定：能力合格的人不一定是上品，而人品不合格的人就是危险品。没有人会愿意重用一个成绩合格但人品有问题的危险人物。一个人品不好，即使有天大的才能，他也可能会在关键的时候给院团带来伤害，并且，能力越大造成的损失也会越大。从这个意义上说，"人品"其实是决定着整个院团与个人成长的金钥匙。

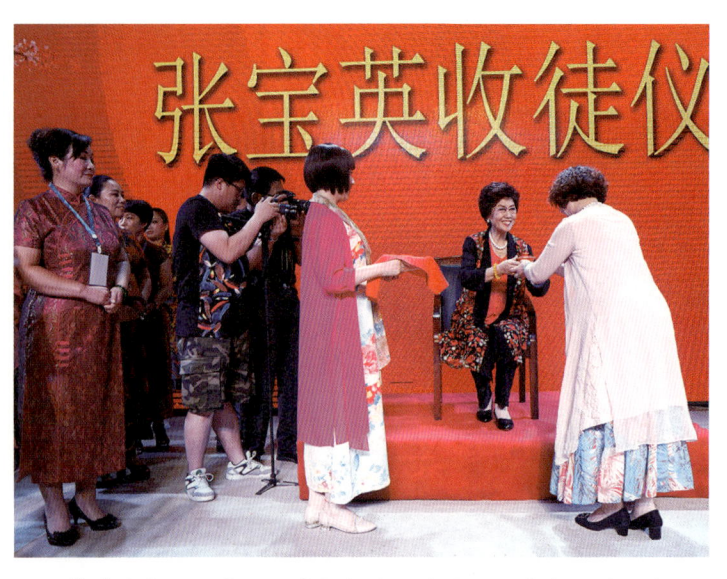

于慧萍代表师姐妹向师傅张宝英敬茶（2017年摄于安阳）

古人云：厚德载物。就是说，人要有好德行，就没有承载不了的事。相反，人无大德便无法成就大事。吃亏是福，我们要乐于吃亏，多为别人着想，才能成就一方事业。同时，厚德是福。做人厚道，方能得到别人的尊重爱戴，善良是好人品的关键因素。人要常怀一颗感恩的心，不要斤斤计较，要多存爱心，多兴善举，多站

四、张宝英的艺术传人

张宝英与新收徒弟合影（2017年6月24日摄于安阳）

在别人的角度想问题，才能拥有良好的人缘和信誉。一个人的信用度也是很关键的，如果没有信用，什么事也干不好。人与人之间的交往，关键是要讲信用。古人把守信看作是做人非常重要的品行之一，讲究言必行，行必果。

常言道："海纳百川，有容乃大。"人要有一颗宽容之心，方能容天下难容之事。我们要学会宽容与自己看法不同的人，特别是与自己有矛盾的人。宽容别人实际上是给自己的心灵松绑，否则，只会给自己的心灵加压，受累的还是自己。要承认人与人之间的差别，多看别人的优点和长处，宽容别人不足之处，一分为二地看待别人，学会用欣赏的眼光看人。

欣赏别人是一种境界，善待别人是一种胸怀，关心别人是一种品质，理解别人是一种涵养，帮助别人是一种快乐。应当学会倾听，学会微笑，学会赞扬。多留财富，少留包袱。多留风范，少留遗憾。多留经验，少留缺陷。

做人要以诚为本，因为诚实是立身之本，诚实是做人的一种美德。人之无诚，不可为交，"欲当大任，须是笃实"。做人只有实实在在，老老实实，才能赢得别人的尊重，才能在社会上站稳脚跟。

这就是张宝英在《师训》中，把"立艺先立德，学习先学做人"作为座右铭的根本所在，从中可以体味她对弟子们的良苦用心。

传承发展　任重道远

　　戏曲是中华优秀传统文化中的民族瑰宝、人类遗产，在千百年的历史进程中，一直居于社会文化发展前沿，用高台教化和艺术熏陶，将社会历史文化、世俗人伦情感实现民众共享。在近现代急速的时代转型和社会变革中，党和政府对于戏曲进行改革、创新、传承、发展，尊重戏曲艺术规律，实现戏曲在现当代生活中的文化输送、社会教育和艺术创造，造就了文化建设的成就实践和优秀成果。中国戏曲艺术近数十年来的文化实践一再地说明了中国戏曲不但用持续的传承力保持了优秀传统文化世代相袭的文化品格，而且也用持续的创造力保持了戏曲与时俱进创造转化的艺术活力。戏曲的活态性即在于此。戏曲的发展，实现的是戏曲艺术与不断变化着的人、不断变化着的区域群体、不断变化着的民族社会所进行的深入互动与深入共进。戏曲艺术以其独特的民族属性，浓郁的传统品格、当代价值和世界意义，做到了充分展示中国形象、中国精神、中国价值和中国力量的文化使命。以2015年国务院办公厅发出《关于支持戏曲传承发展的若干政策》为标志，党和政府在短短

张宝英传授张秀丽《卖苗郎》、吴慧霞《包青天》结项汇报演出（2018年摄）

四、张宝英的艺术传人

几年内连续推出众多戏曲政策、实施意见,给予中国戏曲前所未有的资金和政策扶持,从基础设施、剧种扶持、演员传承、剧目创作、艺术推广、区域演出等等,都有相应的具体举措和切实工作,这成为新时代中国戏曲传承发展强有力的基础。

文化部自2016年启动实施《名家传戏》当代戏曲名家收徒传艺工程,三年多来共有230多名地方戏表演艺术家向近500多名地方戏青年演员传授表演精粹,极大地提升了地方戏曲青年演员的表演水平和地方戏曲院团的演出实力。

张宝英以78岁高龄,享沐政策东风,选中河南豫剧院二团青年演员张秀丽和登封市豫剧团青年演员吴慧霞为重点培养目标。分别传授《卖苗郎·摔碗·背公公》和《包青天·抱琵琶·杀庙》,入选文化和旅游部实施的"中华优秀传统艺术传承发展计划2018年度戏曲专项扶持项目《名家传戏》当代戏曲名家收徒传艺工程(地方戏曲类)",获得国家资金扶持。经过半年多的教学、排练和实践演出,张秀丽、吴慧霞深得张宝英真传,技艺长足大进,平时在团内演出全场《卖苗郎》《包青天》均已接近百场。2018年12月31日在安阳文化大舞台举办了结项汇报演出,展示了学习崔派艺术的成果,受到了安阳观众的青睐。前来观看演出的群众把一个偌大的小剧场挤得水泄不通,座无虚席,通道台阶上都坐满了观众。由此可见,张宝英及她的学生所呈现的"新崔派艺术",在广大观众心目中是有影响、有地位、深受爱戴的。戏曲艺术的精髓在于传承。戏曲名家是承载传统的鲜活力量,是戏曲传承的活水源头。南宋文学家朱熹在《观书有感》中写到:"半亩方塘一鉴开,天光云影共徘徊。问渠那得清如许,为有源头活水来。"

张宝英弟子名录

序号	姓名	拜师时间地点	工作单位职业
1	丁清香	1986年10月 河南汝阳县	河南省汝阳县豫剧团团长、领衔主演
2	陈秀兰	1994年郑州	河南豫剧院三团一级演员
3	徐爱华	1995年3月27日新疆昌吉自治州	新疆建设兵团昌吉豫剧团团长、一级演员
4	任桂花	1995年3月30日新疆石河子	新疆石河子豫剧团团长、一级演员
5	赵凤兰	1995年甘肃兰州	兰州市豫剧团演员
6	石淑玲	1997年3月25日河南省鄢陵县	河南省鄢陵县豫剧二团演员
7	周 桦	1998年甘肃兰州	兰州市豫剧团团长一级演员
8	李秀花	1998年8月18日焦作	焦作豫剧院演员
9	郭红霞	1999年5月焦作	焦作市职业技术学校讲师
10	崔玉萍	2001年河南温县	河南豫剧院三团演员
11	胡恩峰	2002年12月河南省浚县	河南省鹤壁市淇河豫剧团团长、领衔主演
12	王凤银	2003年商丘	商丘市豫剧二团二级演员
13	杨招娣	2004年8年16日郑州	安阳市豫剧团演员
14	赵焕霞	2004年8月16日郑州	安阳市豫剧团演员
15	范 静	2005年10月1日郑州英协	河南豫剧院青年团副团长一级演员
16	张艺霏	2005年郑州	河南省文化艺术研究院二级演员
17	范雅鸣	2005年8月16日安阳	安阳艺校戏曲音乐教研室主任
18	戴宏利	2005年8月16日安阳	安阳艺术学校教师
19	刘爱英	2006年2月安阳	安阳市豫剧团二级演员
20	王秋霞	2006年郑州	安阳戏校毕业生

四、张宝英的艺术传人

序号	姓名	拜师时间地点	工作单位职业
21	吕明谚	2007年6月26日安阳	邯郸艺校教师
22	李红芹	2007年7月1日濮阳	濮阳市戏剧艺术传承保护中心演员
23	杨瑞玲	2007年7月13日郑州	新乡市演艺公司演员
24	许大荣	2008年3月16日梨园春	河南省遂平县豫剧团演员
25	李雪梅	2008年5月禹州市	禹州市豫剧团二级演员
26	刘朝晖	2009年9月邯郸	邯郸市豫剧演员
27	郭 霞	2010年8月濮阳	濮阳市杂技艺术学校戏剧学院副院长、一级演员
28	杨素霞	2010年11月河南省叶县	1999年《梨园春》年终决赛总擂主
29	张妹钦	2011年11月6日河南省南乐县	河南省南乐县豫剧团演员
30	赵海英	2011年11月6日河南省南乐县	河南省南乐县豫剧团演员
31	司小青	2011年11月安阳	安钢艺术团独唱演员
32	邵文霞	2012年2月6日梨园春	河南豫剧院二团演员
33	温秀琴	2012年2月6日梨园春	许昌豫剧二团演员
34	魏秋芬	2012年2月6日梨园春	河南省漯河市豫剧团、二级演员
35	张秀丽	2012年9月9日郑州	河南豫剧院二团演员
36	刘玉环	2013年11月25日安阳	杞县豫剧团业务团长、领衔主演
37	李 玲	2015年8月河北省邯郸	河北省邯郸市邯山区曲剧豫剧团团长、领衔主演
38	贺玉红	2015年11月23日洛阳	洛阳市豫剧院演员
39	李庆杰	2016年6月6日郑州	河南豫剧院青年团演员
40	王书平	2016年6月23日安阳	安阳电视台《湖波打擂台》年度冠军
41	沈晓莉	2016年6月23日安阳	安阳电视台《湖波打擂台》年度季军
42	李海芹	2016年6月23日安阳	安阳电视台《湖波打擂台》年度亚军
43	周 琦	2017年4月15日郑州	周口市职业技术学院讲师
44	于慧萍	2017年6月24日安阳大舞台	洛阳市春晓豫剧团演员

序号	姓名	拜师时间地点	工作单位职业
45	王 兰	2017年6月24日安阳大舞台	安阳市民间剧团演员
46	滕海英	2017年6月24日安阳大舞台	洛阳市沁园春文化艺术研究院秘书长
47	陈喜文	2017年6月24日安阳大舞台	汝阳文工团演员
48	李文萍	2017年6月24日安阳大舞台	平煤集团豫剧团演员
49	陈艳梅	2017年6月24日安阳大舞台	邯郸市春风豫剧团演员
50	邓 洁	2017年6月24日安阳大舞台	驻马店市驿城区豫剧团演员
51	贾小凤	2017年6月24日安阳大舞台	汤阴县豫剧团演员
52	孙保红	2017年6月24日安阳大舞台	林州市双宏豫剧团演员
53	向 梅	2017年6月24日安阳大舞台	南召县曲剧团演员
54	刘雪梨	2017年6月24日安阳大舞台	山东省菏泽市豫剧团演员
55	唐桂霞	2017年6月24日安阳大舞台	登封市豫剧团演员
56	吴新花	2017年6月24日安阳大舞台	临漳县豫剧团演员
57	邓贺霞	2017年6月24日安阳大舞台	河南省大青衣豫剧团演员
58	杜金枝	2017年6月24日安阳大舞台	郑煤集团文工团演员
59	孙 芳	2017年6月24日安阳大舞台	汝州文化艺术学校教师
60	米小爱	2017年6月24日安阳大舞台	驻马店市演艺中心演员
61	钱冠磊	2017年6月24日安阳大舞台	浙江嵊泗县环保局干部
62	程 灿	2017年6月24日安阳大舞台	中国国家画院博士
63	杨 华	2017年6月24日安阳大舞台	舞阳县豫剧团演员
64	王俏敬	2017年6月24日安阳大舞台	滑县豫剧团演员
65	吴慧霞	2017年12月28日郑州	登封市豫剧团演员

五、张宝英唱腔选

  张宝英严遵师训，博采众长，在保持崔派艺术精华的基础上，根据自己的行腔特点，大胆吸收了秦腔、曲剧等姐妹剧种以及歌剧的发声方法，形成独特的演唱风格。她创造出的新腔真假声运用自如，韵味浓郁、声情并茂，既有崔派神韵，又有时代气息。她把"塑造新人物，创立新风格，向观众奉献自己的拿手好戏"作为座右铭，以在舞台上塑造性格鲜活的人物为第一目的，几十年来追求不息，创作了一批主题鲜明、风格独特的代表剧目，培养了一大批追随其演唱特色的传人，逐渐形成一个新型的豫剧流派"新崔派"，产生极大影响。古都安阳，为孕育了豫剧新崔派艺术而骄傲。

——廖奔

《张宝英唱腔选》选取了她首演于1959年的豫剧现代戏《洪湖赤卫队》中的唱段："看天下劳苦人民都解放"，首演于1970年的豫剧现代戏《红云岗》中的唱段："为亲人细熬鸡汤"和首演于2007年安阳元宵戏曲晚会上的戏歌《沁园春.安阳》。这些唱段历经数十年的实践检验，被视为张宝英演唱艺术的经典之作。纵观张宝英在唱腔上的丰硕成果，它记录了众多豫剧作曲家对张宝英新崔派声腔艺术的卓越贡献；同时，它也是60多年来豫剧旦角演唱艺术发展变革的写照。从这些精彩的唱腔中，我们可以清楚地看到张宝英继承、革新、发展的轨迹。这种革新发展，不但是为了改造传统所留下来的那些优秀的剧目，使它们在思想上艺术上更有光彩；而且还为了要运用这种传统的艺术形式来反映我们今天的生活，来表现新的主题思想、题材内容、塑造新的人物形象。因此，对于戏曲音乐唱腔的传统表现形式、表现方法，就不可避免地要在若干程度上进行突破，不可避免地要用某些新的表现形式、表现方法，以至新的音调来充实它丰富它。正是由于这种革新发展，所以传统中那些最优秀的东西能够被继承下来，并被赋予了新的生命。正是她几十年如一日地不懈探索，勇于改革，富予创新，才为我们留下了这些能够代表她的艺术水准和艺术成就的经典唱腔。

看天下劳苦人民都解放

《洪湖赤卫队》韩英唱段

$1=\flat E$ $\frac{2}{4}$

每分钟144拍

演　　唱：张宝英
音乐设计：邢宝俊

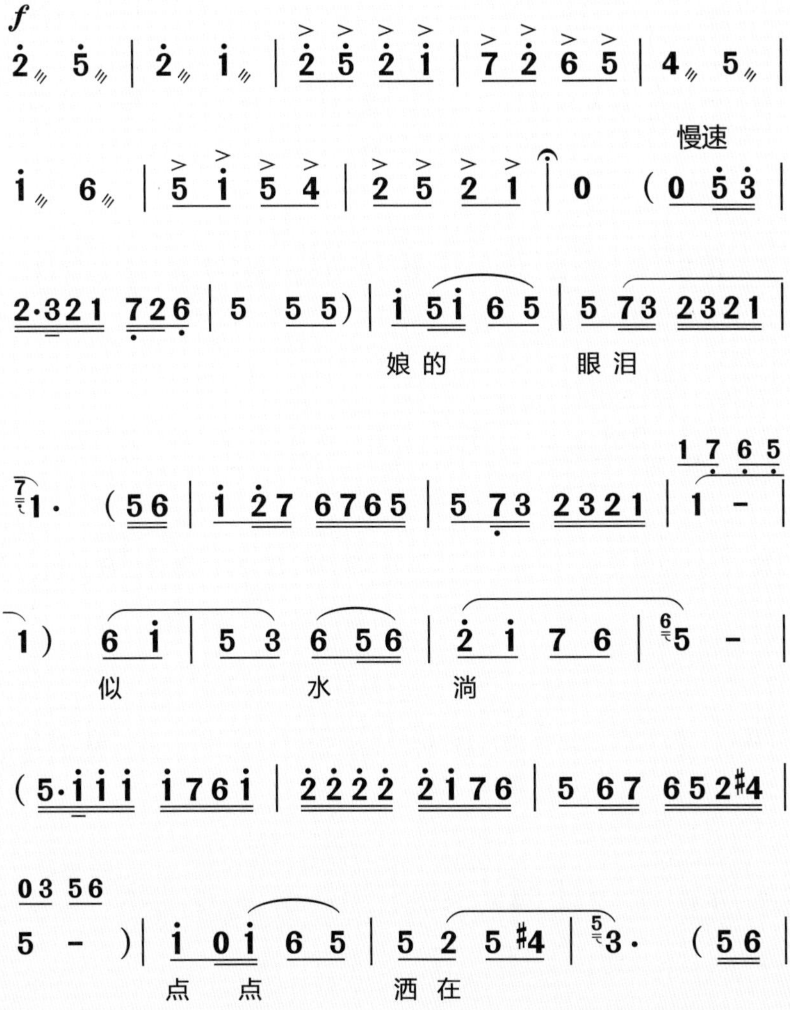

```
1 27 6765 | 5 12 564 | 3 - | 3) 1 |
                                  儿

3432 | 1 23 2176 | 5·(6 | 1 23 2176 |
的 心 上,

5 - | 5) 1 | 1 2 1 7 | 6 27 6765 |
        满 腹 的 话儿

5 55 5 52 | 5 0 4 3 | 2 0 5 2321 |
不 知 从 何    讲,

1 73 2321 | 1 (5 53 | 2 5 2321 |

5 71 2321 | 7 1 - ) | 6 245 | 1 5 1 6165 |
                              含 着   眼泪

5 4·1 4 - | 3·5 6 1 | 6·5 53 | 2 0 32 |
叫 亲 娘,

1 0 6 12 | 2.4·5 | 1 6·5 42 | 5·3 |
娘    呀    娘   呀
```

-188-

五、张宝英唱腔选

$2\ \widehat{1\ 2}\ \underline{5\ 6\ 4\ 3}\ |\ 2\ (\underline{4\ 3}\ 2)\ 5\ 3\ |\ 2\ 0\ 5\ 2\ 1\ |$
儿的　亲　娘　　　　　　　　　啊。

$2\ 0\ 5\ 2\ 1\ |\ \underline{6\ 7\ 6\ 7}\ \underline{6\ 5}\ |\ \underline{1\cdot\ 2}\ \underline{7\ 6}\ |\ \underline{5\ 5}\quad\underline{6\ 1}\ |\ \overset{\frac{1}{5}}{5}\ -\ |$

$(\underline{5\ \dot1\ \dot1\ \dot1}\ \underline{\dot1\ 7\ 6\ \dot1}\ |\ \underline{\dot2\ \dot2\ \dot2}\ \underline{\dot2\ \dot1\ 7\ 6}\ |\ \underline{5\cdot\ \dot1\ \dot1\ \dot1}\ |\ \underline{\dot1\ 6\ 6\ 5}\ |$

$5\ 4\ 1\ |\ 4\cdot\ 5\ |\ 6\cdot\ \underline{5}\ 4\ 2\ |\ 5\cdot\ 3\ |\ \underline{2\cdot\ 3\ 2\ 1}\ \underline{5\ 3\ 3\ 2}\ |$

$\underline{1\cdot\ 2}\ \underline{7\ 6}\ |\ \underline{5\ 1\ 2}\ \underline{6\ 5\ 4\ 2}\ |\ \widehat{5\ -}\ |\ 5)\quad 5\ 3\ |$
　　　　　　　　　　　　　　　　　　　　　　　娘

$\widehat{5\ \dot1\ 5\ 3}\ |\ \widehat{2\ \underline{2\ 3}}\ \underline{6\ 7\ 6\ 5}\ |\ \underline{2\cdot\ 5}\ \underline{2\ 5}\ |\ \overset{\frac{5}{5}}{7\cdot\ 3}\ \underline{2\ 3\ 2\ 1}\ |$
说　过　在那　　　　　　二十六年　前

$\overset{\frac{5}{5}}{1}\ (\underline{5\ 5\ 3}\ |\ 2\ 5\ \underline{2\ 3\ 2\ 1}\ |\ \underline{5\ 1}\ \underline{2\ 3\ 2\ 1}\ |\ \overset{\frac{7}{7}}{1}\ -\ )\ |$

$\widetilde{2\ 2\ 2\ 1}\ |\ \widehat{1\ 3\ 5\ 6}\ |\ \widehat{2\ 3\ 2\ 1\ 7}\ |\ 6\ (\underline{3\ 5\ 6}\ |$
数九　寒　　冬

$\underline{2\ 3\ 2\ 1\ 2\ 7}\ |\ 6)\ \widehat{\dot1\ \dot2}\ |\ 6\ 5\ \widetilde{5\ \dot2}\ |\ \overset{\frac{2}{2}}{1\cdot}\ (\underline{2\ 3\ 2}\ |$
　　　　　　　　　北　风　狂，

1) $\underset{5}{6}$ 1 2 | 3 (3 3) | 0 $\overset{2}{7}$ 7 | 6 3 5 | 0 $\overset{.}{6}$ 1 |
　　　彭霸天　　　　丧天良，　　　霸走

3 5 2 | (3· 5 6 5 | #4 5 4 3 2) | 0 5 2 | $\underset{5}{3}$ 2 $\overset{3}{1}$ |
田　地，　　　　　　　　　　　抢占茅　房，

($\underset{1}{6}$· 3 2 3 2 1 | 7· 2 1) | 0 6 $\dot{6}$ 2 | $\dot{1}$ $\dot{2}$ 7 6 7 6 5 |
　　　　　　　　　　　　　把我的　爹娘

$\underset{5}{4}$ — | 4 6 3 5 | 6 5 6 $\dot{1}$ | $\underset{5}{3}$· $\dot{1}$ 6 5 4 3 | 2 — |
赶到那　洪湖　　上。

2 5 3 2 | 1 1 7 6 5 | $\underset{5}{1}$ — | 1 (5 3 2 |

1 1 7 6 5 | $\underset{5}{1}$ —) | 6 $\dot{2}$ $\dot{1}$ 7 6 | 3 5 6 |
　　　　　　　　　　那天　　大雪

6 ($\dot{2}$ 7 6 5 | 3 2 3 5 | $\overset{>}{6}$· $\overset{>}{6}$ $\overset{>}{6}$ $\overset{>}{6}$) | $\overset{>}{\dot{1}}$ $\overset{>}{\dot{1}}$ |
　　　　　　　　　　　　　　　　　　纷纷

3· $\dot{1}$ 7 6 | 5· 6 7 $\dot{2}$ | $\dot{1}$ 7 6 #4 | 5 — |
下，

五、张宝英唱腔选

(1 1 1 1 1 1 1 1 | 3. 1 7 6 | 5. 6 7 2 | 1 7 6 5 #4 |

5 -) | 1 2 7 6 5 | 5 5 3 2 3 2 1 | 1 (7 6 5 |
　　　　　我 娘　　　生 我

1) 3 5 | 2 1 2 6 | 1. (2 3 2 | 1) 5 5 3 |
在　　船　　舱。　　　　　　　　没 有

2 2 2 | (0 6 4 3 | 2 2 2) | 0 7 3 3 2 1 |
钱　　　　　　　　　　　　　　泪 汪

1 (0 3 | 2 3 2 3 2 1 7 | 1 1 1) | 5 6 2 1 |
汪，　　　　　　　　　　　　　撕 块

1. 3 2 3 1 7 | 6 (3 2 3 1 7 | 6) | 5 | 1 2 5 2 |
破　　被　　　　　　　　　做　衣

1. (2 3 2 | 1) 6 3 5 | 6 6. | 6 - | 6 6 6 3 |
裳，　　　　湖 上 的 北 风　　　呼 呼 的

7 2 7 6 6 5 | 0 6 4 3 | 2 3 2 1 2 | 3 - | 3 1 3 |
响　　　舱 内 的 雪　花　白

$\widehat{5\ \ 5\ \widetilde{\underline{2}}}$ | $\overset{3}{\underline{1\cdot}}$ ($\underline{2}\ \underline{3\underline{2}}$ | 1) 5 | $\widehat{5\ \ 5\ \underline{3}}$ |
芒　　　　芒，　　　　　　　一　　床

$\widehat{\underline{2\ 3\ 2\ 3}\ \underline{2\ 1}}$ | $\underline{1\ 5}\ \underline{7\ 1}$ | $\underline{2\ 2}\ 2$ | $5\cdot\ \underline{5\ 3}$ |
破　絮　　　象　鱼　网。我 的 爹　和

$\underline{5\ 2}\ \underline{3\ 2\ 1}$ | $\underline{7}\ \underline{6\widetilde{\ 6}}$ | $5\cdot$ ($\underline{1}$ | $\underline{2\ 1\ 7\ 6}$ | $5\ -$) |
娘　　　　　啊，

$\widehat{\dot{1}\ \widetilde{\underline{\dot{1}}}\ \underline{3}\ \underline{5}}$ | $\widehat{5\ \widetilde{\underline{\dot{1}}}\ \underline{3}\ \widetilde{\underline{2}}\ \underline{1}}$ | 1 ($\underline{\dot{1}\ 6\ 5}$ | $\underline{5\ 3\ 2\ 1}$ |
日　夜　　　　把　儿

1) $\underline{6\ 3}\ 5$ | $6\cdot\ \underline{\dot{1}}$ | $5\cdot\ \underline{6}\ \underline{4\ 3}$ | 2 $-$ |
　　贴 在　胸　口　　上。

$\underline{2\cdot\underline{3}\ 5\ \dot{1}}\ \underline{6\ 5\ 3\ 2}$ | $\underline{1\ 1}\ \underline{6\ 5}$ | $\overset{5}{\underline{1}}$ $-$ | ($\underline{5\ \dot{1}\ \dot{1}\ \dot{1}}\ \underline{\dot{1}\ 7\ 6\ \dot{1}}$ |

稍快

$\underline{\dot{2}\ \dot{2}\ \dot{2}\ \dot{2}}\ \underline{\dot{2}\ \dot{1}\ 7\ 6}$ | $\underline{5\ 6\ \dot{1}\ 7}\ \underline{6\ 5\ 4\ 3}$ | 2 $-$ | $\underline{2\ 5}\ \underline{3\ 2}$ |

$\underline{1\ 1}\ \underline{6\ 5}$ | $\overset{\frac{1}{4}}{1}$) 5 | $\underline{2\ 5}$ | 1 ($\underline{2\ 3\ 2}$ | 1) $\dot{1}$ | $\underline{\dot{1}\ \dot{1}}$ |
　　　　　　　从　此 后，　　　一　 条

五、张宝英唱腔选

$6\ \dot{1}\ |\ \underset{\overline{\overline{5}}}{\dot{1}}5\ |\ 0\ 6\ |\ 5\ 3\ |\ 6\ |\ 0\ 6\ |\ 6\ 6\ \overset{6}{\overline{\overline{3}}}\ |\ 0\ 7\ |\ 6\ 3\ |$
破 船 一 张 网, 风 里 来 雨 里

$5\ |\ 0\ 6\ |\ 6\ 3\ |\ \dot{1}\ \dot{1}\ |\ 6\ 5\ |\ 0\ 5\ |\ 2\ 5\ |\ 1\ 0\ |\ 0\ |$
往, 日 夜 辛 苦 在 洪 湖 上。

卄 $6\ 6\ \ 3\ 0\ (\overset{>}{3}\ 0)\ 5\ \ \overset{3}{3\ 2}\ \overset{3}{\overline{\overline{3}}}\ 1\ 0\ (\overset{>}{1}\ 0)\ |\ \frac{2}{4}\ \dot{1}\ \ \dot{1}\ |$
狗 湖 霸 活 阎 王, 抢 走

$\dot{2}\ 7\ 6\ 5\ |\ 5\ \ 1\ 2\ |\ 3\ \overset{v}{5}\ |\ 5\cdot\ 4\ |\ 3\ \ 2\ 3\ |$
渔 船 撕 破 了 网,爹 爹 棍

$2\ \ 2\ 1\ |\ 2\ \ 3\ 5\ |\ 1\ \ \dot{1}\ |\ \dot{1}\ \dot{1}\ 2\ 7\ |\ 6\ \underline{2}\ \underline{7}\ 6\ 5\ |$
下 把 命 丧。我 的 娘 带 儿

$\underset{\overline{\overline{5}}}{3}\ -\ |\ 3\ -\ |\ 2\cdot\ 3\ 5\ 6\ |\ 5\ 3\ 2\ 1\ 6\ |\ 2\ -\ |$
去 逃 荒。

$2\ 3\ |\ 7\cdot\ \underline{\dot{6}}\ 5\ 3\ |\ 6\ -\ |\ \dot{6}\ \dot{1}\ 6\ 5\ |\ 4\ -\ |$

$\underset{\text{.}}{3}\ -\ |\ 2\cdot\ (\underset{\text{.}}{3}\ 5\ 6\ |\ 5\ 3\ 2\ 1\ 6\ |\ \overset{\frown}{\underset{\text{.}}{2}}\ -\ |$

$\overset{\frown}{0}\ \ 0\ dd\ |\ d\ d\ d\ |\ \frac{3}{4}\ 5\ \dot{1}\ 5\ \dot{1}\ |\ 6\ 5\ 6\ \dot{1}\ |$

五、张宝英唱腔选

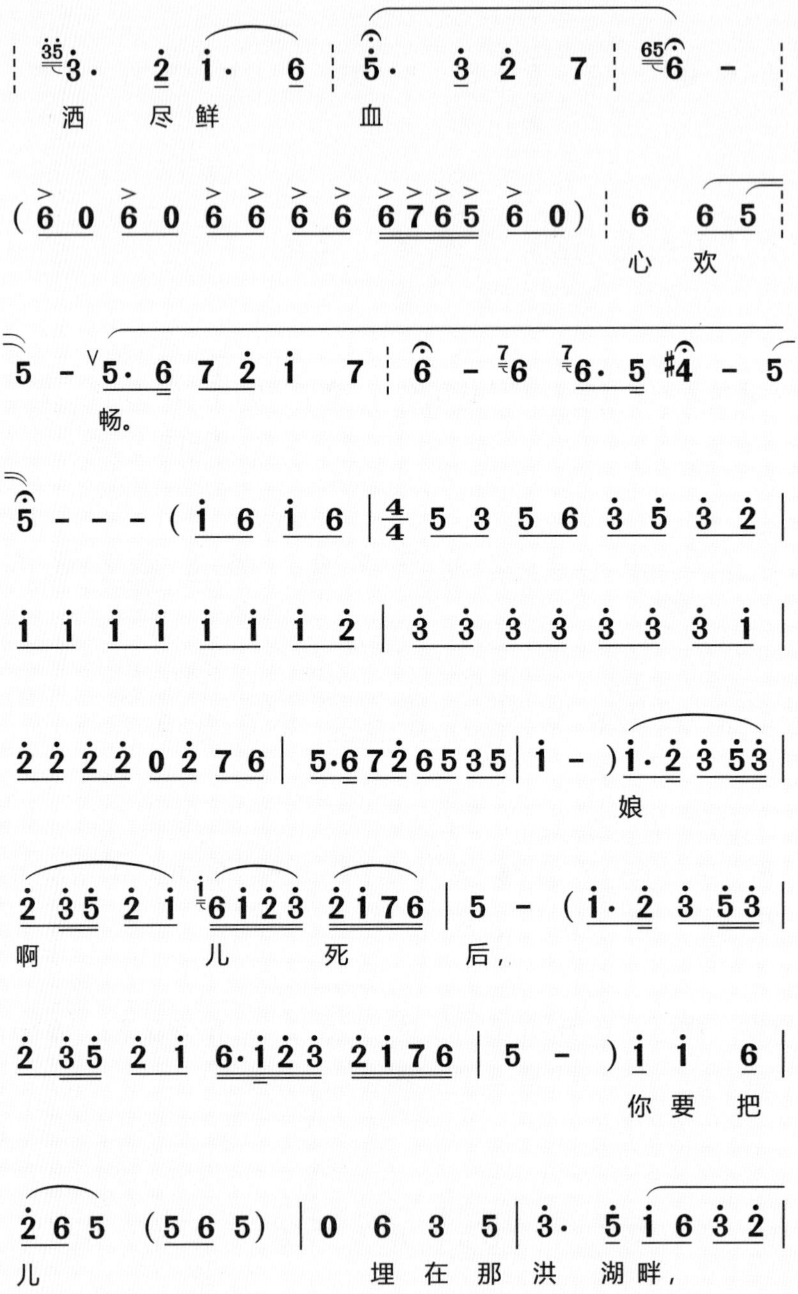

洒尽鲜血

心欢

畅。

娘

啊 儿 死 后，

你要把

儿　　　　埋 在 那 洪 湖 畔，

五、张宝英唱腔选

$\dot{1}$ ($\underline{6}$ $\underline{\dot{3}}$ $\underline{\dot{2}}$ $\dot{1}$ | $\underline{\dot{5}\dot{5}}$ $\underline{\dot{5}\dot{5}}$ $\underline{\dot{5}\dot{5}}$ $\underline{\dot{5}\dot{3}}$ |

$\underline{\dot{2}\dot{3}}$ $\underline{\dot{1}\dot{3}}$ $\underline{\dot{2}\dot{1}}$ $\dot{1}$ | $\dot{1}$ $\underline{\dot{5}\dot{3}}$ $\underline{\dot{2}\dot{3}\dot{2}\dot{1}}$ |

$\underline{6\ \dot{1}}$ $\underline{\dot{2}\dot{3}\dot{2}6}$ | $\dot{1}$ —) $\dot{1}$ — | 0 $\overset{\frown}{\dot{3}}$ — $\dot{2}$ |
　　　　　　　　　　　　　　　　　　　　将　　　儿 的

$\overset{\dot{2}}{7\cdot}$ $\underline{6\ 6}$ 5 | ($\underline{\dot{2}\cdot\dot{3}}$ $\underline{\dot{2}\dot{1}}$ $\underline{7\ 6\ 5}$) | $3\cdot$ $\underline{5}$ 6 5 |
坟　墓　　　　　　　　　　　　　　向

0 $\underline{5\ 3}$ 2 | 5 — $\overset{6}{\dot{1}}$ — | $\overset{\dot{2}}{6\cdot}$ $\underline{5}$ 4 3 |
东　　　方，　让　儿

2 — $3\cdot$ $\underline{5}$ $\underline{2\ 3}$ | 5 — $\underline{3\ 5}$ $\underline{3\ 2}$ | 1 — $\underline{1\ 6}$ $\underline{5\ 3}$ |

$2\cdot$ $\underline{3}$ $\underline{2\ 1}$ $\underline{1\ 6}$ $\underline{3\ 6}$ | $\dot{5}$ — ($\underline{3\ 5}$ $\underline{2\ 3}$ |

5 — $\underline{3\ 5}$ $\underline{3\ 2}$ | 1 — $\underline{1\ 6}$ $\underline{5\ 3}$ | $\underline{2\ 3}$ $\underline{2\ 1}$ $\underline{1\ 6}$ $\underline{3\ 6}$ |

$\underline{5\ 6}$ $\underline{5}$) | $\dot{1}$ $\dot{1}$ | $\underline{5\ \dot{1}}$ 5 ($\underline{5\ 6\ 5}$) |
　　　　　　　　　常　听　那

洪 湖 的 浪。

常

见 家 乡

红 太 阳。

娘 啊 儿 死

后，

你要把儿　　　　埋在那

五、张宝英唱腔选

$\widehat{6}\dot{1}\cdot \underline{6} \underline{5}6\dot{1} | \dot{1} \dot{1} \underline{6 5} | {}^{\sharp}4 - - - |$
大　路　旁　啊，

$(\dot{1}\cdot \underline{6} \dot{1}\cdot \underline{6}$

$(5\ \dot{1}\ \underline{6\ 5}\ {}^{\sharp}4 | {}^{\sharp}\widehat{4}\ \dot{2}\ \underline{7\ 6}\underline{7\ 6\ 5} |$

$3\ 5\ \underline{6\ \dot{1}}\underline{6\ 5} | {}^{\sharp}4 -)\dot{1} - | 0\ \dot{3} - 2 |$
　　　　　　　　　　　将　　儿的

$\widehat{\dot{2}}\ 7\ \underline{6\ 6}\ 5 | (\underline{\dot{2}\cdot \dot{3}}\underline{\dot{2}\ \dot{1}}\underline{7\ 6\ 5}) | 3\cdot \underline{5}\ 6\ 5 |$
坟　墓　　　　　　　　　　　　　向

$0\ \underline{5\ 3}\ 2 | 5 - 3\widehat{\dot{2}}\ \underline{7\ 6} - - | \dot{2}\ \underline{7\ 7}\ 6 |$
东　　方　让　儿　看　红　军

$(\underline{6\ 7}\underline{6\ 5}\underline{3\ 5\ 6}) | \dot{1}\cdot \underline{6}\underline{5\ 6}\dot{1} | 0\ \dot{1}\ \underline{3\ 5}\ 6 - \dot{1} - |$
　　　　　　　　　　　凯　旋　　　　归，听

$0\ 3 - 5 | \dot{2}\ 7\ \underline{6\ 5} | (\underline{\dot{2}\cdot \dot{3}}\underline{\dot{2}\ \dot{1}}\underline{7\ 6\ 5}) |$
见　　　乡　亲

$3\cdot \underline{5}\ 6\ 5 | 0\ \dot{2}\ \underline{\dot{1}\ \dot{2}}\ \underline{7\ 6} | 5\cdot (\underline{5}\underline{5\ 5\ 5}\underline{3\ 5\ 6} |$
在　　　　　　　　歌　　　　唱。

$\dot{1}\cdot\underline{\dot{1}}\,\dot{1}\,\dot{1}\,\dot{1}\,6\,\dot{1}\,3\,|\,2\;0\,\underline{3}\,\underline{2}\,\underline{2}\,\underline{7}\,\underline{6}\,|\,5\cdot\underline{6}\,\underline{7}\,\underline{2}\,\underline{6}\,\underline{5}\,\underline{3}\,5\,|$

𝅗𝅥 = 𝅘𝅥

$\dot{1} -)\,\dot{1}\cdot\underline{\dot{2}}\,\underline{3}\,\underline{5}\,\underline{3}\,|\,\underline{\dot{2}}\,\underline{3}\,\underline{5}\,\underline{\dot{2}}\,\underline{\dot{1}}\,\underline{6}\cdot\underline{\dot{1}}\,\underline{\dot{2}}\,\underline{3}\,\underline{\dot{2}}\,\underline{\dot{1}}\,\underline{7}\,\underline{6}\,|$
娘　　啊　　儿　死

$5 - (\dot{1}\cdot\underline{\dot{2}}\,\underline{3}\,\underline{5}\,\underline{3}\,|\,\underline{\dot{2}}\,\underline{3}\,\underline{5}\,\underline{\dot{2}}\,\underline{\dot{1}}\,\underline{6}\,\underline{7}\,\underline{\dot{1}}\,\underline{\dot{2}}\,\underline{\dot{2}}\,\underline{\dot{1}}\,\underline{7}\,\underline{6}\,|$
后，

$5 -)\,\dot{1}\,\dot{1}\,6\,|\,\underline{\dot{2}}\,\underline{6}\,5\;(\underline{5}\,\underline{6}\,5)\,|\,0\,\underline{6}\,\underline{3}\,5\,|$
你 要 把 儿　　　　　埋 在 那

$\dfrac{2}{4}\,\dot{2} - |\,\dot{2} - |\,\dot{2}\,\underline{\dot{2}}\,\underline{\dot{3}}\,\dot{1}\,7\,|\,7 - |\,7\,6\,|$
高　　　坡　　　　　上，

$6 - |\,(0\,\dot{2}\,|\,6\,\dot{2}\,|\,6 -|\,\underline{6}\,\underline{7}\,\underline{6}\,\underline{5}\,\underline{3}\,\underline{5}\,\underline{6}\,|$

$\underline{\dot{2}}\,\underline{3}\,\underline{\dot{2}}\,\underline{\dot{1}}\,|\,\underline{6}\,\underline{\dot{1}}\,\underline{3}\,\underline{5}\,6)\,|\,\dot{1}\,|\,\dot{1}\cdot\underline{6}\,|\,\dot{1}\,3\,|$
　　　　　　　将 儿 的 坟 墓

$(\dot{1}\,\underline{1}\,\underline{6}\,|\,\dot{1}\,3)\,|\,0\,\underline{2}\,|\,\underline{2}\,\underline{5}\,|\,5\,(\underline{6}\,\underline{7}\,\underline{6}\,|$
　　　　　　向　东　方，

五、张宝英唱腔选

简谱：

5) 7 | 5 6 | 7 5 6 - | 2̇ - | 1̇ - | 7 6 |
儿 要 看 白　匪　消　灭　光。

0 (6 | 6 - | 6 7 6 5 | 3 5 6 | 3̇ 2̇ 1̇ 7 |

6 1̇ 3 5 | 6) 0 | 卅 2̇ 7 6̇ 1̇ 5 |
　　　　　　　　　　儿　要　看

(5̇ 0) 1̇ 5 1̇ 2̇ 3̇ 2̇ 1̇ 2̇ 5 1̇ 7 6 - |
天　下 的 劳 苦 人　　民

(6̇ 0 6 0 6 6 6 6 6 7 6 5 6̇ 0) 6 6 5 |
　　　　　　　　　　　　　　　都 解

5 - 5· 6 1̇ 7 7 6̇ - 7 6 7 6· 5 #4 - 5 5· |
放。

(5 2 #4 5 | 1̇ 5 7 1̇ |

2̇ - 2̇· 3̇ 2̇ 1̇ 5 7 1̇ - 1̇ 0) ‖

今日里为亲人细熬鸡汤

《红云岗》红嫂唱段

演　　唱：张宝英
音乐设计：邢宝俊

$1=\flat E$

慢起渐快

卄($\widehat{\dot{5}}$ - 7$\underline{2}$76 56$\underline{7}\dot{2}$ 6765 3235 6$\underline{1}$65 $\dot{1}$6$\dot{1}\dot{2}$ V|

中速

$\frac{2}{4}$ 3 $\underline{35}$ $\underline{653}$ | 5 6 | $\dot{3}$ $\underline{\dot{3}\dot{2}}$ $\underline{\dot{1}6\dot{1}}$ | $\dot{2}$ $\dot{2}$ $\dot{3}$ |

5 $\underline{\dot{2}3}$ $\underline{55}$ | $\underline{\dot{2}}$ $\underline{35}$ $\underline{\dot{2}7}$ | 6767 65#4 | 5 - |

$\dot{1}$ 6 $\dot{1}$ | 4· 6 | 5·$\underline{6}$ $\underline{43}$ | 2 - | $\dot{2}$· 7 |

6·$\underline{7}$ 65 | 3 $\dot{1}$ 76 | $\frac{4}{4}$ 5 - $\dot{1}$ $\dot{1}$ 6 |

5·$\underline{6}$ $\underline{\dot{1}\dot{2}}$ $\underline{6543}$ | $\underline{\dot{2}}$·$\underline{\dot{1}}$ $\underline{\dot{1}\dot{2}}$ $\underline{20}$ $\underline{76}$ |

5·$\underline{6}$ 7$\underline{\dot{2}}$ $\underline{6765}$ $\underline{35}$ | $\dot{1}$ -) $\underline{6·\underline{7}}$ $\widehat{\underline{63}}$ |

　　　　　　　　　　　　　　　　点　　着

5 - $\underline{\dot{2}6}$ $\underline{3\dot{2}}$ | $\dot{1}$ - $\dot{1}6$ $\dot{3}$ | $\dot{2}$·$\underline{\dot{3}}$ $\underline{\dot{2}\dot{1}}$ $\underline{1\dot{2}}$ $\widetilde{\underline{\dot{2}\dot{6}}}$ |

了

五、张宝英唱腔选

$$5-(\underline{\dot{1}\ 6\ 5\ \dot{3}}\ |\ \underline{\dot{2}\ \dot{3}\ \dot{2}\ \dot{3}}\ \underline{\dot{2}\ \dot{1}}\ \dot{1}\ 6\ \overset{\sim}{\dot{2}\ \dot{6}}\ |$$

$$5-)\ \dot{1}\ \overbrace{\underline{3\ 5\ 3\ 5}}\ |\ \overbrace{\underline{\dot{2}\ 7}\ 6}\ 5\ (\underline{5\ 6}\ 5)\ |$$
炉 中　　　火

$$\overbrace{\dot{1}\ 3}\ \overset{\sim}{5\ \dot{6}}\ 5\ |\ 5\ \dot{3}\ \underline{\dot{2}\ \dot{3}\ \underline{1\ 7}}\ |\ \overbrace{6\cdot\ \dot{2}}\ \underline{7\ 6\ 5\ 3}\ |$$
红　　光　　闪　　　亮

$$6\cdot(\underline{7\ 6\ 7\ 6\ 7\ 6\ 5}\ |\ 3\ \underline{5\ 6}\ \underline{\dot{2}\ \dot{3}\ \underline{1\ 7}}\ |$$

$$6-)\ \overset{6}{\underset{\sim}{\dot{1}}}-\ |\ \dot{1}\ \overset{\sim}{\dot{3}}-5\ |\ \underline{6\ 5}\ \underline{6\ \dot{1}}\ \underline{5\ 6\ 4\ 3\ 2}\ |$$
一　　　样　的　家　务　事

$$(\underline{3\cdot\ 5}\ 6\ \dot{1}\ \underline{5\ 6\ 4\ 3\ 2})\ |\ \underline{\dot{1}\cdot\ \dot{2}}\ \overbrace{\dot{3}}\ \dot{2}\ |$$
非　　同

$$\dot{2}\ \dot{2}\ \underline{\dot{3}\ \dot{1}}\ \underline{7\ 6}\ |\ 5\ (\underline{3\ 5\ 3\ 5}\ \underline{3\ 5\ 6}\ |$$
寻　常

$$\underline{\dot{1}\cdot\ \dot{2}}\ \underline{\dot{3}\ \dot{5}}\ \underline{\dot{2}\ \dot{1}}\ \underline{7\ 6}\ |\ 5-\ \underline{3\ 5}\ \underline{3\ 2}\ |$$

新艳派艺术论

$\dot{1}\cdot\dot{2}\ \dot{3}\ \dot{5}\ \dot{2}\ \dot{1}\ 7\ 6\ |\ 5\ -\ )\ \dot{1}\ \overset{\dot{2}}{7}\ |$

平 日

$6\cdot\underline{7}\ 6\ 5\ 6\ \dot{1}\ 4\ 3\ |\ 2\ -\ 2\ 6\ 2\ 3\ |$

里

$5\ 0\ 6\ 3\ 4\ 3\ 2\ |\ 1\ 0\ 6\ 1\ 6\ 5\ 3\ |$

$2\cdot\underline{3}\ 2\ 1\ 1\ 2\ 2\ 6\ |\ 5\ -\ (\ 1\ 6\ 5\ 3\ |$

$2\ 3\ 2\ 3\ 2\ 1\ 1\ 2\ 2\ 6\ |\ 5\ -\ )\ 3\ 5\ 6\ \dot{1}\ |$

只 煮

$3\ 2\ 1\ (\ 6\ 2\ 1\ )\ |\ 6\ \overset{6}{5}\ 6\ \dot{1}\ |\ 5\ 6\ 5\ 4\ 3\ |$

过   粗 茶 淡 饭

$2\ 3\ 2\ 1\ 6\ 1\ 2\ |\ 3\ (\ 3\ 3\ 3\ 3\ 5\ 3\ 2\ |$

$1\ 6\ 1\ 2\ 3\ 2\ 3\ |\ 0\ \dot{1}\ 7\ 6\ 7\ 6\ 5\ |$

五、张宝英唱腔选

$3\ \underline{5\ 6}\ \underline{1\ 6}\ \underline{1\ 2}\ |\ 3\ -\ )\ \underline{\widehat{6\ 7\ 6\ 5}}\ |\ 6\ -\ 5\ -\ |$
　　　　　　　　　　　今　日　里

$5\ \underline{6\ 5}\ 4\ -\ |\ 4\ -\ \underline{3\cdot\underline{4}\ 3\ 2}\ |\ 1\cdot\ \underline{\dot{6}}\ \underline{5\cdot 6}\ \underline{5\ 3}\ |$

$2\ -\ (\ \underline{6\ 7\ 6\ 5}\ |\ \underline{6\ 6\ 6\ 6}\ \underline{5\ 5\ 5\ 5}\ |\ \underline{4\ 4\ 4\ 4}\ \underline{3\ 4\ 3\ 2}\ |$

$1\ \underline{0\ \dot{6}}\ \underline{5\ 6\ 5\ 3}\ |\ 2\ -\ )\ \underline{\widehat{\dot{1}\ 6}}\ \underline{\widehat{\dot{1}}}\ |\ \underline{\dot{1}\ \dot{2}}\ \underline{\dot{1}\ 2\ 7\ 6}\ |$
　　　　　　　　　　　为　　　亲

$\underline{\dot{1}}\ 5\cdot\ (\ \underline{3\ 2\ 3\ 5}\ )\ |\ \underline{\dot{1}\cdot\ \dot{2}}\ \underline{\widehat{3\ \dot{1}\ 2}}\ |\ \underline{0\ \dot{3}}\ \underline{\dot{2}\ \dot{3}\ \dot{1}\ 7}\ |$
人　　　　　　　　細　熬

$6\ 6\ \underline{0\ \dot{1}\ \dot{2}}\ |\ \underline{\dot{3}}\ \dot{3}\ \dot{3}\ 6\ |\ 5\ (\ \underline{5\ 5\ 5\ 5}\ \underline{3\ 5\ 6}\ |$
鸡　汤　啊

$\underline{\dot{1}\cdot\ \dot{2}}\ \underline{\dot{3}\ \dot{5}}\ \underline{\dot{2}\ \dot{1}\ 7\ 6}\ |\ 5\ -\ \underline{\dot{3}\ \dot{5}}\ \underline{\dot{3}\ \dot{2}}\ |$

$\underline{\dot{1}\ \dot{2}\ \dot{1}\ \dot{2}}\ \underline{\dot{3}\ \dot{5}}\ \underline{\dot{2}\ \dot{1}\ 7\ 6}\ |\ \underline{5\ 3}\ \underline{5\ 6}\ \underline{\dot{2}\ \dot{1}\ 7\ 6}\ |$

$\underline{5\ 3}\ \underline{5\ 6}\ \underline{\dot{1}\ \dot{2}\ \dot{3}\ \dot{1}}\ |\ \underline{\dot{2}\ \dot{1}}\ \underline{\dot{2}\ 2}\ \underline{0\ \dot{2}\ 7\ 6}\ |$

$\underline{5\cdot\underline{6}}\;\underline{7\;2}\;\underline{6\;5}\;\underline{3\;5}\;|\;\dot{1}\;-\;)\;3\;\dot{1}\;|\;\dot{1}\;\dot{1}\;-\;-\;|$
　　　　　　　　　　　续　一　把

$6\;6\;\underline{6\;3}\;\underline{2}\;|\;\underline{1\cdot}\;(\underline{\underline{7\;6\;5\;1}})\;|\;\dot{1}\;\underline{3\;5}\;\underline{\widetilde{6}\;5}\;|$
蒙　山　柴　　　　　　　　　　炉　火

$5\;6\;\dot{1}\;\dot{3}\;|\;\dot{2}\;-\;-\;\underline{\dot{3}\;\dot{2}}\;|\;\underline{\dot{1}\cdot}\;\underline{\dot{2}}\;\underline{7\;6}\;\underline{5\;3}\;|$
更　　　　　旺。

(稍快)
$6\;-\;-\;(\underline{5\;6}\;|\;\underline{\dot{1}\cdot}\;\underline{\dot{2}}\;\underline{7\;6}\;\underline{5\;3}\;|\;\underline{6\;\overset{5}{\equiv}6}\;\underline{6\;\overset{5}{\equiv}6}\;|$

$\underline{\dot{1}\cdot}\;\underline{\dot{2}}\;\underline{7\;6}\;\underline{5\;3}\;|\;\underline{6\;\overset{5}{\equiv}6}\;\underline{6\;\overset{5}{\equiv}6}\;|\;\underline{6\;5}\;\underline{6\;\dot{1}}\;\underline{6\;\dot{1}}\;|$

$\underline{\dot{2}\;\dot{1}}\;\underline{\dot{2}\;\dot{3}}\;\underline{\dot{2}\;\dot{3}}\;|\;\dot{5}\;-\;-\;\underline{6\;\dot{1}}\;|\;\underline{\dot{5}\;6}\;\underline{\dot{5}\;3}\;|$

$\underline{\dot{5}\;\dot{3}}\;\underline{\dot{2}\;\dot{3}}\;\dot{1}\;|\;\dot{2}\;0\;\underline{\dot{2}\;7}\;\underline{\dot{2}\;7\;6}\;|$

(流水)
$\underline{5\cdot\underline{6}}\;\underline{7\;2}\;\underline{6\;5}\;\underline{3\;5}\;|\;\frac{2}{4}\;\dot{1}\;)\;\underline{6\;\dot{2}}\;|\;\underline{7\;7\;6}\;|$
　　　　　　　　　　　　添　一　瓢

五、张宝英唱腔选

$\overset{\frown}{5\ 3\ 5\ 6}$ | $6\ \dot{2}\ 7$ $\overset{\frown}{7\ -}$ | $\overset{\frown}{{}_{\tiny 6}7}\ {}_{\tiny 6}7$ | $6\ 5\ 6\ 7\ 6$ |
沂 河 水

$5\ -$ | $(6\ 5\ 6\ 7\ 6$ | $5\ -)$ | $7\ 5\ 6$ | $6\ 6$ | $\dot{1}\ \dot{2}$ |
　　　　　　　　　　　　　情 深　 意

$\overset{\frown}{\dot{3}\cdot \dot{5}\ \dot{3}\ \dot{2}}$ | $7\ \dot{2}\ 6$ | $6\ \ 5^{\#}4$ | $5\ -$ | $(0\ 6$ | $5\ -$ |
长

(慢一倍)
$3\ 5\ 6\ \dot{1}$ | $5\ \dot{1}\ \dot{3}$ | $\dot{2}\ \dot{1}\ 6\ \dot{1}$ | $5\ \ 5\ 5)$ | $3\ 6\ 1\ 2$ |
　　　　　　　　　　　　　　　　　身 在 炉 火

$3\cdot\ (2\ 1\ 2\ 3)$ | $5\ 5\ 2\ 3\ 2\ 6$ | $1\cdot\ (6\ 5\ 6\ 1)$ |
边　　　　　　　心 飞 红 云　 岗

$7\ 7\ 7\ 3\ 5\ 6$ | $7\cdot\ (3\ 5\ 6\ 7)$ | $6\ 6\ \dot{1}\ 4\ 3\ 2\ 3$ |
炊 烟 连 硝　烟　　　　　　茅 屋 通 战

$5\cdot\ (3\ 2\ 3\ 5)$ | $0\ 2\ 5\ 2$ | $7\ 7\ 6\ 5$ | $0\ \dot{2}\ 7\ \dot{2}$ | $\underset{4}{1}\ 6$ |
场　　　　　　愿 同志 伤 全 愈　 身 强力　 壮

$0\ 6$ | $6\ 6$ | ${}_{\tiny 6}\dot{3}$ | $0\ 7$ | $7\ \dot{2}$ | $\dot{2}\ 6$ | $3\ \dot{2}$ | $7\ 6$ | ${}_{\tiny 7}5$ |
踏 平 原 越 山 林 去 打 豺 狼

```
0 5 | 5 2 3 | 1 0 6 | 6 6 3 | 6 6 | 4 3 |
只    到 把 反    动    派 彻 底 埋

2/4  2 | 1 1 3 | 2 | 1 7 6 2 | (2 3 2 1 6 1 2) |
葬    迎 来 个   新 中 国

3. 5 6 1 5 | 0 6 5 3 5 6 | 1. 2 | 3. 5 2 3 1 7 |
遍 地  春   光           遍 地

6 6 0 1 2 | 3 3 3 6 | 5 (5 5 5 | 1. 2 3 5 2 1 7 6 |
春 光

5 - ) ‖
```

沁园春·安阳颂

演 唱：张宝英
作 词：王希社
作 曲：李永志

$1=\flat B$ $\frac{2}{4}$
♩=60

(2 5 | 1 2· | 2 - | 5 2 | 1 2· | 2 -) | 5̇ - | 0 6̇ 3̇ 2̇ |
　　　　　　　　　　　　　　　　　　　(合唱) 啊

1̇ - | 0 3̇ 7̇ 6̇ | 5̇ 3̇ 7̇ 2̇ | 6̇ - | 0 5̇ 6̇ 1̇ |

6̇· 5̇ | 4̇ 3̇ 2̇ | 5̇ - | 5̇ - | (1̇ 7̇ 1̇ 2̇ |

1̇ - | 0 3̇ 7̇ 6̇ | 5̇ 3̇ 7̇ 2̇ | 6̇ - | 0 1̇ 6̇ 1̇ |

4̇ 3̇ 2̇ 6 | 0 5 7 2̇ | 1̇ - | 1̇ -) | 1̇ 6 1̇ 2̇ |
　　　　　　　　　　　　　　　　　(独) 千

3̇ - | 2̇ 4̇ 3̇ 2̇ | 3̇ 1̇ - | 3̇ 2̇ 3̇ | 1̇· 3̇ 2̇ 7 |
古　都　　　　城　　　　毓　秀　　钟

2̇ 6· | (7 6 | 5· 6 7 6 2̇ 7 | 6 -) |
灵

6 6 3 5 6 | 3̇ 1̇ - | 3̇ 3̇ 2̇ 3̇ 4̇ | 5̇ 3̇· 2̇ 3̇ |
久 负 盛 名　　　　　久 负 盛　名

五、张宝英唱腔选

叹先祖 擎智慧双手 锻造文明 惠泽人间无穷 与日月辉映 寰宇惊 与日月辉映 寰宇惊

五、张宝英唱腔选

（慢）
| 6 6 3 2 | 1̇·6 5 3 | 2 3 2 1 7 1 2̇ 5 | 5̇ 1̇· | 0 0 |

（原速）
| 0 0 | 0 0 | 0 0 | 0 0 | 5̇ 3̇ 5 |
惠　泽

| 0 0 | 0 0 | 0 0 | 0 0 | 3̇ 3̇ |

| 0 0 | 0 0 | 0 0 | 0 0 | 0 0 | 0 0 |

| 7̇ 6 | 5 6 2 4 | 3 - | 2 3̇ 5̇ | 6̇ 5̇ | 3̇·2̇ 1̇ 6 |
人间无　穷　　与日月辉映寰宇

| 5 4 | 2 - | 1̇ - | 2 3̇ 5̇ | 4̇ 3̇ | 1̇·6 4 6 |

（突快）
| 0 0 | 0 0 | 0 0 | 0 0 | 0 0 | 0 0 |

| 2̇ᵛ3̇ 2̇ 3̇ | 5̇ᵛ 5̇ 3̇ 5̇ | 7̇ - | 6̇ - | 5̇ - | 5̇ - |
惊寰宇　　惊寰宇　惊

| 2̇ᵛ3̇ 2̇ 3̇ | 5̇ᵛ 5̇ 3̇ 5̇ | 5̇ - | #4̇ - | 5̇ - | 5̇ - |

♩=158
(1̇ 7 6 5 3 5 6 7 | 1̇ 7 6 5 3 5 6 7 | 1̇ 7 1̇ 2̇ 3̇ 2̇ 3̇ 5̇ |

6̇ 5̇ 3̇ 5̇ 6̇ 5̇ 6̇ 7̇ | 1̇ 5̇ 5̇ 5̇ | 5̇ 5̇ 5̇ 5̇)

欢快地

$\dot{2}$ - $|\dot{3}\dot{5}\ \dot{1}$ - $|\dot{1}$ - $\dot{6}$ - $|\dot{1}\dot{2}\ \dot{3}$ - $|$
喜　盛　世　　　　　今　　　朝

$0\ 0\ |\ 0\ 0\ |\ 0\dot{2}\ \dot{3}\ \dot{1}\ 0\ 0\ |\ 0\ 0\ |\ 0\ 0\ |\ 0\dot{3}\ \dot{2}\dot{3}\ |$
　　　　喜 盛 世　　　　　　　　　今

$\dot{3}$ - $|\dot{5}\dot{5}\ \dot{4}\dot{3}\dot{5}|\dot{2}$ - $|\dot{2}$ - $\dot{2}\dot{3}\ \dot{1}\ 7|$
朝　古 城 吐 艳　　钢　花　璀

$\dot{5}\ 0\ 0\ |\ 0\ 0\ 0\ 0\ |\ 0\dot{2}\ \dot{3}\ 5\ 6\ |\ 0\ 0\ 0\ 0\ |$
朝　　　　　　　古 城 吐 艳

6 - $|\ 6$ - $|\ 6\cdot\dot{1}\ |\dot{2}\ \dot{3}\dot{2}\ \overset{3}{\widehat{\dot{1}}}\ |\ \dot{1}$ - $|\ \dot{1}$ - $|\ 0\ 5\ 6\ |$
璨　　玻 彩 飞 虹　　　　大 地

$0\dot{2}\ \dot{3}\ |\ \dot{4}\dot{3}\ 0\ 0\ |\ 0\ 0\ 0\ 0\ |\ 0\dot{2}\ \dot{3}\ 6\ 5\ |\ 0\ 0\ |$
钢 花 璀 璨　　　　　　玻 彩 飞 虹

$\dot{1}\ \dot{1}\ |\ 0\dot{2}\ \dot{3}\ |\ \dot{1}\ 7\ 6\ |\ 0\ 6\ |\ \dot{1}\ \dot{2}\ |\ \dot{2}\ 0\ \dot{3}\ \dot{5}\ |$
飘 香　洹 水 歌 放　大 地 飘 香　洹 水

$0\ 0\ |\ 0\dot{2}\ \dot{3}\ |\ \dot{1}\ 7\ 6\ |\ 0\ 0\ |\ 0\ 0\ |\ 0\ \dot{3}\ \dot{5}\ |$
　　　洹 水 歌 放　　　　　　　洹 水

五、张宝英唱腔选

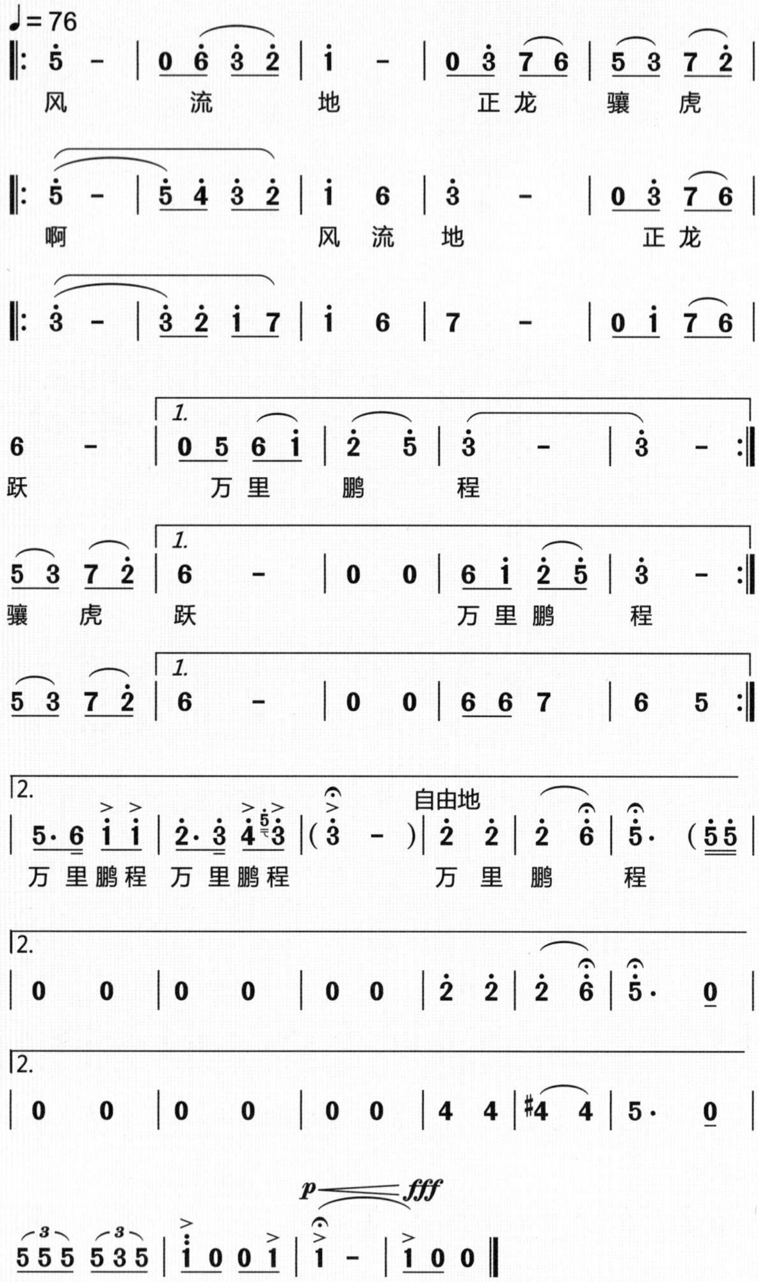
♩=76
风 流 地 正龙 骧虎
啊 风流地 正龙
跃 万里鹏程
骧虎 跃 万里鹏程
1.
2.
自由地
万里鹏程 万里鹏程 万里鹏程
p fff

六、张宝英艺术活动大事记

1962年11月7日田汉在《人民日报》撰文评价："《三哭殿》一名《金水桥》，青衣、花旦、老生、老旦、小生都有动人的唱腔。这出戏主要是该院青年队演的，阵容颇为整齐，特别是演银瓶公主的张宝英，表现了优秀的才能。表演得颇为生动真实。"

1987年6月9日大可在《北京日报》发表文章评价道："张宝英通过她创造性的艺术实践，推动了豫剧声腔艺术的发展。"

1994年3月12日荣获'93今日中国豫剧十大名旦选拔赛金奖第一名。

2008年2月中华人民共和国文化部命名张宝英为国家级非物质文化遗产豫剧代表性传承人。

1940 年
12 月 12 日（农历十一月初三）出生于河南方城县。

1945 年
5 岁，随父母由方城县回到祖籍河南省长葛城关镇东关。

1951 年
11 岁，进长葛县私营三象烟厂当童工。期间经常参加工会组织的文娱活动，在活报剧《高小林回家》中饰高小林。

1953 年
参加长葛县豫剧团学戏。

1955 年
在郑州考入安阳人民豫剧团学生队。

1957 年
在安阳市豫剧二团实习演出《白莲花》《大战十一国》《白蛇传》《穆桂英下山》等戏，担任剧中女主角。

1958 年
在安阳市豫剧二团演出《朝阳沟》《突破》等现代戏中扮演银环等主要角色。

1959 年
从学生队毕业，在毕业典礼上拜崔兰田为师。

4 月，随安阳市豫剧一团进京演出，在崔兰田主演的《陈三两爬堂》前垫演《游龟山·投衙》。

赴西安西北戏曲研究院向秦腔名家马蓝鱼学习《游西湖》后移植为豫剧易名《红梅记》。

参加河南省第二届戏曲汇演，在《游龟山》中饰胡凤莲，获优秀演员奖。

在豫剧现代戏《红色的种子》中饰华小风、《四川白毛女》中饰罗昌秀，演出于郑州、安阳等地。

冬，随河南慰问团赴青海海南藏族自治州慰问河南支边青年，主演《红梅记》《红色的种子》等戏。

1960 年
在上海演出《红梅记》饰女主角李慧娘，灌制第一张唱片。

在豫剧现代戏《洪湖赤卫队》中饰女主角韩英，演出于郑州、安阳等地并灌制唱片。

向上海越剧院学习《阳告行路》饰敫桂英，移植为豫剧首演于安阳。

六、张宝英艺术活动大事记

1961 年

在《三哭殿》中饰银屏公主（崔兰田饰长孙后、崔少奎饰唐太宗）。

在《刘三姐》中饰刘三姐，首演于安阳、太原等地。

1962 年

进京演出《香囊记》饰女主角周凤莲。

田汉在首都医院观看她主演的《三哭殿》后，于1962年11月7日在《人民日报》撰文评价她："表现了优秀的才能，表演颇为生动真实。"

罗瑞卿在北京长安剧院观看她与崔兰田合演的《桃花庵》。

随安阳市豫剧院一团赴东北三省的沈阳、鞍山、长春、哈尔滨、佳木斯、北大荒农场、大连和河北省的秦皇岛、北戴河、唐山及天津等地演出。

在邯郸向陈素真学习《宇宙锋》。

与王士杰结婚。

1963 年

排练《李双双》饰李双双。

赴武汉、长沙、衡阳、柳州、桂林、南宁、海南岛等地演出。

1964 年

排演豫剧现代戏《社长的女儿》饰大秀。

赴广州演出。

随河南省慰问团赴湖南省长沙、常德、益阳等地慰问演出。

在豫北棉纺织厂参加劳动，体验生活。

排演豫剧现代戏《芦荡火种》饰阿庆嫂。

1965 年

参加中南五省现代戏会演，与马金凤、单绍莲合作演出现代戏《打牌坊》饰女队长。

赴西安、兰州、银川、呼和浩特、包头、张家口、宣化、大同等地巡回演出。

排练豫剧现代戏《红灯记》饰李铁梅。

1966 年

加入中国共产党。

在山西省太原市演出现代戏《山乡风云》饰刘琴。

1970 年

随毛泽东思想宣传队在北京一些工厂演出《沙家浜》《红灯记》等现代戏。

排练京剧《沙家浜》饰阿庆嫂，演唱京剧。

1971年

为庆祝解放军第一军党代会召开,在开封主演豫剧现代戏《沙家浜》饰阿庆嫂。

先后排演《智取威虎山》饰小常宝、《杜鹃山》饰柯湘、《白毛女》饰喜儿、《龙江颂》饰江水英。

1974年

排演现代戏《红云岗》饰红嫂,连续三年在河南、河北等省市只演出这一个剧目。

1977年

嗓子失音,到北京同仁医院、中央乐团嗓音医疗室治疗,开始学习科学的发声方法。

当选河南省第五届人大代表。

1979年

排演《红楼梦》饰林黛玉。

排演《宝莲灯》饰三圣母。

冬,在河南演出公司与香港金马影业公司合拍戏曲艺术片《包青天》中饰秦香莲。

1980年

参加河南省豫剧流派会演,在崔派名剧《桃花庵》中饰窦氏。

在北京演出《桃花庵》饰窦氏、《陈三两爬堂》中饰陈三两。

加入中国戏剧家协会。

中国唱片社录制《张宝英唱腔选萃》盒式带。

1981年

赴西安演出《包青天》,西安报纸赞誉她为"河南秦香莲"。

与西安豫剧团名老艺人曹子道、常警惕、张敬盟联欢演出。

1982年

任命为安阳市豫剧一团副团长。

率安阳市代表团参加河南省首届戏曲青年演员会演,任艺术指导,辅导崔小田主演《桃花庵·盘姑》。

赴河北省邯郸地区各县演出。

当选河南省第六届人大代表。

当选中国戏剧家协会河南分会理事。

1983年

排演崔派名剧《卖苗郎》饰柳迎春,演出于安阳、开封、新乡、焦作、郑州、洛阳等地。

9月20日被评为全国三八红旗手。

10月，在郑州陇海剧院为中国现代戏年会演出《卖苗郎》。

1984年

赴山东曹县、菏泽地区演出。

随安阳市政府慰问团赴陕西省宝鸡市石油钢管厂慰问演出。

在安阳剧院为全国双拥模范城市现场会演出《卖苗郎》。

1985年

2月10日，被市委宣传部任命为新组建的安阳市豫剧团团长。春节期间率安阳市豫剧团赴林县、河北邯郸等地演出。

5月，赴北京参加中国戏剧家协会第四次全国会员代表大会。

率团赴河北省临漳县、山东聊城、临清、高唐、山西太原等地演出。

7月26日，在太原大华剧场首演新编古装戏《秦香莲后传》饰秦香莲。

在太原红旗剧场举办崔派剧目专场演出主演《陈三两爬堂》，山西省戏剧家协会举行座谈会。

12月，参加河南省第一届戏剧大赛主演《秦香莲后传》获演员一等奖。

上海有声读物出版公司灌制《张宝英唱腔选》盒式卡带《卖苗郎》《秦香莲》。

被评为安阳市劳动模范、模范共产党员。

1986年

连续半年在洛阳地区演出、四进洛阳市的人民会堂、上海剧院、工人文化宫、凌空俱乐部演出。

排练、演出新编古装戏《合镜恨》。

10月25日，在洛阳文化宫为中南五省区戏剧创作座谈会演出《桃花庵》。胡可、陈刚题词："继往开来，独树一帜。"

11月，收汝阳县豫剧团青年演员丁清香为徒。

12月，随安阳市慰问团赴宝鸡石油钢管厂慰问演出。

当选为第七届安阳市人大常委会委员。

1987年

元月2日，在西安举办个人折子戏专场，演出《桃花庵·盘姑》《宇宙锋·装疯》《秦香莲后传·哭庙》，陕西省戏剧家协会举行座谈会，称赞她："不愧为继豫剧五大名旦之后出类拔萃的演员。"

元月21日、22日，在安阳剧院与香港歌星张明敏组台演出联欢晚会，祝贺安阳利丰游乐公司成立。

4月，以5.6万张选票获得四省十四市豫剧中青年演员广播大奖赛第一名。

春季，赴南阳地区的西峡、邓县、栾川、淅川等地演出。

在邓县首演新编古装戏《合镜恨》反串小生晋王，为青年演员配戏。

5月，率团进京在吉祥戏院演出《卖苗郎》《秦香莲后传》《英姬夫人》。

6月8日在北京广和剧场举行个人折子戏专场演出，主演《桃花庵·搜庵·盘姑》《秦香莲后传·哭庙》《宇宙锋·装疯》。

6月12日在中南海警卫局礼堂为中央顾问委员会首长演出《桃花庵》。

7月，应邀赴内蒙古呼和浩特与内蒙古自治区戏剧家协会、呼和浩特市文艺界代表座谈交流。

当选为河南省第七届人大代表。

8月，中国戏剧家协会主办的《戏剧报》发表文章《崔派艺术的优秀传人张宝英》。

1988年

元月，赴深圳特区人民会堂、蛇口工人俱乐部演出《桃花庵》《包青天》《秦香莲后传》《陈三两爬堂》《三哭殿》。广州太平洋音影公司灌制《三哭殿》《秦香莲后传》盒式卡带。

3月，赴河南省驻马店地区演出。

当选为第七届全国政协委员，赴北京参加第七届全国政协一次会议。

5月，参加崔兰田舞台生活五十周年纪念活动，在《河南戏剧》发表《庆祝恩师舞台生活五十年》文章，在"崔派艺术展览演出晚会"上主演《秦香莲·抱琵琶》《桃花庵·搜庵》《卖苗郎·别家》。

11月，参加全国豫剧中青年演员电视大奖赛获最佳演员奖。

中国文联出版公司出版《张宝英演出剧目选》。

1989年

3月，赴北京参加第七届全国政协第二次会议。

5月，赴河南省中牟县、密县等地演出。

10月，赴郑州参加河南省庆祝建国40周年献礼演出《巴山血泪》。

12月，赴周口地区太康、项城、郸城、沈丘等地演出，在周口地区影院首演《寻儿记》饰孙淑林。

1990年

赴河南省漯河、沈丘，安徽省阜阳地区的太和、临泉、阜阳、涡阳等地演出。

3月，赴北京参加第七届全国政协第三次会议。

4月27日、28日,赴杭州参加"七大古都艺术周"《古都之乐》晚会。

5月,赴郑州河南人民剧院演出《寻儿记》。

7月,摄制戏曲电视剧《三进士》(《寻儿记》)。

8月,赴郑州参加豫剧《寻儿记》剧本研讨会。

9月15日,赴濮阳市工人文化宫参加河南省第三届戏剧大赛,主演《寻儿记》获演员特别奖。

12月,赴滑县、汲县、鹤壁、新乡演出《寻儿记》等戏。担任新编古装戏《烈女传奇》艺术指导,辅导青年演员排戏。

被评为安阳市优秀专业技术人才。

被评为安阳市模范共产党员。

1991年

3月,参加第七届全国政协第四次会议。

5月12日,获第三届香玉杯艺术奖第一名。中宣部副部长、文化部代部长贺敬之,河南省省长李长春,河南省委宣传部部长于友先,中国戏剧家协会常务副主席赵寻为获奖演员颁奖并观看张宝英主演的《桃花庵》选场。

6月13日,"梨园杯"全国豫剧中青年演员广播大奖赛在郑州河南人民剧院举行颁奖大会,获金奖第一名。为大会演唱《洪湖赤卫队》选段。

7月11日,应邀与郑州密县文工团合作晋北京中南海演出豫剧《秦香莲后传》,并为煤炭部汇报演出。

8月,在安阳市灯光球场参加赈灾义演,演唱豫剧现代戏《沙家浜》选段和《洪湖赤卫队》选段。

9月,录制《中华豫剧卡拉OK大家唱》。

10月22日,参加安阳殷商文化旅游节演出新编古装戏《周文王与殷纣王》饰妲姬。

12月3日当选第四届河南省戏剧家协会副主席。

1992年

2月,赴林县、武安、滑县演出。

3月6日,赴郑州参加第七届河南省人大会议。

3月18日至28日,赴北京参加第七届全国政协第五次会议。

4月,在安阳市郊区南漳涧庙会演出。赴峰峰煤矿演出。

在北京参加"杨兰春表导演艺术研讨会"。

9月7日,与密县矿务局豫剧团合作赴山西太原演出《秦香莲后传》。

9月13日，在第二届安阳殷商文化旅游节演出新编古装戏《周文王与殷纣王》。

10月30日，由河南项城返回安阳，参加安阳市保险公司突破亿元大关演唱会。

11月10日至15日，赴西安参加首届中国戏曲"金三角"交流演出，主演《寻儿记》获优秀表演奖。

在西安收台湾飞马豫剧团青年演员郝宏音为徒弟。

11月16日至12月30日，在河南遂平、平舆、新蔡、安徽临泉巡回演出。

1993年

2月6日，参加安阳市元宵节联欢会清唱《包青天·抱琵琶》。

2月10日（农历正月初九）赴河南沈丘、安徽界首、沈丘新安集、淮阳等地演出。

3月，赴河南太康、西华、舞阳等地演出。

4月15日至24日，参加河南省第八届人民代表大会。

5月30日至6月1日，在安阳中原影剧院与台湾豫剧名家张岫云、刘海燕联袂为残疾人义演，崔兰田亲临现场祝贺。

6月3日至5日，在郑州河南人民剧院与台湾豫剧名家张岫云、刘海燕联袂演出《寻儿记》。常香玉亲临现场祝贺。

10月，赴洛阳演出。

12月，参加"'93今日中国豫剧十大名旦选拔赛"。

1994年

元月28日，赴河南密县参加"'93今日中国豫剧十大名旦选拔赛"决赛。

2月12日，在河南焦作艺新剧场演出，后赴博爱、桶张河、修武等地演出。

3月，赴河南长葛、禹州、鄢陵、许昌、漯河等地演出。

3月12日，"'93今日中国豫剧十大名旦选拔赛"颁奖大会在河南郑州中州剧院举行，获金奖第一名。

当晚，收江苏省梆子剧团青年演员陈秀兰为徒弟。

1995年

11月20日至12月25日，率安阳市豫剧团赴台湾与台北捷音豫曲剧团联袂在台北、台南、高雄、台中、苗栗、桃园、嘉义等地进行为期35天的交流演出。

1996年

调任安阳文化艺术学校副校长。

随河南省文化艺术团赴香港、澳门演出，全国政协副主席马万祺观看演出。

1997年

与台湾捷音豫曲剧团团长刘海燕、商丘地区豫剧团团长吴心平联袂举办《海峡两岸豫剧名家商丘演唱会》。

1998 年

随河南省文化艺术团赴香港演出，在豫剧《风流才子》中反串冬香。

1999 年

在北京参加文化部艺术研究院召开的建国 50 年文化艺术成就座谈会。

率安阳文化艺术学校演出团赴台湾进行交流演出。

为安阳市豫剧团青年演员王秀梅辅导排练《寻儿记》。

2000 年

获文化部表彰全国文化系统先进工作者。

组织、举办安阳文化艺术学校成立 20 周年庆典活动。

2001 年

正式退休。

应聘为安阳文化艺术学校名誉校长。

2002 年

收浚县豫剧团青年演员胡恩峰为徒弟。

2003 年

2月11日安阳元宵戏曲晚会《羊年吉祥》演唱豫剧现代戏《洪湖赤卫队》选段："看天下劳苦人民都解放"。

4月5日，恩师崔兰田逝世。

8月，河南电视台《梨园春》专场介绍张宝英演唱艺术。

2004 年

2月2日安阳元宵戏曲晚会《金猴闹春》演唱戏歌《洹上春》。

在《崔兰田经典剧目音配像》中担任艺术顾问，携弟子陈秀兰（配像《卖苗郎》）、范静（配像《陈三两爬堂》）、张艺飞（配像《二度梅》）、戴红莉（配像《三上轿》）等参加配像录制。

在河南人民剧院参加迎"七一"名家名段演唱会。

2005 年

10月1日，在郑州英协剧院收河南省豫剧一团青年演员范静为徒弟。

2006 年

2月9日安阳元宵戏曲晚会《满堂红》清唱豫剧《咏梅》。

3月30日，在新浪网开通个人官方博客《张宝英艺术生涯》。

4月2日，河南电视台《梨园春》第371期举办《兰韵——纪念豫剧大师崔兰田逝世三周年专场晚会》演唱《卖苗郎》选段。

4月22日，在郑州河南儿童剧院参加由河南人民广播电台戏曲广播举办的《纪念豫剧大师崔兰田逝世三周年演唱会》。

7月13日，在安阳电视台演播厅参加《庆祝安阳殷墟成功申报世界文化遗产大型文艺演出》演唱戏歌《满江红》。

7月28日，参加河南人民广播电台戏曲广播《周末大戏台》第58期《走进丑角之乡——鹤壁工业基地山城区大型公益演唱会》。

8月，安阳东区广场。在中央电视台举办的庆祝殷墟成功申报世界文化遗产大型演唱会《灿烂安阳》晚会上首唱戏歌《安阳是个好地方》。

参加河南电视台《梨园春》特别节目《为殷墟喝彩》庆祝安阳殷墟成功申报世界文化遗产闭幕式。

8月29日，在安阳喜相逢大酒店收河北省邯郸市青年豫剧演员吕明谚为徒弟。

10月6日（中秋节），郑州河南人民会堂携弟子崔玉萍、范静演出传统豫剧《三哭殿》饰（前半部）银屏公主（崔玉萍饰后半部银屏公主），范静饰詹妃，贾廷聚、宋子根饰前后唐王李世民。

10月19日，郑州艺术宫观看河南小皇后豫剧团演出的国家舞台精品剧目《铡刀下的红梅》，弟子崔玉萍扮演刘胡兰奶奶。

10月21日，在郑州英协剧院与吴心平、贾廷聚、兰力联袂演出明星版《包青天》。

10月29日，在河南人民会堂参加"九九重阳节豫剧六大名派演唱会"。

12月16日，河南人民会堂领衔主演豫剧崔派名剧《桃花庵》。与崔小田分饰前后窦氏、赵娟、刘艾英分饰前后陈妙善。高洁、贾廷聚、范军、王慧、李金枝、张桂梅等助兴演出。

2007年

元月30日，在安阳电视台访谈节目《聊聊》录制中畅谈艺术人生。

2月26日（农历正月初九），河南人民会堂参加明星版豫剧《三哭殿》饰银屏公主。

3月1日（农历正月十二），参加安阳元宵戏曲晚会首唱戏歌《沁园春·安阳》。

4月7日，河南迎宾馆，参加河南省文学艺术界联合会第六次代表大会。

4月16日，河南人民广播电台戏曲频道《生旦净末丑》栏目播出广播录音专辑《张宝英的艺术人生》。

4月29日，应邀在山东东营为戏迷演出。

4月30日，在郑州英协剧院为戏迷演出。

5月13日，河南人民会堂。与安阳市豫剧团合作演出崔派名剧《卖苗郎》（饰前半场柳迎春）。

5月20日，河南人民会堂。出席新编大型豫剧《清风亭上》新闻发布会，加盟剧组出演张元秀妻。

5月24日，商丘宋城剧院。参加吴心平艺术生涯56周年纪念演出，与吴心平联袂演出《包青天·抱琵琶·见皇姑》。

6月1日，新浪网个人官方博客《张宝英艺术生涯》访问量突破1万人次。

6月8日，河南人民会堂。参加河南省庆祝第三个文化遗产日活动，演唱豫剧《包青天》选段："三江水洗不尽我满腹冤枉"。

在河南人民会堂参加豫剧名家谷秀荣从艺50周年庆典演出演唱《桃花庵》选段："九尽春回杏花开"。

7月2日，濮阳市文化广场。参加濮阳市豫剧团建团20周年庆典演出。现场收濮阳市豫剧团青年演员李红芹为徒弟。

7月15日，河南人民会堂。中央电视台戏曲频道《九州大戏台》"走进河南——英协戏曲综艺晚会"录制，演唱豫剧《包青天》选段："三江水洗不尽我满腹冤枉"，徒弟崔玉萍、张艺飞、刘艾英、杨招娣、杨瑞现场伴舞。

8月19日，河南电视台《梨园春》第441期"四大艺校学生展演"专场，演唱豫剧《寻儿记》选段："众衙役声声请声如雷震"。

8月24日至27日，随河南英协艺术团老艺术家队赴云南昆明参加《中原戏曲云南行》慰问在滇工作的河南同乡系列演出。

9月3日，获河南省第三届社会艺术教育"百位名师"评选"河南省社会艺术教育名师"称号。

9月23日，河南电视台《梨园春》第446期现场直播大型新编豫剧《清风亭上》饰张元秀妻。

9月26日，郑州绿城广场。荣获第三届黄河戏剧奖特殊贡献奖，为第三届黄河戏剧奖叫座剧目获奖演员颁奖并演唱《寻儿记》选段。

10月1日，河南人民会堂演出大型新编豫剧《清风亭上》饰张元秀妻。

10月8日，《大河网河南频道讯》谈与李树建合作《清风亭上》扮演张元秀妻的创作体会。

12月27日，河南人民会堂。参加河南电视台《梨园春》栏目举办的"为2008喝彩"迎新春戏曲演唱会，携弟子崔玉萍、范静演唱豫剧《包青天》选段："三江水洗不尽我满

腹冤枉"。

2008 年

2月18日（正月十二），在安阳元宵戏曲晚会演唱《秦香莲后传·哭庙》。

2月25日（正月初十），在英协剧院演出崔派名剧《桃花庵》和《卖苗郎》折子戏。

2月，赴河南许昌椹涧乡参加《河南戏曲名家演唱会》。

随英协艺术团赴海南慰问演出。

参加英协大戏为农民工赠票活动，随英协艺术团赴北京慰问河南务工人员。

3月16日，河南电视台第475期《梨园春》"戏出名门，崔派选秀"专场晚会上，经过几轮角逐，当场确定收青年演员许大荣为徒弟。

4月7日《安阳日报》第六版发表《九尽春回杏花开——访豫剧崔派大师张宝英》。

4月17日《河南日报》第八版发表《张宝英 崔派传承领军人》。

4月28日，禹州市磨街乡大涧村，16集戏曲电视剧《山里的汉子》举行开机仪式。在剧中扮演男主人公王顺昌的母亲付淑环。

5月22日，在安阳电视台《血脉相连——安阳支援四川地震灾区赈灾义演晚会》上现场为灾区捐款。

6月10日，收禹州市豫剧团青年演员李雪梅为徒弟。

6月19日至20日，在新疆克拉玛依和乌鲁木齐参加《迎奥运·海峡两岸豫剧巡演活动》。

7月18日，在郑州英协剧院与河南省三门峡市豫剧团史如联袂演出《卖苗郎》。

7月25日，与史如联袂演出的《卖苗郎》由河南电视台新农村频道实况播出。

8月，在安阳录制《张宝英唱腔精选》。

9月，郑州英协剧院。在禹州市豫剧团李红梅主演的《寻儿记》中演出《认子》一折。

9月26日，郑州电视台《周末大戏台》观看弟子陈秀兰专场演出。

10月5日，在河南电视台第498期《梨园春》与李平生演出豫剧《寻儿记·认子》。

10月，参加河南省老干部文艺汇演主演小戏《一把雨伞》获表演一等奖。

12月，随河南电视台《梨园春》艺术团再度赴宝岛台湾参加《梨园飞歌少林功》交流演出活动，与李树建联袂演出《清风亭上》，与小香玉合作演出《拷红》饰老夫人。

12月28日，携弟子崔玉萍、范静在河南人民会堂参加河南电视台《梨园春》"时代唱响——2009新年戏曲演唱会"演唱《寻儿记》选段："众衙役声声请声如雷震"。

2009 年

元月4日，河南电视台《梨园春》第511期"走进安阳腊梅节"，与李树建联袂演出《三哭殿》饰长孙后。

2月8日，安阳元宵戏曲晚会《梨园春晖》演唱豫剧现代戏《洪湖赤卫队》选段："洪湖水浪打浪"。

3月20日，郑州香玉大舞台。参加《范雅鸣戏曲专场演唱会》担任艺术总监、导演并演唱豫剧现代戏《洪湖赤卫队》选段："娘的眼泪似水淌"。

5月28日，中央电视台戏曲频道首播16集戏曲电视剧《山里的汉子》。

6月3日，在家中接受郑州人民广播电台文娱广播特别节目《难忘杨兰春》采访，追忆杨兰春重排《包青天》《卖苗郎》的情景，缅怀杨兰春。

6月11日，郑州香玉大舞台。参加郑州电视台《周末大戏院》栏目举办的《崔派·范静》戏曲专场晚会，演唱《包青天》选段："见皇姑"。

6月26日，信阳市文化中心。参加河南电视台《梨园春》"七月赞歌"特别节目走进信阳慰问演出《万家灯火·红色之夜》晚会，彩唱《洪湖赤卫队》选段："洪湖水浪打浪"。

9月5日，郑东新区CBD广场。参加河南戏剧名家《祝福祝国 唱响神州》大型演唱会并与马金凤、王善朴等15位河南戏曲名家一起为大型雕塑《盛世梨园》按制手模。

9月12日，北京中国戏曲学院。出席2009届豫剧本科班开班仪式。

2010年

2月25日，参加安阳市元宵戏曲晚会《龙腾虎跃闹花灯》与李平生演唱豫剧《寻儿记》选段："娘盼儿望穿了眼"。

3月19日，安阳文化艺术学校。为戏曲专业的学生举办艺术讲座，讲授戏曲发声方法。

8月，收濮阳市杂技学校戏剧老师郭霞为徒弟。

10月，郑州。参加《梨园伉俪》大型豫剧民族管弦乐演唱会，清唱《洪湖赤卫队》选段："月儿高高挂在天上"。

11月13日，安阳安钢工人剧院。收安钢文工团青年歌唱演员司晓青为徒弟。

12月，河南叶县。收叶县《梨园春》擂主杨素霞为徒弟。

12月28日，参加河南电视台"迎双节百场大戏答谢全省人民"巡演启动仪式戏曲晚会，清唱《洪湖赤卫队》和《包青天》选段。

2011年

2月1日，郑州英协剧院。参加"英协之春"戏曲文化周活动，演出《寻儿记》。

2月14日，安阳电视台。参加安阳市元宵戏曲晚会演唱《洪湖赤卫队》选段："月儿高高挂在天上"和《秦香莲后传》选段："委屈你皇族女一旁立站"。

5月，在中国戏曲学院担任客座教授。

7月4日，在郑州人民广播电台文娱广播《红色七月》河南戏曲名家系列访谈第1期中畅谈豫剧现代戏《洪湖赤卫队》的流金岁月。

11月，参加《今日中国豫剧十大名旦传略》出版座谈会。

11月5日，参加在濮阳市南乐县举办的大型历史豫剧《布衣巡抚魏允贞》舞台剧首映和戏曲电影开机仪式。

2012年

2月3日（农历正月十二），参加安阳市元宵戏曲晚会《闹花灯》携弟子范雅鸣、杨招娣、刘艾英、司晓青演唱崔派经典剧目联唱《崔韵飘香》。

2月7日，河南电视台《梨园春》演播厅。应邀参加由河南省文化厅、河南省广电局主办、河南电视台承办的《薪火相传梨园情》——2012年河南地方戏曲拜师盛典晚会，著名京剧表演艺术家梅葆玖、著名词作家闫肃做见证人，现场收河南省豫剧二团青年演员邵文霞、许昌万里豫剧院青年演员温秀琴、漯河市豫剧团青年演员魏秋芬为徒弟。河南省委书记卢展工、省长郭庚茂、省委宣传部部长赵素平出席盛典仪式。张宝英弟子陈秀兰、崔玉萍、范静、王凤银联袂助兴演唱《包青天》选段："秦香莲抬头观"。

2月9日，接受郑州人民广播电台文娱广播采访，畅谈传承崔派艺术的体会。

3月2日，河南人民会堂。参加"英协有戏"大型公益演唱会，演唱《卖苗郎》选段："樵楼上三更鼓夜深人静"。

3月12日至15日，河南电视台新农村频道连续四天播出崔兰田、张宝英专题节目。

4月2日至6日，郑州人民广播电台文娱广播《梨园春秋》特别制作系列专题《我永远感谢老师——缅怀崔兰田逝世九周年》。

4月10日，安阳家中。接受河南中原工学院广播电视学院《崔兰田的教育思想》专题片摄制组采访。

5月13日，河南电视台《梨园春》。参加戏曲电影《铡刀下的红梅》首映式，演唱《桃花庵》选段。

6月12日，戏曲电影《尘封的军功章》在河南省濮阳市范县开拍。应邀在影片中扮演李军祥（贾文龙饰）的母亲。

7月19日，郑州电视台演播厅。参加豫剧名家牛淑贤收徒赵晶蕊仪式，助兴演唱《包青天》选段："三江水洗不尽我满腹冤枉"。

8月2日，在郑州接受河南戏曲网专访，畅谈拍摄戏曲电影《尘封的军功章》期间难忘的故事。

9月20日，河南电视台《梨园春》特别节目"三李颂歌"电视录制，现场演唱《尘封的军功章》选段:"儿啊儿娘为你把心操烂"("三李"濮阳不同时期涌现出的先进模范李金芳、李连成、李文祥)。

10月26日,应邀由安阳抵达新密老城,参加曲剧电影《李豁子的婚事》拍摄。

11月1日,新密老城县衙内。曲剧电影《李豁子的婚事》历经16天的紧张拍摄,今日全部杀青。

11月2日,郑州。收河南豫剧二团青年演员张秀丽为徒弟。

11月6日,安阳"两馆"。出席戏曲电影《柳迎春》首映式与艺术研讨会。

11月21日,与牛淑贤携吴素真做客郑州人民广播电台《叱咤中原——河南戏剧演员排行榜》终选入围演员直播间。

12月4日,安阳中原宾馆。出席"安阳杯"首届黄河戏剧奖梅花表演奖座谈会。

12月6日,安阳安钢工人剧院。观看安阳中等职业技术学校青年教师宋子根戏曲专场演出并出席《宋子根艺术研讨会》。

2013年

元月20日,郑州。参加豫剧名家汤玉英收徒仪式。

元月27日,为曲剧电影《李豁子的婚事》后期配音。

2月21日(正月十二),河南人民会堂。在禹州市豫剧团演出的《寻儿记》中,演出《母子相会》一场,其徒弟李雪梅主演孙淑林。

3月7日,随安阳市豫剧团下乡演出,为农民清唱《包青天》《洪湖赤卫队》选段。

3月29日,安阳电视台。在《兰韵飘香》——纪念豫剧大师崔兰田逝世十周年电视晚会上演唱《包青天·抱琵琶》和戏歌《德艺传家》。

3月30日,亲赴安阳韩陵山公墓为恩师崔兰田扫墓,在追思会上演唱《包青天》选段:"三江水洗不尽我满腹冤枉"和《洪湖赤卫队》选段:"娘的眼泪似水淌"。

4月7日,参加郑州电视台《周末大戏院》"缅怀崔兰田大师逝世十周年专场晚会"演唱《包青天·抱琵琶》。

4月8日,郑州德亿歌剧院。参加《兰韵悠悠——崔派艺术赏析会》,演唱戏歌《德艺传家》。

6月6日,郑州。与弟子范静出席豫剧电影《天职》开机新闻发布会,现场致辞并演唱《包青天》选段:"三江水洗不尽我满腹冤枉"。

6月7日,参加河南电视台《梨园春》特别节目《王希玲艺术学校十五年庆典晚会》,与王清芬、王希玲联袂演唱《朝阳沟》选段:"银环儿你不要多操心"。

6月9日,参加徒弟刘艾英收徒范胜男拜师仪式。

6月23日,河南电视台《梨园春》特别节目《国色丹青相映红——庆龄枫叶颁奖晚会》,

演唱豫剧《包青天》选段:"三江水洗不尽我满腹冤枉"。省委书记郭庚茂、省长谢伏瞻、省政协主席叶冬松观看演出。

7月2日,河南艺术中心大剧院。观看中国戏曲学院豫剧本科班毕业大戏《天颜》与全体演职员合影留念。

9月23日,郑州。参加第十五届海峡河洛文化暨豫剧研讨会。

11月6日,安阳电视台。出席《洹水之声——安阳市豫剧团青年演员任现军戏曲专场》,演唱《包青天》选段:"三江水洗不尽我满腹冤枉"。

12月29日,河南人民会堂。参加曲剧电影《李祥和的婚事》首映专场晚会。

2014 年

2月11日,参加安阳市元宵戏曲晚会《跃马迎春》演唱戏歌《橘颂》。

4月16日,出席第三届中国豫剧节,与来自新疆的弟子徐爱华相会于开幕式上。

5月,参加《英协有戏——河南戏曲名家演唱会》,演唱《卖苗郎》选段:"樵楼上三更鼓夜深人静"。

5月7日,河南电视台《梨园春》。开播20年特别节目《老友记》系列第一场,与京剧演员刘桂娟合作演出豫剧《包青天·抱琵琶》。

6月20日、21日,河南艺术中心大剧院。参加《燕歌行——白燕升放歌中原演唱会》,演唱崔派名剧《桃花庵》选段。

10月8日,上海。应上海崔派艺术研究协会邀请,赴沪演出《桃花庵》选段:"九尽春回杏花开"。

2015 年

3月25日,安阳。参加豫剧名家赵义庭百年诞辰纪念活动暨骨灰入土安放仪式。

5月22日,郑州。参加《非遗心体验》首秀陈派经典剧目《春秋配》唱段"羞答答出门来将头低下"。

5月24日,苏州。参加河南电视台《梨园春》"擂响中国"长三角地区戏迷海选活动。

10月18日,河南人民会堂。豫剧电影《敬老院的故事》举行全国首映礼暨主创人员与观众见面会。在影片中扮演女一号张淑英。

2016 年

2月19日,参加安阳市元宵戏曲晚会《金猴迎春》演唱戏歌《沁园春·安阳》。

6月28日,安阳广播电视台。在《湖波大擂台》年度总决赛中现场收冠军王书平、亚军李海琴、季军沈晓丽为徒弟。

2017 年

2月8日，参加安阳市元宵戏曲晚会《金鸡报春》携弟子范雅鸣、刘艾英、司晓青、王书平、沈晓莉、李海芹演唱豫剧《秦香莲后传》选段："委屈你皇族女一旁立站"。

6月24日，安阳文化大舞台。收于慧萍等23位青年演员为徒弟。戏曲名家贾廷聚、胡希华、汤玉英出席收徒仪式。

10月，赴上海演出。

12月18日，参加安阳文化大舞台战略发展研讨会。

2018年

元月7日，河南电视台《梨园春》携邓鸣璐演唱豫剧《寻儿记》选段："众衙役声声请声如雷震"。

元月21日河南电视台《梨园春》现场作词演唱为选手助阵加油，鼓励选手争做人民喜欢的好演员。

2月27日（正月十二）率弟子胡恩峰、范雅鸣、张秀丽、邓洁、李庆杰、沈晓丽、王兰、吴慧霞参加安阳元宵戏曲晚会《旺旺迎春》演唱豫剧现代戏《洪湖赤卫队》选段："月儿高高挂在天上"。

4月8日，河南电视台《梨园春》播出"一起唱吧第二季"第一期《豫剧第一青衣张宝英》专场。戏曲名家尚长荣、李树建、王希玲、刘忠河、汤玉英、柳兰芳、吴心平等亲临现场助兴演出。

4月27日，河南人民会堂。在《省会纪念豫剧大师陈素真百年诞辰祥符调品鉴会》上彩扮演出陈素真亲授陈派名剧《宇宙锋·装疯》。

5月3日，张宝英向河南豫剧院二团青年演员张秀丽、河南登封市豫剧团青年演员吴慧霞传授《卖苗郎·摔碗·背公公》《包青天·闯宫·抱琵琶》项目入选文化部"中华优秀传统艺术传承发展计划2018年度戏曲专项扶持项目当代戏曲名家收徒传艺工程"。

5月4日，戏曲电影《白发娘亲》首映式在河南省漯河市举行，扮演剧中李忆村的母亲。

5月6日，焦作市。参加徒弟李秀花戏曲演唱会。

5月20日，参加河南电视台《梨园春》纪念改革开放四十周年优秀剧目展演活动。

8月，在戏曲电影《女婿》中扮演母亲。

10月25日，"中华优秀传统艺术传承发展计划2018年度戏曲专项扶持项目当代戏曲名家收徒传艺工程" 张宝英向河南豫剧院二团青年演员张秀丽、河南登封市豫剧团青年演员吴慧霞传授《卖苗郎·摔碗·背公公》《包青天·闯宫·抱琵琶》项目进行视频录制。

12月19日，北京天桥剧场。参加河南卫视"中国真有戏"庆祝改革开放40周年《梨园春》新年戏曲晚会录制，演唱《包青天》选段："三江水"。

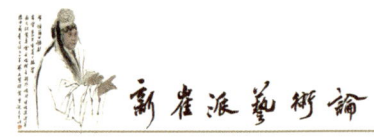

12月30日晚,河南卫视播出"中国真有戏"庆祝改革开放40周年《梨园春》新年戏曲晚会。

12月31日,"中华优秀传统艺术传承发展计划2018年度戏曲专项扶持项目当代戏曲名家收徒传艺工程"张宝英向河南豫剧院二团青年演员张秀丽、河南登封市豫剧团青年演员吴慧霞传授《卖苗郎·摔碗·背公公》《包青天·闯宫·抱琵琶》项目结项汇报演出在安阳文化大舞台举行。

后 记

他，站在学术的高度解读了张宝英

国家级非物质文化遗产（豫剧）代表性传承人、崔派艺术杰出传人张宝英位列"今日中国豫剧十大名旦"之冠，她的斐然成就和卓越贡献已是众所公认；她在师承上的接受，在实践中的扬弃，也是豫剧界非常值得关注、探讨的审美现象。

审美现象源自审美活动。张宝英60余年的艺术实践，一方面为我们探究豫剧崔派艺术乃至其他流派科学、良性的传承之道提供了直接的实践依据，另一方面也要求我们对张宝英的审美感知作出系统的学术评判，从中汲取经验和启示，以起到继续指导实践的作用。

在我采访的业内人士中，我认为他足够诚恳和负责地表达自己对崔派的深切感悟，也是同辈人中最有资格和条件对张宝英的表演艺术作出比较全面、比较客观，也比较深刻的论述。

缘其由，不仅基于他的胆略、骨气、学识、智慧，更重要的是他站在学术研究的层面领悟了崔派，托举了张宝英。

他，就是安阳市艺术研究所所长、安阳市戏剧家协会副主席兼秘书长，深悟崔派之美的杨奇先生。

对于杨奇先生，"《朝阳沟》之父"杨兰春先生在《崔兰田传》序言中这样评价，"为崔派艺术摇旗呐喊数十年，在总结兰田的艺术生涯和崔派艺术的实践经验、理论研究上，常有鸿篇大论见诸报刊，称得起研究崔派艺术的内行、专家"。诚哉斯言，杨奇先生的确和崔派艺术的渊源很深，缘分不浅。拥有今天之业绩和地位，除去自身的禀赋和勤奋，与崔派艺术的哺育是分不开的。

早在 1983 年，由于热爱文学创作，已经经历了插队知青、解放军战士、工厂工人等人生角色转换的杨奇先生调入了安阳市豫剧一团从事文秘工作。彼时，崔兰田先生已调至安阳市戏曲学校任校长，虽然还兼任团长，但不再参与剧团演出，也不过问剧团事务。但，杨奇先生毕竟见过"真佛"，他撰写的一篇简短专访，受到大师的"礼遇"，尊崔、爱崔之情潜移默

拍摄《宇宙锋》剧照后，杨奇与张宝英合影（1987 年摄于洛阳）

化地播撒在心灵深处。出于对崔派艺术的钟爱，"半路出家"的他没有把剧团当作预期的"跳板"，最终听从了内心的安排，选择留在剧团躬身深耕。

1985 年杨奇先生追随张宝英进入新组建的安阳市豫剧团。客观来说，张宝英摆脱了一度牵绊的某些局限，不仅有了自己的班子成员，也有了较为自由宽松的创作氛围，开始真正向自由王国迈进。此时，杨奇先生被委以重任出任副团长，与毕定良、邢宝俊等成为领导班子成员，成为张宝英艺术自由王国重要支柱。此后的十年，切实为张宝英舞台风气的日丽中天及剧团的高效运转保驾护航，立下汗马功劳。虽然压力大，步履维艰，但他凭借笃定的信念，顽强的意志力，以及忠诚的态度严守自己的本分和位格，对崔派艺术予以全面的理论引申。这，既是一个循序渐进的艰辛过程，也是由单元向多元发展的内在必然。

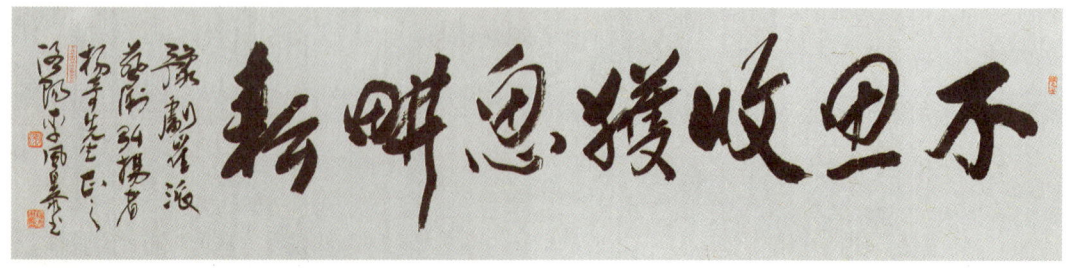

后 记

自 1985 年起，杨奇先生自觉地确立起跟踪拍摄张宝英舞台艺术剧照的意向，并取得了可观的进展和积极的成果。他以"打井式"的深入作业，从角度的提炼、图像内涵的开掘，都倾注了他本人和思想和情感，每一张照片都暗含有他的智慧、艺术修养与摄影表达。现在看来，那些照片的确能够很准确地反映出张宝英盛年时期的艺术光彩，可以获得更多的"艺术信息"。从这个角度来说，他用相机记录了张宝英艺术成长的轨迹。

摄影之余，深受张宝英器重的杨奇先生着手投入了演出活动的文宣，如《张宝英在西安举行专场演出》（原载 1987 年 1 月 10 日《河南日报》）、《豫音传京华 处处称赞声——安阳市豫剧团北京演出散记》（原载 1987 年 6 月 30 日《安阳文化报》）、《代有俊英知奋进 中原逐鹿夺秦城——张宝英率团进京演出深受欢迎》（原载 1987 年 9 月 6 日《文艺百家报》）。随着观演关系的逐日加深，他的眼力、脑力、笔力也有了由表及里的深化，自觉向着对张宝英在某剧中的鉴赏层次跃进，如《声情并茂 催人泪下——观张宝英演出的豫剧〈卖苗郎〉》（原载 1987 年 6 月 9 日《北京日报》）、《悲曲一支诉哀情——豫剧〈巴山血泪〉观后》（原载 1989 年 10 月 12 日《郑州晚报》）、《声情激荡溢纯青——看张宝英演出〈寻儿记〉》（原载 1993 年 01 期《中国戏剧》）等，这些评论，虽然是散片式的表面评述，还没有从理论层面去充分探究，却在潜移默化中影响了他的审美观，进一步加深了他对崔派艺术的理解和认识。他对张宝英表演艺术的体察、领悟、论述也应该是建立在这个阶段储备的基础上来说的。可以说，他对张宝英的审美框架在这个阶段就基本奠定了。无论是鉴赏方式还是品评标准，都在朝着专业评论的范式发展。通过对张宝英表演艺术的鉴赏，达到对她所宗流派的了解，进而形成对崔派特色和规律的总结，最后完成了对崔派艺术的观照。

进入 90 年代，经毕定良先生提议，崔兰田大师邀请时任安阳市豫剧团副团长的杨奇先生和毕老合作《崔兰田回忆录》，《中国戏剧》连载后引起了强烈的反响。随后，他们在《崔兰田回忆录》的基础上进一步深化，合著出版了《崔兰田传》，基本理顺了崔派艺术发展的脉络。2004 年由他担任执行主编的《崔兰田艺术研究》一书，汇总了一批富有学理性的评论和更深入的理论

杨奇与张宝英在安阳电视台《湖波大擂台》合影（2016 年摄）

研究，立体、综合、深入地剖析了崔派美学品格，开掘出崔派艺术的文化贡献。在这个过程中，他较为深刻地触及了崔派艺术蕴含的悲剧美学价值，并对崔派艺术的整体研究有了实质性的推进。

进入新世纪以来，杨奇先生以破竹之势执导了《崔兰田经典剧目音配像》，电视专题片《悲剧大师——崔兰田》《安阳市元宵戏曲晚会》及大型文艺晚会"安阳三部曲"《灿烂安阳》《唱响安阳》《魅力安阳》和历届中国安阳航空运动文化旅游节开幕式文艺演出，一系列理论研究成果及应用性成果，厚重而精彩地见证了他的初心，也历练出了他全局的视野和把握全局的能力。与此同时，他对张宝英艺术风格的研究又有了新的思考范式，一个突出的特点便是从单篇文章向系统化发展，从微观研究开始向宏观过渡。在张宝英从艺60周年之际，他在占有丰富资料的基础上，通过宏观考察、深入分析，理性判断，在《张宝英舞台艺术初探》一文中用全景综合的对象描述表现出来。他择要而举，紧扣"重点论""两点论"，在每章的标题中都以凝练的文字概括了张宝英在不同艺术阶段的底色和亮色。行文保持了其一贯的风格：如实描述，不玩笔调，不浪作大言，亦无虚文敷衍；有思想，有个性，有真切，有诚恳。

有人说过，文艺界如果给点钱就去为之张目，权利给点诱惑就去赞美，那将是一件极其可怕的事。可贵的是，杨奇先生敢凭学术良心认真总结经验，更能一针见血地指出问题，

后 记

张宝英、崔小田、杨奇与庞晓戈在河南电视台《梨园春》录制现场（2011年刘国林摄）

具有鲜明的批判性和建设性。如在"三出戏蜚声中原"章节中，他明确提出："拜名师学艺，历来是戏曲演员成才成名的一条途径。学习方式有两种，一种是踏踏实实，一步一个脚印地学，真正领会和掌握流派艺术的真髓；另一种是走捷径、图虚名，学会一两出流派代表剧目便大吹特吹，标榜自己是某派传人，某人的高足，嫡传弟子，关门徒弟，其实所学技艺非常肤浅。"再者，在"陈素真亲授宇宙锋"一节中，他提出："陈素真教给她的不仅仅是一出戏，而是一种精神，一个艺术家的敬业精神，一位剧坛巨匠身处逆境时的奋斗精神，这种精神深刻地激励着她，已'化'成为她个人精神中的一部分。"这些切中肯綮的见解，都是以往业内所关注不够的评判。更是对他社会敏感程度、思想水平和性格勇气的实际检验，也是对他人格的检验。

艺术总是要以其最新的成长与社会、与时代、与生活、与历史、与理论产生对话。随着阅历和感悟的递增，杨奇先生对崔派艺术整体的理解不断往深里走，往实里走，往心里走。也越发清晰地意识到张宝英的声腔有别于崔兰田的主客观因素，并试图站在学术层面提炼出一种概念去表达，进而揭示崔派艺术的特殊规律。诚如哈贝马斯所说，"人们通过特殊文化价值领域的划分，也意识到了特殊文化价值领域的特殊规律。"我觉得，杨奇先生申论的"新崔派"概念，可以看作是"崔派"这个总概念下的属概念，大可不必把新旧二元对立，而应看成是有着必然承续关系的程序性产物。从根本上来看，我认为这个"新"，一方面是张宝英以"从过去承继下来的条件"为出发点，在前人创造的成果基础上"接力"前进，为不具备流派创始人腔体构件的传人们闯出了一条"新路"，另一方面，则是对崔兰田"求新"艺术理念和进取精神的延承。因为，无论是崔兰田还是张宝英，都清醒地意识到"时代是永远前进的，艺术也不会老停在某一阶段，不往前赶的"（梅兰芳《舞台生活四十年》）。有鉴于此，"求新"势必在一定程度上冲破原有的审美框范，形成一种新的美学规范，规范也就意味着具有某种客观的制约性，却是审美效应的独特优势。对于当下的崔派，应该分外强调的是传承的开放意识和多样性，原汁原味的崔派以及在继承基础上脱颖而出的"新崔派"，都需要进一步研究、总结和传承，让崔派艺术的内涵更为丰厚。

杨奇在法国巴黎卢浮宫博物馆（2017年摄）

作为一名崔派艺术的爱好者，我深以为崔派唱腔天地广阔、旋律丰富，对后继者的音质、音色上的包容性是很强的，正因如此后继者更需要结合自身的条件，遵循科学原理对崔派艺术的法则举一反三、活学活用。张宝英可以说是这方面最为突出的典型，其艺术实践很好地贯彻了崔兰田的教育思想，不断对崔派艺术进行与时俱进的丰富、发展，形成了为时代和大众所需要的，别具特色的艺术风格。然，万变不离其宗，细细品味，就不难发现她的艺术个性始终与宗派母体血肉相连、血脉贯通，因而不仅赢得了新老观众的广泛认可与热烈拥戴，更为崔派艺术代际群体乃至青年演员们所争相效仿。

前不久，我在《京剧艺术》上看过一篇题为"学程派、学张派前建议学学梅派"的文章，该文指出：程砚秋和张君秋都是梅兰芳的弟子，他们在自己所创流派中有很多梅的因素在里面，只是他们已化到自己的东西里头了，不易察觉了。初学程派和张派前，先学学

后 记

梅派就是要扎稳根基,这就如同写字一样,先学正楷,再学行书,不然是学不好的。鉴于此,我建议后继者端正学习态度,效仿"新崔派"之前,至少带着敬畏之心认真感悟一下原生态"崔派",毕竟,那是通晓崔派艺术真谛的源头活水。追根溯源,不是削足适履走回头路,而是更有"底气"立足当代,走向未来,使传统在新的语境下开花结果,是对传统更大的尊重。这,是张宝英创造性艺术实践的根本遵循,走得稳健、笃定,抵达了"从心所欲不逾矩"的艺术境地,终成豫剧审美领域继往开来的大家风范。

在今天这个社会处于非常急促变化的时代,我们固然要尊重传统,继承传统,但是对于一个有作为的艺术家来说,艺术上的创新似更有意义,更值得重视。因为只讲继承不重视创新,在艺术上就难以推陈出新,就难以前进。正如英国思想家彼得.伯克在《什么是文化史》中所说的那样,传统在向新一代人传递的过程中必须发生变化。"时代前进了,艺术形式也不能不所有变化,但无论怎样变化,也不能脱离它原来的历史联系。不研究艺术形式的变化和发展,就不能探讨各个时代艺术和社会生活的关系的变化,也探讨不出艺术发展的历史规律。"(周扬:《关于社会主义新时期的文学》)在这里,周扬进一步对艺术形式的相对独立性和研究艺术形式变化发展的重要意义作了精辟的阐述。崔兰田生前是最反对墨守成规,停滞不前的,而推动崔派艺术的不断前进,其实并不是一个纯粹的艺术本身的问题。任何一种艺术形式的发展和革新,都不可能是在一个自我封闭的环境中实现的。它必须在借助和依赖社会历史进程中的多重交叉需求与自我扬弃变革中不断走向新的境地。对此,崔兰田如是,张宝英亦然,杨奇先生深谙她们在本质上有着一致的精神向度。

艺术风格形成是个人艺术成熟的标志,而流派的形成,则是诸多艺术人才合力将某位大师的艺术风格予以拓展、深入,并完成理论化、群体化的嬗变。如果说,改革开放以来,张宝英是促进崔派艺术群体化嬗变的引领者,那么杨奇先生则是推动崔派艺术理论化的执牛耳者。在当下一切都随时有可能面

杨奇在奥地利萨尔斯堡阿尔卑斯山下(2017年摄)

杨奇在尼泊尔加德满都杜巴广场（2014年摄）

临迭变环境里，对待崔派艺术的审美取向，需要更加开阔的视野，需要更加敏锐和深刻的思想判断能力，需要更加严格的自身修养和胆识，也需要善于综合分析和辩证思维。很长一个时期，我对崔派艺术的理解多属片断性的，感悟性的，缺乏系统的理论形态方面的总结。以往我的论述，尽管在很大程度上吸收了杨奇先生的学术研究成果，但也只能说是对某问题研究的起点，并没有如他那般经过理智的剖析和深心的考衡，构成高屋建瓴的见解。他也曾直言不讳地对我的偏颇之解，不妥之处，不到之意提出中肯的意见或建议。在他的教化下，我对崔派艺术较之往常有了相对成熟、稳定、清晰的价值观。

　　流派是一定历史阶段的产物。豫剧发展到今天，我们对流派学术研究的高度、深度、广度都还不够充分，崔派艺术自然也需要进一步建构为更成熟的理论体系。曾子曾说："士不可不弘毅，任重而道远。"我们期待杨奇先生能够用穿透力的前瞻思维，对崔派艺术予以更深层次的学术观照，助推崔派艺术向更高的美学殿堂进发！

作者：蒋见朝　《魅力中国》编辑部主任记者

后 记

安阳市艺术研究所是进行豫剧崔派艺术理论研究的专业科研机构，拥有系统的、粗具规模的崔派艺术档案。仅民国时期至现（当）代各时期的戏曲演出剧照和艺术活动图片已达1万余张。近十多年来，在杨奇所长的带领下，崔派艺术理论研究硕果累累，渐成体系。与安阳市档案局合作在安阳市党政综合大楼创办了《崔兰田艺术生平陈列馆》；协助安阳职业技术学院在校史馆创办《崔兰田、张宝英艺术成就展》和崔派艺术数字档案；与河南电视台《梨园春》合作举办《兰韵——纪念崔兰田逝世三周年专场晚会》；与《魅力中国》杂志社合作出版《馨香的祭献 永恒的敬礼——纪念豫剧大师崔兰田逝世十周年专刊》、在《魅力中国》发表《穿越甲子自雍容——写于张宝英从艺六十周年之际》专题文章。先后出版了《崔兰田传》（杨奇、毕定良著）、《崔兰田艺术研究》（杨奇、毕定良执行主编）、《崔兰田画传》（杨奇著）、《崔兰田经典剧目音配像》（杨奇导演）。为世人研究、学习豫剧崔派艺术，提供了丰富的文字和影像资料。

《新崔派艺术论——张宝英舞台艺术研究》由安阳市艺术研究所申报，经2016~2017年度河南省扶持艺术发展专项资金项目评审委员会批准，由杨奇先生独立撰写完成。观点新颖，考据真实，内容丰富，评价中肯，图文并茂，具有较高的学术价值和史料价值，是研究豫剧崔派艺术的最新成果。

本书所采用的图片，得到了原文化部孟浪戏剧资料室曹孟浪先生、中国戏剧家协会原主席尚长荣先生、安阳市艺术研究所毕定良先生、原安阳市戏工室杨安民先生、河南日报社周淑丽先生、安阳市摄影家协会张洪斌先生、安阳职业技术学院张志红先生、安阳市委宣传部王岩先生、《魅力中国》采编部蒋见朝先生和摄影家王自强先生的大力支持，在此向各位方家致以最诚挚的感谢！同时，对安阳市美术家协会主席唐川府先生题画，安阳市书法家协会副主席兼秘书长刘颜涛先生题字，安阳殷契印社社长、著名书法篆刻家王景强先生制印，《安阳日报》社美术编辑曲海庆先生不吝赐教，表示感谢！

感谢中国文联副主席、中国作家协会副主席廖奔博士在百忙之中为本书写《序》。

2019年5月

图书在版编目（CIP）数据

新崔派艺术论：张宝英舞台艺术研究 / 安阳市艺术研究所编 . -- 郑州：中州古籍出版社，2019.4
 ISBN 978-7-5348-8654-6

Ⅰ . ①新… Ⅱ . ①安… Ⅲ . ①张宝英 - 人物研究 Ⅳ . ① K825.78

中国版本图书馆 CIP 数据核字 (2019) 第 084114 号

责任编辑：梁郁
责任校对：杨奇
出 版 社：中州古籍出版社
（地址：郑州市郑东新区金水东路 39 号 C 座　　邮政编码：450016）
发行单位：新华书店
承印单位：安阳市长顺印务广告有限责任公司
开　　本：787mm×1092mm　1/ 16　　印 张：16
字　　数：14 千字　　　　　　　　　印 数：3000 册
版　　次：2019 年 6 月第 1 版　　　　印 次：2019 年 6 月第 1 次印刷

定价：128 元

本书如有印装质量问题，由承印厂负责调换。